KB274155

역사 속으로 떠나는 우리말 여행

우리말의
수수께끼

우리말의 수수께끼

저자_ 박영준 · 시정곤 · 정주리 · 최경봉

1판 1쇄 발행_ 2002. 4. 20.
1판 28쇄 발행_ 2020. 9. 10.

발행처_ 김영사
발행인_ 고세규

등록번호_ 제406-2003-036호
등록일자_ 1979. 5. 17.

경기도 파주시 문발로 197(문발동) 우편번호 10881
마케팅부 031)955-3100, 편집부 031)955-3200, 팩스 031)955-3111

값은 뒤표지에 있습니다.
ISBN 978-89-349-0928-6 03710

홈페이지_ www.gimmyoung.com   블로그_ blog.naver.com/gybook
페이스북_ facebook.com/gybooks   이메일_ bestbook@gimmyoung.com

좋은 독자가 좋은 책을 만듭니다.
김영사는 독자 여러분의 의견에 항상 귀 기울이고 있습니다.

역사 속으로 떠나는 우리말 여행

우리말의 수수께끼

박영준 · 시정곤 · 정주리 · 최경봉 지음

김영사

문자를 모르던 시대와,

문자를 사랑한 시대와,

문자를 넘어설 시대,

모두에게 이 책을 바칩니다

21세기의 문턱을 넘어 선 우리에게, 정보화라는 화두는 더이상 풀어나가야 할 그 무엇이 아니다. 정보화는 이미 혁명에 비견될 만큼 빠른 속도로 우리 사회의 가치 체계를 혁신했고, 예전 같으면 대학 강의실이나 도서관에서만 접할 수 있었던 지식과 정보를 안방에서 단 한 번의 클릭으로 다운받아 활용하는 모습도 이미 일상이 되어 버렸으니 말이다.

그러나 지식과 정보의 대중화는 단순히 정보 공유의 편리성을 통해서 이루어지는 것은 아니다. 지식과 정보의 대중화는 동시대인들이 문화적 공감대를 형성하는 데 기여할 때에만 의미를 갖기 때문이다. 문화적 공감대는 한 사회의 문화를 한 차원 높게 끌어올리는 토대가 된다는 점에서, 그 형성을 위해 다양하게 시도할 가치가 있다. 정보 공유를 통한 동시대인의 공감대 형성, 우리 앞에 높인 이 문화적 과제를 어떻게 풀어나갈 것인가.

상아탑 속에만 머물렀던 다양한 전문 지식들이 보다 쉽게 이해되고 활용될 수 있는 모습으로 새롭게 태어나야 하는 이유도 여기 있다. 그리고, 그 중 가장 중요한 단계는 당연히 '우리말'에 대한 전문 지식의 공유가 아니겠는가.

우리는 무미건조한 문법으로, 고리타분한 고문으로, 혹은 까다로운 맞춤법으로만 여겼던 것들에 가볍고 편안한 옷을 입혀 보기로 했다. 이 책의 독자들이 문법, 맞춤법 그리고 옛글자들과 함께 뛰고 뒹굴며 부담 없이 즐길 수 있게 말이다. 신라 사람이 되어 시를 한 편 써 보는 건 어떨까? 세종이 되어 최만리와 논쟁을 해보는 것은 어떨까? 독립신문을 교열하는 사람이 되어 보는 건 어떨까? 한글을 이리저리 바꿔도 볼까? 몸 부딪치며 뛰노는 사이 독자들은 우리 글에 스며든 선인들의 지혜를 배우고, 우리말에 대한 인식의 지평을 넓히게 될 것이다.

'우리말' 또는 '우리글'이라는 말을 들으면 숙연해지고, 길이 보전해야 할 의무감에 마음이 무거워지는 사람도 있을 것이다. 그러나 우리는 "이렇게 써야 한다. 지키며 사랑해야 한다"라는 말은 일단 접어 두었다. 대신, "왜 그렇게 썼을까? 왜 이렇게 써야 하지? 언제부터 이렇게 썼을까?"라는 질문을 먼저 던져 보기로 했다. 그리고 이에 대한 답을 찾기 위해 역사를 거슬러 오르며 우리말과 우리글을 새롭게 살폈다. 이 과정에서 《시디롬-조선왕조실록》과 《역대문법대계》라는 자상한 길잡이를 만난 건 우리에게 큰 행운이었다. 낯설고 어두운 길이었지만 이들이 비춰 주는 불빛으로 방향을 잡을 수 있었다.

이제 독자들은 필자들을 길동무 삼아 역사 속으로 우리말 여행을 떠나게 될 것이다. 가끔은 모두가 길을 잃어 우왕좌왕하기도 하겠지만, 여행하는 동안 독자들은 우리말, 우리글과의 즐겁고 유쾌한 만남을 수도 없이 경험하게 될 것이다.

그 만남을 주선한 김영사에 고마운 마음을 전하며.

2002년 4월
필자가 다 함께 씀

차례

문자는 왜 출현했는가

— 언어 발생의 미스터리

언어라는 수수께끼

　인류의 역사는 몇 개의 막으로 이루어진 연극이 아닐까? 그 시작은 적어도 100만 년에서 많게는 500만 년 전까지 거슬러 올라간다. 그리고 연극은 1만 년 전쯤에 있었던 농경문화의 등장으로 절정을 맞는다. 수백만 년 동안 돌멩이를 깨뜨리기만 하던 사람들이 마침내 그것을 갈아서 쓰기 시작했고, 수백만 년 동안 음식물을 보관하는 데 애를 먹던 사람들이 그것을 담아둘 질그릇을 만들기 시작한 것이다. 그로부터 인류가 컴퓨터를 만들 수 있기까지는 채 1만 년도 걸리지 않았다.

　인간에게 언어가 없었다면 이러한 놀라운 발전을 상상이나 할 수 있었을까? 그렇다면 인간은 언제부터 언어를 가졌을까? 인간의 최초 조상들은 과연 언어라는 것을 만들어 사용했을까? 현존하는 가장 오래된 문자의 기록은 기원전 4000년경 메소포타미아 지방에 사는 수메르 사람들이 점토판에 남긴 글자로 대부분 숫자 계산과 같은 내용이었다. 이렇게 보면 문자의 나이는 약 6000살 정도밖에 되지 않은 셈이다. 말보다 글이 훨씬 후대에 생겨난 것이라는 점을 고려해 보면, 문자 이전에 인류에게 존재했을 언어는 그야말로 베일에 싸여 있는 신비한 이야기가 아닐 수 없다.

　베일에 싸인 언어의 기원은 언어를 신의 은총으로 생각하게 만들었다. 언어는 신이 우리에게 준 선물이며, 언어는 이 세상이 시작될 때 함께 등장했다는 생각이 싹트기 시작한 것이다. 《성서》는 이에 대한 이야기로 시작한다. 창조주인 신은 이 세상의 모든 들짐승과 새들을 만든 다음 그가 창조한 첫 인간인 아담을 시켜서 그들에게 이름을 붙이도록 한다. 그리고 '바벨탑' 이야기는 인간의 언어가 지금처럼 여러 개의 말로 나누어지게 된 기원을 들려준다.

　16세기 바카누스(J.G.Bacanus)라는 독일인은 '전능하신 신은 완전한 언어를 사용했을 것이고, 가장 완전한 언어인 독일어가 신의 언어였을 것' 이

바벨탑 인간이 하늘을 향해
바벨탑을 쌓자, 이에 노한 신이
인간을 분열시키기 위해 서로
언어를 다르게 만들었다는
믿음도 전해진다.

라고 주장했다. 17세기 스웨덴인 켐케(Andre Kemke)는 신의 언어는 스웨
덴어라고 주장했다. 이처럼 중세 유럽인들은 조상들이 신의 선물인 언어로
써 신과 대화했을 것이라는 믿음과 함께 자국어만이 완벽한 언어라는 자부
심을 갖고 있었다.

그러나 19세기를 전후하여 자연과학적인 사상과 방법이 학문의 대세를
잡기 시작하면서 이처럼 소박하고 신본주의적인 생각은 산산이 부서지게
되었다. 우선 그 유명한 《종의 기원》이 출간되면서 인간 자체를 보는 눈이
창조론에서 진화론으로 급선회하였다. 그리고 모든 학계의 관심은 인간의
진화 과정을 밝히는 데 집중되었다. 온갖 논쟁과 추측이 뒤섞인 인간 진화
론의 중심에는 언어 발생에 관한 문제가 있었다.

언어의 발생과 인간의 진화? 이 둘의 관련은 소리와 의미의 이원적 체계
를 갖는 언어의 특성에서 비롯한다고 할 수 있다. 의미의 습득을 가능케 하
는 두뇌의 진화와, 소리의 실현을 가능케 하는 발성기관의 진화는 언어 발
생의 미스터리를 풀 수 있는 실마리가 된다. 인간 진화의 행로에서 잉태된
언어의 탄생을 같이 지켜보자.

소리의 탄생

호모 에렉투스 시대까지 인류의 조상들은 간단한 의식주 생활을 꾸려나
가기에도 하루가 모자랄 정도였다. 그래서 처음에는 손짓만으로 간단한 의
사표시를 할 수 있었지만, 점점 생활이 복잡해지자 다양한 메시지를 전달하
기에 어려움이 생겼다. 따라서, 보다 쉽게 메시지를 전달할 수 있는 방법을
찾았고, 그 결과가 바로 소리를 이용하는 것이었다. 소리를 이용하면서 의
미 있는 소리의 체계가 점점 더 다양해지면서 인두라는 호흡기관은 유연하
고 길게 진화했다. 다른 포유동물의 인두는 작다. 인두가 길어지면 음식을

먹을 때 음식이 호흡기관으로 들어갈 위험이 있기 때문이다. 사람은 인두가 길어졌기 때문에 음식물과 공기가 서로 교차해서 통과하게 되어 자칫 음식물이 호흡기관으로 들어가기도 한다. 우리가 보통 ‘사례들렸다’고 말하는 것이 바로 이러한 문제가 발생했을 때다. 그러나 사람은 이러한 고통을 감수하면서도 인두를 발달시킨 결과 언어 사용이라는 열매를 얻은 것이다. 반면, 다른 포유동물은 언어를 얻지 못한 대신 편안히 음식을 먹을 수 있는지도 모른다. 사람은 언어를 선택하고 동물은 음식을 선택했으니, 서로가 무엇을 원했는지를 잘 알 수 있다. 인간이 만물의 영장이라고 자부심을 갖는 이유가 바로 여기에 있지 않을까.

이 주장대로라면 에렉투스도 네안데르탈인도 충분히 진화된 언어를 갖지는 못한 셈이다. 그들에게는 모음을 만들 수 있는 인두가 없을 뿐만 아니라, 속사포같이 연달아 소리를 발음할 수 있는 신경회로도 없었다고 하니 말이다. 그러나 이러한 생리적인 진화가 반드시 언어 탄생을 염두에 두고 진행되었다고는 볼 수 없다. 물고기의 부레가 허파의 전신이듯이, 이미 있는 기관을 새로운 환경과 새로운 필요에 적응시켰다고 보는 편이 타당할 것이다.

인류의 시작에 대한 설명이 이처럼 진화론 쪽으로 기울고 나면 언어의 기원에 대한 논의도 신화나 사변적인 이야기에서 보다 과학적인 이야기로 바뀌어야 하는데, 사실은 그렇지 못했다. 그 이유는 무엇보다 구체적인 증거물을 얻을 수 없기 때문인데, 언어의 기원에 대한 근거는 수메르나 이집트, 중국 옛 문자의 유적이 전부다. 그나마 이들 증거마저 큰 도움을 주지 못한다. 왜냐하면 말과 글은 별개의 것이며, 또한 문자가 있기 훨씬 전에 이미 말이 있었다는 사실을 모두가 잘 알고 있기 때문이다.

지구여 아듀

　우리가 만일 외계인을 만나면, 그들과 어떻게 대화할 수 있을까? 외계인도 고등동물이라면 인간처럼 의사소통의 체계를 가지고 있을 것이다. 그렇다면 그들과 영어로 소통할 수 있을까 아니면 한국어로 소통할 수 있을까? 그런데 지구에서도 지구인들 간에 동일한 언어를 사용하지 않기 때문에 원활한 의사소통이 이루어지지 않는다. 결국, 외계인이 사용하는 언어와 지구인이 사용하는 언어가 동일하지 않다면, 의사소통은 효율적으로 이루어질 수 없을 것이다. 이 안타까운 상황을 벗어날 수 있는 방법은 없을까? 이에 대해서 우리 인간이 제시한 해결책은 무엇일까?

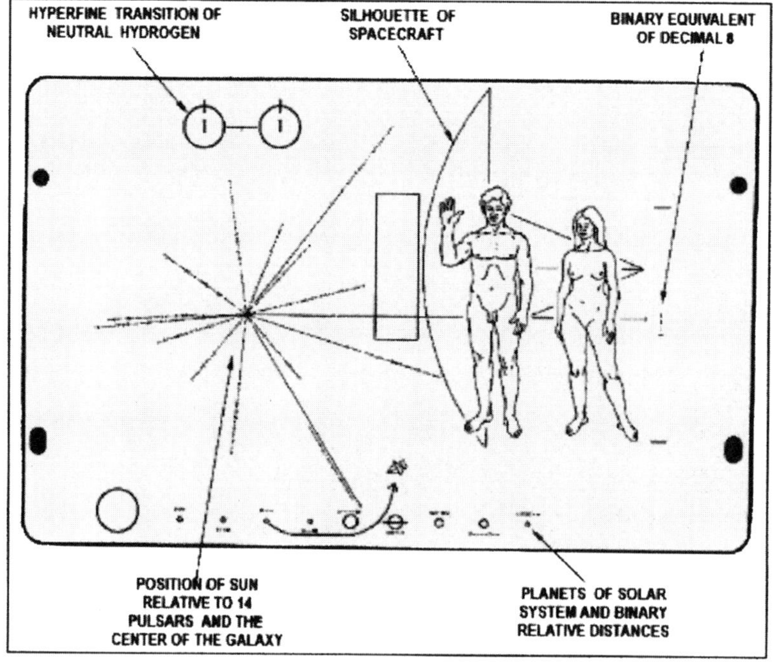

외계의 지적 생명체에게 보낸 그림

옆의 그림은 문학자이며 저술가인 칼 세이건이 제안하여 파이어니어 10호에 실린 것이다. 칼 세이건은 1997년에 개봉된 〈콘택트(contact)〉라는 영화의 원작자이기도 하다. 그림의 상단 왼쪽부터 '수소 기체의 표시/우주선의 모양/8을 2진법으로 표시한 것'을, 하단 왼쪽부터 '은하계 중심에서 태양계 표시/태양계의 행성과 2진법의 상대 거리'를 의미한다. 칼 세이건은 그림을 이용하여 지구에서 온 생명체란 것을 알리고, 지적 능력이 있음을 전달하려고 했다. 미지의 대상에게 어떤 의미를 전달하기 위하여 그림을 이용하였듯이 이와 유사한 상황을 선사 시대에서도 적용시켜 볼 수 있을 것이다. 선사 시대 사람들은 어떻게 현실세계를 재현하고 의사소통을 했을까. 바로 대상의 시각화에서 그 답을 찾을 수 있다.

그림 속에 소리를 담다 : 새로운 표현방식의 등장

인간이 말을 하게 되었다는 역사적 사실은 이 종(種)이 지구상에서 지배자가 될 수 있는 밑바탕을 마련했다. 인간은 발성기관을 통해서 그들이 갖고 있는 생각을 '소리'로 바꿀 수 있는 능력을 얻게 된다. 이제 인간이라는 종은 의미 있는 소리를 만들어 냄으로써 사냥이나 채집 등의 일을 이전보다 효율적으로 수행할 수 있는 자신감을 갖는다.

그런데 화자의 입을 통해서 생산된 소리는 청자의 귀를 통해서 해독되는 과정을 반드시 거쳐야만 한다. 이 과정에서 인간은 의사소통상의 여러 가지 제약에 부딪히게 된다. 말이 한 사람의 입을 통해서 다른 사람의 귀로 전해지려면 화자와 청자가 같은 시간, 같은 곳에 있어야만 한다. 우리는 이를 청각화로 인해 생기는 문제라고 이해할 수 있다. 시공간적 제약이 없는 경우에도, 어떤 사실이나 생각을 전달하려면 개개인의 기억에 의존할 수밖에 없게 된다.

청각화는 이곳이 아닌 다른 곳에, 지금이 아닌 나중에 전달하는 데 한계성을 드러낸다. 또한, 개개인의 기억에 의존하기 때문에 각 개인의 기억 능력 차이로 인해서 정보 전달에 불균형이 초래될 수 있다.

청각화로 생기는 여러 문제점을 해결하기 위해서 인간은 언어를 시각화할 수 있는 방안을 모색하기 시작한다. 의사소통을 하기 위해서 '지금' '여기에' '말할 수 있는 입'과 '들을 수 있는 귀'를 항상 갖추어야 하고, 한 번 생산된 소리는 허공으로 사라져 버리기 때문에 잘못 들은 사람에게는 다시 그 소리를 들려 주어야 한다. '들을 수 있는 귀가 없어도', '한 번'이 아닌 '여러 번' 반복할 수 있는 언어를 만들 수는 없을까?

이에 대한 선사인들의 해결책은 바로 언어의 '시각화'였다. 언어를 '손으로 그려서' '눈으로 보게 함'으로써 청각화의 문제점을 대부분 극복할 수 있게 된다. 그려진 것은 소리처럼 허공으로 사라지지도 않고, 내일도 볼 수 있고, 그린 사람이 없어도 보는 사람만 있다면 의사소통이 가능하다.

선사인들은 구어가 갖는 한계를 인식하고 시각화(=그리기)라는 새로운 표현 방식을 찾아냈다. 그들은 이제 직립으로 인해서 두 손이 보다 자유로워졌다. 이로 인해 도구를 다룰 수 있는 능력을 갖게 되면서 현실세계의 대상을 선이나 면으로 재현할 수 있게 된다. 드디어 인류는 그림 속에 소리를 담을 수 있게 된 것이다. 인류가 소리를 통해서 말을 할 수 있다는 사실을 인류 언어사에서 '제1대 사건'이라고 명명한다면, 이는 '제2대 사건'이라 할 만하다. 이제 선사인들은 '고래'라는 대상을 소리쳐서 말하지 않고도 표현할 수 있게 된 것이다. 이 얼마나 놀라운 사실인가. 말하지 않고도 자신의 생각을 다른 사람에게 전달할 수 있다니!(물론, 무언의 몸짓으로도 의사소통을 어느 정도 할 수 있지만 이는 시공간의 제약을 갖는다.) 그것도 지금 이곳에 존재하지 않는 미래의 어떤 이에게!

시각화 방식은 처음에 대상의 윤곽을 1차원의 선으로 그리고, 이러한 방식이 좀더 세련되면 2차원의 면으로 대상을 그리는 발달 과정을 거친다. 선사인들의 시각화 과정은 어린이가 대상을 표현하는 단계와 비교될 수 있다.

문자의 조상, 암각화

선사인들은 무엇을 그려서 동료나 후손에게 남기고 싶어했을까? 심미적 관점에서 대상을 재현시키기보다는 생존을 위해 필요한 것들을 우선적으로 선택할 가능성이 높다. 즉, 생명을 유지하기 위한 먹을거리(사냥감, 사냥 방법), 생산성 증대(다산, 풍요)와 자신을 둘러싸고 있는 자연에 대한 경외감 등을 그려서 남기고자 했을 것이다.

우리나라에서는 신석기 시대 또는 청동기 시대의 것으로 추정되는 유물들이 경상남도에서 발견되었는데, 울주군 언양면 〈반구대 암각화〉와 그에 인접한 울주군 두동면 〈천전리 암각화〉, 영주 부근 〈칠포리 암각화〉 등이 있다. 여기에는 거북, 고래, 물개, 들소, 배, 호랑이, 멧돼지, 사슴, 개 및 이름을 알 수 없는

반구대 암각화
국보 제285호. 상단 중앙에 성기를 노출한 남자, 그 왼쪽 옆에 세 마리 거북이, 그 아래 새끼 밴 고래, 작살 맞은 고래, 울타리 등이 보인다.

동물들과 사람들의 다양한 형상이 보인다. 대상을 사실 그대로 그리고 있어 아직 추상화의 과정까지 나아가지 못한 단계이다. 이 그림들은 수렵을 주로 한 선사인들이 풍요와 다산을 비는 주술적 의미를 담은 것으로 보인다.

앞 그림에서 상단 중앙에 성기를 노출한 남성은 반구대 마을의 샤먼이나 추장 등으로 추정되는데, 종족의 번창과 사냥할 때 보이는 남성의 힘을 과시하고 있다.

그 왼쪽 옆에 세 마리의 거북이가 있다. 거북이는 성적 상징을 갖는데, 거북이 머리는 남성의 성기를, 움츠린 모습과 몸통은 여성의 성기와 자궁을 상징한다. 거북이 머리는 한자로 귀두(龜頭)인데, 이는 남자의 성기를 뜻한다. 또 새끼를 밴 어미 고래는 사냥감의 풍요함을, 작살에 찔린 고래의 그림은 사냥할 때 손쉽게 고래를 잡을 수 있게 해 달라는 주술적 의미에서 그려진 것으로 해석할 수 있다. 성적 의미가 담긴 그림들은 선사인들의 풍요와 다산을 기원하는 마음의 표현이다.

기원전 15,000~기원전 10,000년경의 구석기 시대에 제작된 것으로 추정되는 스페인 북부 피레네의 알타미라(Altamira) 동굴 벽화에도 동일한 해석이 가능하다.

프랑스 도르도뉴의 라스코(Lascaux) 동굴 벽화에는 구석기인들이 말, 들소, 순록, 사슴 등의 동물 그림을 바위 표면에 선각(線刻), 채색 등의 방법으로 그려놓았다.

동굴 벽화가 동물의 형상을 정확하게 묘사하고 있다는 점과 주거 공간과 비교적 멀리 떨어진 곳에 그려진 점, 나아가 그림 위에 계속 중첩해서 동물을 그려놓은 점을 볼 때, 동굴을 장식하거나 본능적인 표현 욕구의 발로가 아니라 동물과의 투쟁에서 살아남고자 하는 마술적 · 주술적 맥락에서 그렸다고 보는 견해도 있다. 하루하루 먹을 것을 걱정해야 했던 원시인들이 들소, 순록, 사슴 등과 같은 야생동물을 벽과 천장에 가득 그려놓고 그것들을 잡을 수 있게 빌었다는 해석이다. 결국, 선사인들의 그림은 대상의 재현이

자 대상 그 자체(=현실 세계)이며, 소망의 표현(=이루고자 함)이자 소망의
성취(=이룸)로 볼 수 있다.

　이제까지 대상을 구체화된 그림으로 표현된 것들에 대해서 살펴보았다.
천전리 암각화에서는 대상을 추상화한 단계로 나아간 모습을 확인할 수 있
다. 여러분들은 아래 그림이 무엇을 뜻한다고 생각하는가? 사실 추상화된
그림은 오늘날 그 의미가 정확하게 무엇을 뜻하는지 단정지을 수 없다.

　동심원은 태양을 상징한다고 보는 것이 일반적이지만, 생명과 풍요의 상
징인 비와 물을 나타낸 것으로 보는 견해도 있다. 전자로 해석하면 동심원
이 태양신과 연결되고, 후자로 해석하면 농경사회에서 풍요를 가져다 주는
물을 뜻하므로 비가 오기를 기원하는 의미라고 볼 수 있다.

천전리 암각화 국보 제147호. 세 겹 동심원의 추상적인 기호는 그 뜻을 정확히 알 수 없지만, 구체적인 대상 묘사에서 한 걸음
나아가 태양신이나 풍요의 기원 등을 상징적으로 표현한 주술적 의미로 보인다.

어떻게, 어디에 그릴까?

그리기는 대상을 시각화하는 일반적 방식이다. 알타미라나 라스코 동굴 벽화는 이 방식으로 표현되었다. 그런데 반구대나 천전리의 암각화는 그린 것이 아니라 새긴 것이다. 상형 문자를 뜻하는 'hieroglyph'에서 'hiero'는 그리스어로 '신성', 'gluphien'은 '새기다'의 의미로 '신들의 글자'를 가리킨다. '새기기'는 선사인들이 즐겨 쓰던 표현 기법이다. 낙서를 뜻하는 'graffito'의 어원은 그리스어의 'sgraffito', 이탈리아어 'graffito'이다. 즉, '긁다, 긁어서 새기다'라는 의미로 선사인의 동굴 벽화를 의미하는 말로 시작된 것이다. 우리말 '글'의 어원을 '긁다'나 '긋다'에서 나온 것으로 보는 견해도 있으니, 동서양이 서로 상통하는 바가 있지 않은가. 바위 벽이나 큰 바위에 선이나 윤곽을 쪼아 내거나 새긴 것을 암각화(岩刻畵)라고 한다. 새긴다는 면에서는 조각으로, 그 내용을 선이나 면으로 처리한 점에서는 그리기로 볼 수 있다.

선사인들은 정면성에 의한 표현 방식을 주로 이용했다. 정면성에 의한 표현이란, 그리기 쉽고 또 이미 알고 있는 부분만을 골라 그리는 방식이다. 어린이의 그림에서도 이와 같은 방식을 많이 볼 수 있다. 이집트의 벽화를 보면, 얼굴은 정면보다 옆면을, 눈은 옆면보다 정면을, 어깨를 중심으로 한 상체는 옆면보다 정면을, 다리는 정면보다 측면을, 곧 그리기 쉬운 부분만을 골라 그렸음을 알 수 있다.

선사인들은 동굴 벽이나 돌, 바위 등에 그리거나 새기기 시작했다. 종이가 발명되기 전까지 인간은 실로 다양한 곳에 정보를 기록하였다. 죽간(竹簡), 목독(木牘), 밀랍, 비단, 목면, 마, 점토판, 파피루스, 양피지, 거북등, 동물뼈, 사람뼈, 어패류의 껍질, 청동기, 철, 옥, 도자기, 아연판, 구리판, 파초잎, 자작나무 껍질, 사람가죽 등과 같은 곳에 인간의 생각을 기록한 것이다.

가장 보편적·효율적 전달 방식, 그리기 문화

시각화를 통한 의사소통 방법은 비단 선사 시대뿐만 아니라 중세나 현대에서도 여전히 이용된다. 문자가 발명된 이후에도 중세 사람들의 대부분은 읽고 쓸 수 없었다. 이들을 위해서 그림으로 의사소통을 하는 방법이 널리 이용되기도 했다.

지구상에는 현재 6,000여 개의 언어가 존재하는데, 인류의 절반이 문맹이다. 상이한 언어를 사용하는 사람끼리 잦은 문화적 접촉을 해야 하는 현대인에게는 오히려 시각화된 의사소통 방법이 폭넓게 이용된다.

시각화로 의사소통을 하는 예로는 아이콘, 이모티콘, 아이소타입 등이 있다. 아이콘(icon)은 원래 히브리어 'eikon'으로 '그림'이라는 뜻인데, 예수나 성자 등의 그림으로 사용되고, 숭배 대상으로까지 발전하였다. 우상파괴론자(iconclast)는 'icon'과 'clast＝파괴하다'로 만들어진 어휘이다. 아이콘은 오늘날 만국 공통언어로 새롭게 부활하고 있다. 자동차의 등장이 아이

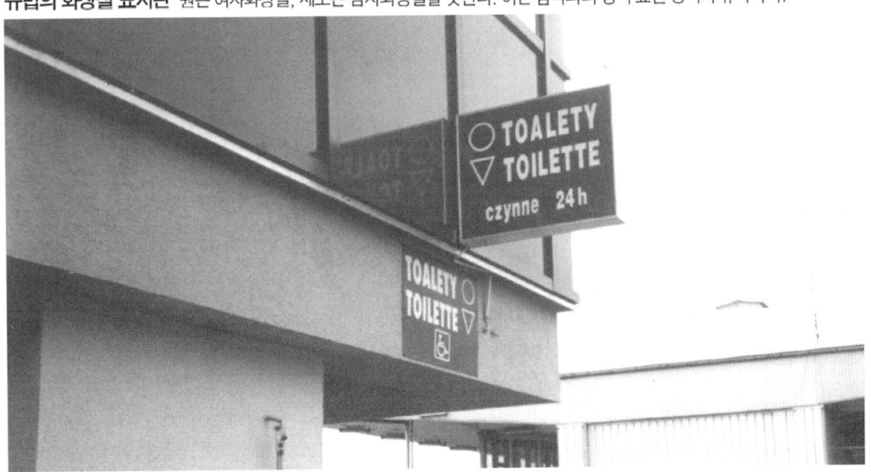

유럽의 화장실 표지판 원은 여자화장실, 세모는 남자화장실을 뜻한다. 이는 암각화의 성적 표현 방식과 유사하다.

콘의 부활을 가속화했다고 한다. 또 현대인들은 인터넷의 발달로 채팅을 통해서 의사소통을 하는데, 문자가 갖는 한계를 극복하기 위해서 자판의 기호를 이용한 이모티콘(emoticon＝emotion＋icon)을 만들어 감정 표현에 사용하고 있다.

아이소타입(ISOTYPE＝International System Of Typographic Picture Education)은 오스트리아의 옷토 노일러가 어린이의 시각 교육을 목적으로 창안한 국제적 기호 언어로 간결하게 표현한 그림언어이다. 1920년대에 2,000개 이상의 기호를 포함한 시각사전을 작성해 일종의 시각언어와 그 문법을 설명했다.

최근에는 그림책을 비롯 교과서나 백과사전 등에서 사실이나 지식의 이해를 시각화하는 방법으로 널리 이용되고 있다. 아이소타입과 유사한 의미로 사용된 것으로 픽토그램(pictogram)이 있다.

그리기에서 쓰기로 : 역사 시대를 향하여

일반적으로 수학자들은 '두 마리의 고래'에 대한 인식이 대상인 고래로부터 벗어나 정수 '2'가 되는 지점에서 수학이 시작되었다고 한다. 이러한 인식이 바로 추상화 과정이다. 언어에서도 '고래'라는 대상을 있는 그대로 그린 그림에서 벗어나 추상화된 형태로 표현할 때 비로소 효율적 문자 기능을 갖는다. 상형 문자의 경우도 마찬가지이다. 이집트 상형 문자와 한자 상형 문자를 다음에 살펴보게 되는데, 왜 이집트 상형 문자는 오늘날 사용되지 못하고 한자 상형 문자만 사용되는 것일까? 이는 이집트 상형 문자가 단계적인 추상화 과정을 거치지 못하였기 때문이다. 상형 문자도 대상을 있는 그대로 표현한 단계에서 점차 추상화 과정을 거친다.

우리는 이제까지 본 동굴 벽화의 들소나 암각화의 고래, 동심원 등에 언어라는 이름을 부여하지 않는다. 원시 시대의 그림은 시간이 흘러감에 따라서 점차 구체성에서 추상성을 띤다. 즉, 회화성이 없어지고 기호화, 부호화함으로써 문자의 체제를 갖추게 된다. 물건을 그림이나 추상적인 상징으로 표현하던 것이 발전하여 문자가 되었다는 주장에 많은 학자들이 동조한다.

그림 속에서 문자를 끌어내다

미술관에 걸린 추상화를 보는 사람들의 머릿속에는 어떤 그림이 놓여 있을까? 가슴속에는 어떤 감정이 출렁이고 있을까? 도대체 화가는 무슨 생각으로 무엇을 그린 것일까? 이런 그림들이 얼굴의 솜털까지도 그린 중세의 그림이나 인상파 화가의 그림에서 발전했다고 볼 수 있을까? 발전이라면 무엇을 뜻하는가? 미술관에 걸린 그림들은 동굴벽화에 그려진 알 수 없는 기호만큼이나 숱한 의문을 불러일으킨다.

원시동굴 벽화에는 현실 속에 보이는 대상들이 직접 나타나는 경우가 대부분이지만 간혹 알 수 없는 기호들이 나타나기도 한다. 점과 선과 면의 조합으로 이루어진 기호들은 벽화 전체의 메시지를 어렴풋이 간파한 사람들에게나 속뜻의 한자락을 살짝 비칠 뿐

암벽에 새겨진 수수께끼 형상들
제작 시기나 그 목적도 알 수 없지만, 같은 기호를 반복 사용한 것으로 보아 고대 사회의 약속된 의미 체계로서 의사 소통에 이용했다고 생각된다.

이집트의 상형 문자

이다. 바위에 새겨진 의미를 알 수 없는 단순한 그림, 그리고 점과 선들은 우연히 새겨진 흔적처럼 우리 앞에 놓여 있다.

장구한 시간 동안 인류는 진정한 문자를 만드는 실험을 진행해 왔다. 이 과정에서 추상적인 기호의 발명은 현실 사물과 기호를 분리하는 계기가 되면서 새로운 도약의 발판이 되었다. 현실 사물과 기호의 분리란 무슨 의미일까?

세상의 사물은 무한정으로 널려 있고, 사물을 대하는 사람들의 생각은 가늠할 수 없을 만큼 다양하다. 이 모든 것을 명실상부하게 표현하기 위해서 말이 얼마나 복잡해지는지 생각해 보라. 그런데 이것을 상징적인 그림만으로 표현한다고? 표현량이 늘어나고 정교해지면 이미지와 사실을 표현한 상징적인 그림은 의사 소통의 주류 기호에서 물러날 준비를 하게 된다. 현실 사물과 기호의 분리는 더욱 가속화하고, 문자는 자의적(恣意的)인 기호로서 의사 소통의 주류 기호가 된다. 현실 사물과 기호의 분리는 문자의 신비화를 부추기는 한편, 유한한 기호를 통한 무한한 표현 가능성은 의사 소통 과정에서 문자의 기능성을 높이는 데 기여했다. 신과의 소통을 매개하는 수단은 현실과 분리될수록 신비로움을 더해 가고, 추상화된 기호는 공동체의 의미 부여와 사회적 약속을 전제함으로써 공동체의 결속을 강화시켰다.

이 과정에서 현실 사물을 묘사한 이전의 그림 문자는 상당 부분 그대로 문자 체계 속에 승계되었다. 기존의 그림 문자를 결합하여 더 큰 개념을 나타내거나, 그림 문자가 점점 단순화되면서 현실과 관련 없는 새로운 기호로 재탄생하는 과정이 반복되었다. 하나의 개념에 대응하여 만들어진 그림 문자가 개념의 확장 과정에서 그 수가 늘어나기도 하고 통일된 의사 소통을 위해 그 수가 제한되기도 하면서, 문자의 발전 과정에 합류한 것이다. 이때 문자 기호의 자의성은 문자 형태를 고정시키고, 문자의 수를 제한하며 이를 목록화하는 데 결정적으로 기여했다. 통일된 의사 소통을 위한 기반이 갖추어진 것이다.

체계적인 기호로서 문자는 생각이나 느낌을 분명하게 나타낼 수 있어야 했으며, 모든 구성원들은 문자를 통해 그 생각과 느낌을 공유할 수 있어야 했다. 보다 정교한 문자에 대한 공동체의 요구가 높아지면서 문자는 변화를 거듭하게 된다.

추상화된 문자를 통한 사물의 형상화에는 그런대로 만족했지만, 사물들의 관계와 그 사물들이 빚어내는 수많은 사건들은 어떻게 표현해야 할까? 이 세상에서 우리가 겪는 많은 사건과 우리가 느끼는 수많은 감정들을 어떻게 표현해야 할까? 우리끼리야 말로 하면 되지만, 신께서는 우리의 뜻을 제대로 이해하셨을까? 지금 일어나는 사건들과 그 의견을 후세에 이야기하고 싶은데 어떻게 해야 하나? 실제 내뱉는 말을 문자와 연결시키려는 노력은 이러한 문제 제기에서 시작되었다.

우리는 항상 생각이나 느낌을 말로 표현하며 살고 있고, 이러한 사실은 고대인들도 다르지 않았을 것이다. 그러니 생각이나 느낌을 나타내려는 문자가 말을 형상화하는 것은 당연했다. 말의 형상화를 위한 조건은 대체로 만족할 만하게 갖추어져 있었다. 추상화된 기호는 무한한 약속을 가능하게 하였고, 무한한 사물과 사건을 표현할 수 있는 유한한 틀로 활용할 수 있었다. 더 나아가서는 말의 내용과 관계없이 소리를 문자와 대응시킬 수 있게 한 것도 추상화된 기호의 역할이었다.

말의 형상화와 기호의 목록화라는 두 가지 조건이 충족되었을 때, 우리는 이를 진정한 의미의 문자라 부른다. 쐐기 문자와 상형 문자를 진정한 문자의 출발로 보는 것은 이러한 두 가지 조건을 만족하고 있기 때문이다. 이들은 발음을 문자화하기 시작하면서 문자의 획기적 전환을 모색하게 된다. 발음의 문자화는 음절 문자에서 시작했는데, 이는 모음이 단순한 수메르와 이집트어의 특성에서 비롯된 것이었다. 수메르와 이집트인들은 자음만을 문자화하여 음절 문자를 만들게 되었다.

의미 있는 부호에서 무의미한 부호로 : 문자의 발달

문자의 시작은 그림이었지만, 이미지와 사실 표현에서 말의 형상화로 나아가는 과정에서 문자는 의미 있는 부호에서 무의미한 부호로 바뀌었다. 지금까지 우리는 문자에 관한 여러 이야기를 했지만, 그 대강은 문자의 자의성이 어떤 이유에서 어떤 과정을 밟아 진행되었는가 하는 것이었다. 결국, 문자가 현실 사물에서 독립하는 과정은 문자가 소리를 표현하는 단계에 이르러 완결된다.

문자의 음성화는 대략 기원전 3000년경 시작되었다고 볼 수 있다. 그 출발은 수메르 문자다. 수메르 문자는 그림 문자의 변형으로 시작되었지만 시간이 흐르면서 사물과의 관련성은 없어지고 음절 문자화하면서, 문자 자체가 독립하여 존재하는 단계에까지 이르렀다. 이집트의 상형 문자 또한 그림과 문자가 병행하는 체제였으나 결국은 음절의 표현으로 귀착되었다는 점에서 그 발전의 흐름은 수메르의 쐐기 문자와 같다. 중국의 갑골 문자는 한자의 원형이라고 생각되는 것인데, 중국에는 갑골 문자 이전부터 황화유역에 고문자의 원형들이 존재하고 있었다. 이들은 모두 그림 문자와 깊이 관련하고 있으나 이 역시 복합적인 사고의 표현이나 고유명사의 표현 등에서는 대상과의 의미적 관련성이 멀어질 수밖에 없었다.

이때, 고유명사를 표현하는 과정은 음절 단위로 문자를 재창조하는 결정적인 계기가 되었다. 수메르 문자와 이집트의 상형 문자가 음절 문자로 추상화되는 과정이 그렇고, 중국의 한자가 음절 문자의 출현에 있어서 기원이 된 것 또한 이러한 과정의 발전으로 이해할 수 있을 것이다.

앞으로 우리는 우리말을 중심으로 다양한 문자 속에 숨겨진 비밀을 파헤치는 과정 속에서, 문자의 발전과 전파 과정을 자연스럽게 파악할 수 있을

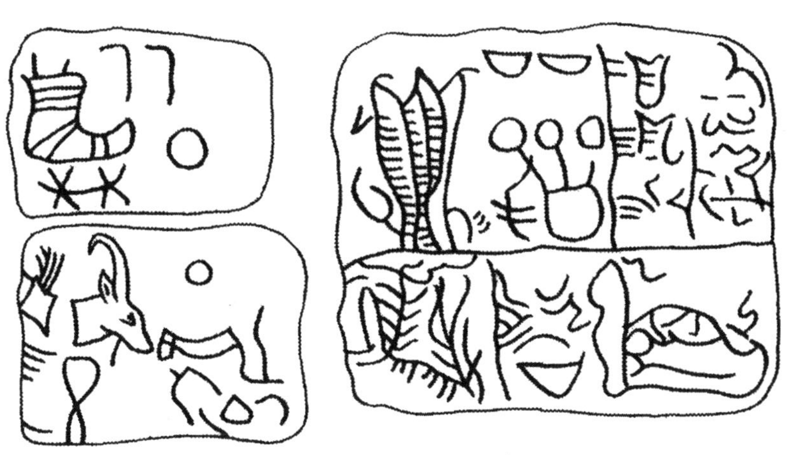

수메르의 가장 오래된 그림문자

것이다. 전 대륙을 관통하는 문자의 물줄기는 동과 서 혹은 남과 북으로 수많은 지류를 갈라 놓았으며, 그 지류에 모여든 사람들에 의해 새로운 모습으로 거듭 태어나게 된다. 그러나 그 흐름은 결국 의미 있는 부호에서 무의미한 부호로 문자의 자의성을 강화시키면서, 그 속에 소리를 담아 내는 과정이었다.

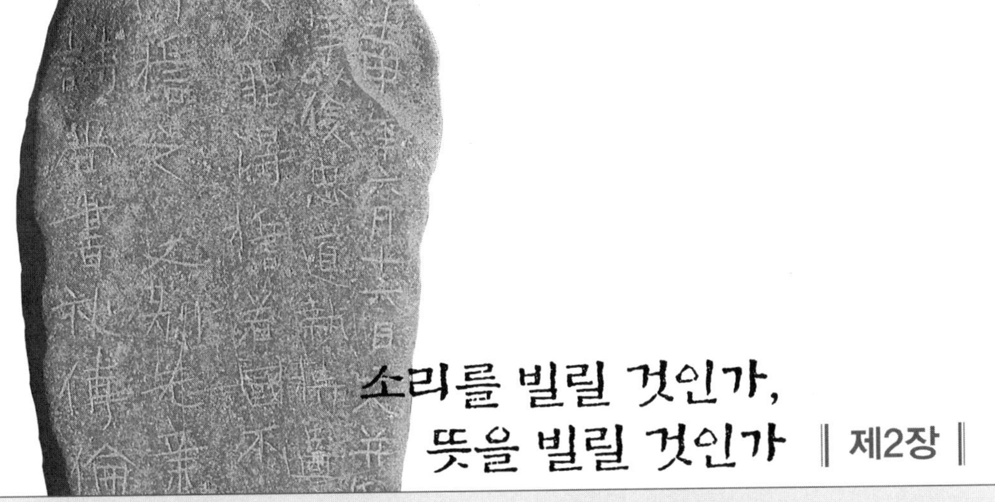

소리를 빌릴 것인가, 뜻을 빌릴 것인가 ‖ 제2장 ‖

— 한자와 우리말이 만났을 때

이제 우리는 사물을 그리는 단계에서 벗어나 쓰는 단계로 나아간다. 아직도 우리에게는 우리말을 기록할 고유 문자는 존재하지 않는다. 어떻게 이 상황을 극복해 나갈 수 있을까? 고유 문자가 없었을 때 우리 선조들의 문자 생활을 살피고, 우리말이 영어나 한자와 만날 때 어떤 현상이 나타나는지 알아보기로 한다. 또한, 한자의 소리와 뜻을 빌려 표기한 방식과 이러한 표기가 안고 있는 문제점을 살펴보기로 한다.

남의 문자를 빌려 쓰다

이 지구상에 존재하는 언어의 종류만큼 문자도 존재할까? 어떤 지역은 아직도 태고의 원시성을 그대로 유지하고 있다. 말은 있으나 문자가 없을 때 우리는 그림을 그렸다. 그러나 이 방법은 많은 정보를 처리하기에 비효율적이다. 이제 그림으로 만족할 수 없는 단계로 접어들었다(물론, 여전히 이 상황에 큰 불만없이 지내는 인류도 있다). 인간의 사고를 시각화해서 생산·저장·유통시키는 데 문자는 반드시 필요하다. 그런데 어쩌랴. 이를 시각화시킬 수 있는 문자가 없으니. 문자가 없으면 다른 말의 문자를 빌리는 수밖에 없게 된다.

우리처럼 터키나 베트남도 문자가 없던 시절이 있었다. 터키어는 우리말과 같은 계통에 속하고, 베트남어는 중국에 인접해 있어서 우리와 같이 한자 문화권의 영향력을 받아 왔다.

터키어는 한국어와 같이 알타이어족에 속한다(모음조화, 성별 구분이 없음, 교착어, 형용사가 명사에 선행, 동사가 문장 끝에 옴). 고대 터키어는 오르혼(Orkhon)강 유역에서 발견된 기념비의 비문에 사용된 7~8세기 돌궐어를 가리킨다. 중세 터키어는 10세기 이전에 기록된 것으로 위구르 문자가 사용된다.

현대 터키어는 13세기 경에 기록되는데, 중세 터키어인 위구르어에 몽골어와 페르시아어를 차용하였으며, 이 시기에 이슬람 문화와 접촉하게 된다. 15세기 말부터 시작하여 터키어의 문자 개혁이 일어난 20세기 초까지를 오스만 터키어 시대라고 하는데, 아랍어의 영향을 받은 오스만 터키어는 아랍어 어휘를 받아들였으며 문법에 있어서도 약간의 변화가 있었다. 터키어는 위구르어와 아랍 문자로 표기되기도 하였는데, 특히 터키족이 이슬람을 받아들인 후부터 약 10세기 이상을 아랍 문자에 의해 터키어를 표기하여 왔다.

1927년의 한 조사에 의하면, 터키인 중에서 아랍 문자를 읽을 수 있는 사람은 전체의 9퍼센트에 지나지 않았다. 또한 아랍 문자는 터키어를 적는 데 불필요한 자음 표기자가 많고, 터키어의 다양한 모음을 표기하는 데 어려움이 많았다.

터키의 문자 개혁은 1928년 11월 3일에 의회에서 언어개혁법이 통과되면서 시작된다. 이 개혁을 이끈 초대 대통령 게말 파샤는 학습에 곤란한 아랍 글자 29자와 페르시아 글자 4자 등 33자를 폐지하고 로마자를 채택해서 새로운 터키의 표기자로 만든다. 문자 생활뿐만 아니라 입말에서도 아랍이나 이란 계통의 어휘 표현을 금지하고 터키어의 고어와 방언 등을 살려 썼으며, 서구어의 어휘를 차용하여 쉬운 터키어를 만들었다. 로마자를 공용 표기자로 채택하고 이를 가르치기 위해 초등학교를 개설했으며, 성인에게는 4개월 간의 강습을 받게 했고 학교가 없는 마을에는 순회 학교를 만들어 국민들에게 문자 교육을 실시한 결과, 1935년에는 200만 명 이상이 읽고 쓸 수 있게 된다.

베트남어도 고유 문자가 없었기 때문에 초기에는 우리와 마찬가지로 중국의 한자를 빌려 썼으나, 언어 계통이 중국어와 달랐기 때문에 그 표기에 한계를 가질 수밖에 없었다. 이러한 언어 생활의 불편함을 해소하기 위해서 한자의 부수를 짜맞추어 한자의 음과 뜻을 이용한 '쯔놈'이라는 독자적인 베트남 문자를 만들었다.

쯔놈은 8세기 경에 만들어지기 시작하여 13세기 경에는 이러한 표기로 된 작품도 나왔다. 그후 1651년에 프랑스 태생의 예수회 소속 가톨릭 신부인 알렉산드르 드 로드(Alexandre de Rhodes)가 베트남어를 로마자로 표기한 베트남어-포르투갈어-라틴어 사전이 발간되면서부터 새로운 표기 문자를 갖게 된다. 그러나 베트남 학자들의 한문 숭배 때문에 이 표기 문자는 그후 오랫동안 보급되지 않다가 1900년대에 프랑스 당국이 베트남의 과거시험을 폐지하게 된 이후 적극적으로 보급되기 시작한다.

우리에게도 터키나 베트남과 같이 훈민정음이 만들어지기 전까지 다른 나라의 문자를 빌려서 우리말을 표기한 시기가 있었다.

한문과 우리말이 만날 때 : 우리식 어순의 한문

임신서기석

1934년 5월 경북 월성군 현곡면 금장리 석장사터 부근 언덕에서 돌 하나가 발견되었다. 돌의 길이는 약 34cm, 너비는 윗부분이 12.5cm이며, 아래로 내려갈수록 좁아진다. 두께는 약 2cm이고 냇돌의 자연석에 5행으로 74자를 새겼으며 1행 18자, 2행 16자, 3행 14자, 4행 16자, 5행 10자로 되어 있었다. 글자는 모두 알아 볼 수 있었으며, 순수한 한문식 문장이 아니고 우리말식의 한문체였다.

비문에는 다음과 같이 새겨져 있다(편의상 구절 단위로 띄어쓰기를 함.).

壬申年六月十六日　二人幷誓記 天前誓 今自三年以後　忠道執持
過失无誓 若此事失 天大罪得誓 若國不安大亂世 可容行誓之　又
別先辛未年七月廿二日大誓 詩尙書禮傳倫得誓三年

임신년(壬申年) 6월 16일에 두 사람이 함께 맹세하여 기록한다. 하늘 앞에 맹세한다. 지금으로부터 3년 이후에 충도(忠道)를 집지(執持)하고 과실이 없기를 맹세한다. 만약 이 일(맹세)을 잃으면 하늘로부터 큰 죄를 얻을 것을 맹세한다. 만약 나라가 불안하고, 세상이 크게 어지러워지면 가히 행할 것을 받아들임을 맹세한다. 또 따로 먼저 신미년 7월 22일에 크게 맹세하였다. 시(詩)·상서(尙書)·예기(禮記)·좌전(左傳)을 차례로 습득하기를 맹세하되 3년으로 한다.

신라 시대의 두 친구가 유교 경전을 습득하고 실행할 것을 맹세한 글이다. 여기에서 우리의 시선을 끄는 부분은 다음과 같다.

(1) 가. 今自三年以後　　지금부터 3년 이후에
　　나. 忠道執持　　　　중도를 집지하고
　　다. 過失无誓　　　　과실이 없기를 맹세한다.
　　라. 若此事失　　　　만약 이 일을 잃으면
　　마. 天大罪得誓　　　하늘로부터 큰 죄를 얻을 것을 맹세한다.

만일 여기에 적힌 글이 한문이었다면, (1)과 같은 표현은 나타날 수 없고 다음과 같이 되어야 한다.

(2) 가. 自今三年以後
　　나. 執持忠道
　　다. 誓无過失

라. 若失此事

마. 得誓天大罪

여기에서 우리는 (1)과 (2)의 차이가 글자의 순서에 의한 것임을 알 수 있다. 그런데 우리는 다음과 같은 의문을 여전히 갖게 된다. 이러한 차이는 어디에서 비롯했으며, (2)와 같이 표기해야 올바른 한문이 되는데 왜 굳이 (1)과 같이 표기했을까?

(1)은 중국어의 어순을 무시하고 우리말의 어순에 따라 한자만 빌려 쓴 글로서 읽고 쓰기가 훨씬 편리하다. 중국어와 한국어 사이의 근본적 차이는 바로 어순이다.

(3) 가. 나는 너를 사랑한다.(주어＋목적어＋서술어)

나. 我は あなたを 愛して います.(주어＋목적어＋서술어)

다. I love you.(주어＋서술어＋목적어)

라. Ich liebe Dich.(주어＋서술어＋목적어)

(3)에서 볼 수 있듯이, 한국어는 ‘주어＋목적어＋서술어’의 어순을 갖는다. 이는 일본어에서도 동일하게 나타난다. 그런데 영어나 독일어에서는 ‘주어＋서술어＋목적어’의 어순을 갖는다. 중국어는 어떤 어순을 갖고 있을까? 동양 삼국이라고 부르는 중국, 한국, 일본 등의 언어 구조와 영국, 미국, 독일 등의 언어 구조가 다를 것이라고 우리는 당연하게 생각할 수도 있다. 그러나 중국어는 영어나 독어와 같은 어순을 갖고 있다. 앞에서 제시한 (1)과 (2)의 차이는 바로 이러한 사정을 반영한 것이다.

소리를 빌릴 것인가, 뜻을 빌릴 것인가

이제 우리 조상들이 우리말을 어떻게 한자로 문자화했으며 한자를 통해 어떤 식으로 대상을 표현해 냈는지, 그 비밀을 찾아가 보겠다.

여기서 우리는 한자라는 문자를 빌려서 우리말을 표기하려는 여러 가지 시도를 보게 된다. 한자는 한 문자에 소리와 뜻을 함께 담고 있다. 그래서 시각화된 문자를 빌려오면서 동시에 소리와 뜻까지도 이용할 수 있게 된다.

한자를 이제 소리로만 알 수 있는 단계에 이르러, 명사를 표기하는 데 한자의 뜻은 완전히 배제하고 단순한 소리를 빌릴 수 있게 되었다. 바로 우리말 문자화의 1단계였다. 명사 중에서도 사람 이름('儒理', '末鄒', '居柒', '異斯'), 벼슬 이름('伊伐干', '以師今', '麻立干'), 땅 이름('沙熱伊', '買忽'), 나라 이름('伽耶', '徐羅伐') 등의 고유명사 표기에 한자의 소리를 빌린 것이다.

현대 중국어에서도 '초콜릿(Chocolate)'을 '巧克力(qiao ke li)', '셰익스피어(Shakespeare)'를 '莎士比亞(sha shi bi ya)', '모파상(Maupassant)'을 '莫泊桑(mo bo sang)', '아디다스(Adidas)'를 '阿迪達斯(a di da si)' 등과 같이 표기한다.

조선 시대에는 훈민정음이 만들어지고 나서도 여전히 지배층에서는 한자를 통한 의사소통이 주종을 이루었다. 그네들은 노래를 읊어도 우리말로 하기보다는 한문의 고풍스러운 표현을 즐겼다. 한시 한 편을 감상해 보자.

天長去無執　花老蝶不來　천장거무집 화로접불래
菊樹寒沙發　枝影半從地　국수한사발 지영반종지
江亭貧士過　大醉伏松下　강정빈사과 대취복송하
月移山影改　通市求利來　월이산영개 통시구리래

이 한시는 김병연(김삿갓)이 지은 것이다. 그 의미를 풀이하면, '하늘은 높아서 가도가도 잡을 수 없고/꽃이 시드니 나비 날아들지 않는구나/국화꽃은 찬 모래밭에 피고/나뭇가지 땅을 향해 반쯤 늘어졌구나/강가의 정자를 가난한 선비가 지나다가/크게 취하여 소나무 아래 엎어졌구나/달 기울어 산 그림자도 달라지니/시장을 누비며 돈 벌어 오도다.'이다. 그런데 이 시를 한자의 뜻이 아닌 소리로만 읊어 보아도, 다음과 같은 한 편의 멋진 시가 된다. '천장에는 거미집이 끼고/화로에는 검불 냄새가 나네/국수는 한 사발인데/지렁(간장)은 반 종지일세/강정과 사과를 빌어 와/대추, 복숭아 아래에 놓네/워리! 사냥개는/통시(변소) 구린내만 풍기네.'

김삿갓은 한자가 갖고 있는 의미에서 자유롭게 벗어나 한자의 소리를 빌려서 살아 있는 우리말을 구현해 내고 있다.

음차 표기 방식은 영어를 표기하는 데도 이용된다. "Are U Nexter?"에서 보듯이, 요즘 카피에서는 신세대의 취향을 그대로 담아 내고 있다. 이는 과거의 이두와 같은 음차 표기형식으로, "Are You Nexter?"라는 뜻이다. 역시 "R U Ready?"의 'U'는 'You'이다. 인터넷에서도 이러한 음차를 활용한 표기가 많이 사용된다. '4'는 'for'와 유사한 발음을 이용해서 표기하기도 하며, 이외에도 'B2B', 'P2P' 등에서 '2'는 'to'를 뜻한다.

다음으로 한자의 뜻을 빌린 경우를 살피기로 한다.

명사를 표기하는 데 한자의 소리가 아닌 뜻을 빌리기도 했다. 사람 이름('元曉', '赫居世'), 벼슬 이름('相加'), 땅 이름('推火'), 나라 이름('朝鮮') 등의 고유명사 표기에 이 방식이 적용된다. 현대 중국어에서도 '핫도그(Hot dog)'를 '熱狗', '아이스크림(ice cream)'을 '氷淇淋' 등과 같이 표기한다.

이 중 '혁거세(赫居世)'에 대해 자세히 알아보자. '赫居世王, 蓋鄕言也 或作弗矩內王 言光明理世也'(삼국유사 권1) '대개 향언(신라어)인데 혹은 弗矩內王으로도 했는데 세상을 빛으로 다스린다 하여 赫居世라고 했다.'로 풀이된다. 여기에서 '赫(붉다)'은 '弗(불)'에, '居(거)'는 '矩(구)'에, '世(세)

상)'는 '內(내)'에 각각 대응된다. 옛말에 '세상'은 '나/누'로 쓰였다. 오늘날에도 '온누리'라는 표현이 사용되고 있는데, 이는 바로 '온 세상'이란 뜻이다. 다시 앞에 자료를 현대어로 풀이해 보면, "혁거세(赫居世)는 우리말로 불구내(弗矩內) 왕이라고도 한다. '밝은 사람', '밝은 세상'을 말한다"가 된다. 한자 '혁(赫)'이나 '세(世)'의 의미를 빌려서 우리말의 '밝다', '누리'를 각각 표현한 것이다.

한편, 혁거세왕의 성은 한자의 소리를 빌린 것이다.《삼국사기》에 따르면, "일찍이 고조선의 유민이 지금의 경상도 지방에 흩어져 살면서, 양산촌·고허촌·진지촌·대수촌·가리촌·고야촌 등 여섯 마을을 형성하였다. 고허촌장 소벌공이 양산 밑 나정(蘿井) 곁에서 말이 알려준 큰 알을 얻었는데, 깨 보니 그 속에 어린아이가 있었다. 알이 매우 커서 박과 같다 하여 성을 박(朴)이라 하였다. 그가 13세가 되었을 때 매우 영특하여, 여섯 마을의 왕으로 삼고 국호를 서나벌(徐那伐)이라 하였다"라고 한다. 이 기록에 의하면, '박(朴)'이라는 성은 바로 흥부전에 나오는 바로 그 박을 한자의 음이 같은 '朴'으로 표기한 것에 지나지 않는다.

훈차의 독특한 예로 김병연(김삿갓)의 한시를 보기로 한다. 김삿갓이 함경도 어느 부잣집에서 걸식을 하다 냉대받고 나그네의 설움을 다음과 같이 표현했다.

二十樹下三十客 四十村中五十食
이십수하 삼십객 사십촌중오십식
人間豈有七十事 不如歸家三十食
인간개유칠십사 불여귀가삼십식

이 시는 다음과 같이 번역된다. "스무나무 아래의 서러운 나그네에게/망

할 놈의 집에선 쉰 밥을 주는구나/인간 세상에 어찌 이런 일이 있으랴/차라
리 집에 돌아가 선 밥 먹음만 못하리." 한자 '二十(스물)', '三十(서른)', '四
十(마흔)', '五十(쉰)', '七十(일흔)', '三十(서른)' 등을 각각 '스무나무', '서
러운', '망할', '쉰', '이런', '선' 등의 고유어와 대응시킨 것이다.

　우리말의 음절을 표기하는 데 한자의 어떤 소리를 빌려서 표기할 것인가?
예를 들어, 우리말의 '가'를 한자의 '家, 價, 可, 加, 假, 歌, 街, 伽, 暇, 佳,
架, 嘉, 稼, 賈, 駕, 茄, 苛, 迦, 柯, 袈, 嫁, 哥, 訶, 呵' 중에서 어떤 자로 써야
만 될까? '家'가 정답일까, 아니면 '可'가 정답일까. 실은 아무렇게나 써도
다 맞다. 우리말 '가'소리를 나타낼 수 있는 한자 '가'면 그 의미가 어떤 것
이든 상관없다. 표기자가 이와 같은 원칙만 지킨다면, 사용된 문자는 기호
로서의 가치를 지닐 수 있다. 한자를 빌려 쓴 초기에 표기자에 따라 각기 다
른 한자를 쓴 것으로 보아, 아직 관습화된 원칙이 마련되지 않았음을 알 수
있다.

　혁거세의 부인 이름은 '알영(閼英)', '아리영(娥利英)', '아이영(娥伊英)',
'아영(娥英)' 등이다. 왕비라서 이렇게 이름이 많았던 게 아니라 앞에서 살
펴본 한자와 우리말의 관계 때문에 나타난 현상이다. 이두라는 명칭도 '吏
讀', '吏道', '吏頭', '吏吐', '吏套' 등으로 다양하게 나타난다.

　'신라(新羅)'라는 국호는 어떤 뜻을 갖고 있을까. 한자의 의미는 '새롭게
벌인다'는 뜻인데, 그 의미가 알쏭달쏭하다. 신라는 '덕업일신(德業一新)'과
'사방망라(四方網羅)'의 끝 자를 딴 것으로 윤리의 확립과 통일의 의지를
뜻하는 것이라고 보는 견해가 있다. 이를 그대로 따른다면, 한자의 사자성
어를 바탕으로 그 국호가 비롯했다고 이해된다.

　그런데 이에 대한 표기는 '신로(新盧), 사라(斯羅), 사로(斯盧), 서나(徐
那), 서나벌(徐那伐), 서야(徐耶), 서야벌(徐耶伐), 서라(徐羅), 서라벌(徐
羅伐), 서벌(徐伐)' 등으로도 나타난다. '신라'라는 한자의 의미가 앞에서
살핀 뜻이 있다면 이와 같이 다양한 표기자들이 사용되었다는 사실은 어떻

게 받아들여야 할까. 우리 고유어를 한자 소리를 빌려 표기했다는 옛말의 배경을 이해하면, 이러한 혼란에서 벗어날 수 있다.

한편, ‘서벌(徐伐)’과 ‘서울’은 무슨 관계가 있을까? 주소를 한자로 쓸 때, ‘서울’은 한자로 표기되지 않는다. 그런데 최근 한 서지학자가 ‘서울’의 한자 표기를 발견, ‘徐菀’이라는 표기가 조선 시대 영조 때 어명에 의해 편찬된 《증보문헌비고》라는 책에 나타나 있음을 알아냈다는 보도가 있었다. ‘여지승람에 후인들이 모든 서울을 일컬어 서벌이라고 했다가 후에 변하여 서울로 했다’는 대목이 수록돼 있는 사실이 처음으로 밝혀진 것이다. ‘서울’의 차자 표기는 신라와의 관련성을 암시한다.

한국어는 중국어와는 달리 조사나 활용어미 등의 문법 형태소가 발달된 교착어이다. 그런데 임신서기석에 사용된 우리말 어순의 표기에는 이러한 형태소가 전혀 반영되지 못해, 어순을 바꾸는 정도로는 우리말을 정확하게 표기, 전달할 수 없었다. 이러한 표기가 갖고 있는 한계를 극복하기 위해서 새로운 표기 방식이 필요했다. 우리말의 전면적 표기를 위해서는 단어 차원의 표기에서 문장 차원의 표기로 나아가야 했으니, 다음 글에서 이에 대해서 알아보기로 한다.

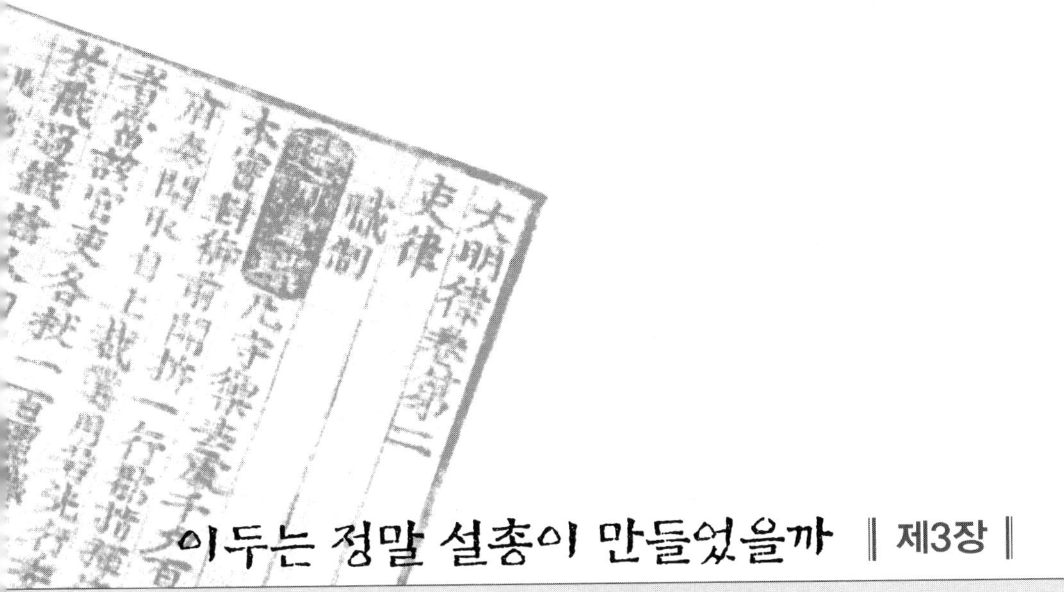

이두는 정말 설총이 만들었을까 ‖ 제3장 ‖

— 갈등의 표기 역사, 이두는 정말 필요했는가

이두는 어떤 문자 체계일까?

한사군 시대에 우리 나라에 유입된 한자는 우리 민족의 정신을 형성하는 데 지대한 영향을 미치게 되었다. 한자는 그 당시 말은 있되 고유한 문자가 없던 우리에게 문자 생활을 영위할 수 있도록 한 중요한 매체였다. 한자를 통해 비로소 역사를 기록했고 보다 손쉽게 문화를 전파하고 향유할 수 있었다.

그러나 한자를 빌려 문자생활을 영위한다는 것은 쉬운 일이 아니었다. 사람들은 어떻게 하면 한자로 좀더 쉽게 우리말을 적을 수 있을까 하는 열망을 가졌다. 그 열망이 이루어 낸 독창적인 표기 체계의 전통이 삼국 시대를 거쳐 훈민정음이 반포된 조선 시대까지 이어져, 오랫동안 우리 조상들의 문자 생활의 한 부분을 엮어 왔다.

그런데 한자를 빌려 우리말을 표기한다면 어떤 방법을 생각할 수 있을까? 이두의 흔적을 보여주는 비문들에서 이두의 발생, 그리고 발전의 여정을 따라가 보기로 하자.

南山新成作節	남산신성을 지을 때
如法以作後三年崩破者	만약 법으로 지은 뒤 3년에 붕파하면
罪教事爲	죄 주실 일로 삼아
聞教令誓事之	들으시게 하여 맹세시킬 일이니라

경주 남산신성비 비문의 내용 (591) 초기 이두 표기를 나타내고 있으며, 이두토 以와 教의 쓰임새를 알 수 있다.

초기의 이두 표기로 남아 있는 것으로는 고구려의 광개토왕릉비, 평양성의 돌, 백제의 개로왕이 왜왕에게 보낸 것으로 추정되는 칼에 새겨진 글, 그리고 위에 보이는 신라의 남산신성비가 있다. 한문을 조금 아는 사람이라면 남산신성비가 우리 어순의 한문 문장으로 쓰어 있다는 것은 쉽게 알 수 있을 것이다. 그런데 이 비문에는 이뿐만 아니라 문장 성분들을 연결하는 토를 한자로 표기하고 있는 점이 눈에 띈다. 여기에 쓰인 以는 '-으로'를 나타내고, 罪敎事와 聞敎令의 敎는 '-게 하다'의 사역을 나타낸다.

이러한 이두토가 들어간 표기법은 이전의 임신서기석에서 본 서기체 표기보다는 발전된 단계이다. 임신서기석도 한자를 빌려 우리 어순의 문장을 표기하고 있기는 하지만 아직은 우리말의 토를 표기하는 발전된 문법 의식은 보이지 않았다. 임신서기석의 표기법이 차자 표기의 맹아 상태라면 그 다음 단계는 바로 남산신성비문에서 보이는 것과 같이 우리말 토를 표기하려는 단계이다. 그 다음 단계는 어떻게 될까? 우리말의 다양한 토를 어떻게든지 표현하여 좀더 완벽한 문장 표기를 하려 하였고 접속사나 문장의 어미

亡妣官肖里夫人 年六十六 古人成之 東海欣支邊 散之

돌아가신 어머님 官肖里夫人은 66세에 고인이 이루어졌다(돌아가셨다).
東海 欣支(지명)의 바닷가에 (뼈를) 뿌렸다.

초기 이두 경주시 내동면 신계리 감산사에서 발견된 미륵보살의 광배(光背)에 새겨진 조성비. 신라 성덕왕 18년 중아손(重阿飡) 김지성(金志誠)이 돌아가신 부모를 위하여 이 보살상을 조성하게 된 경위와 발원문을 적고 있다. 종결형 어미에 '之'를 사용하고 있다.

貞元二十年甲申 三月二十三日 當寺鍾成內之 古戶山郡仁近大
內末紫草里 施賜乎古鍾金二百八十廷 當寺古鍾金二百二十廷
此以本爲內 十方旦越勤爲 成內在之 願旨是者 法界有情皆弗
道中 到內去 誓內 時寺聞賜主信寅人軍

후기 이두 강원도 양양군 서면 미천리 선림종지에서 발견된 종의 안쪽에 새겨진 비문으로 신라 애장왕 5년(804)에 쓰여진 것. 토를 다양하게 표기하고 있을 뿐만 아니라(以:-로, 中:긔, 是者:-인, 內之:-다, 內在之:-겨다, 賜乎:ㅅ온, 爲:ㅎ, 內去:-거, 賜:ㅅ) 개념어를 훈독 표기한 것(成:일-, 施:베풀-, 金:쇠, 此:이-, 本:밑, 爲:삼-, 到:니를-, 誓:버기-, 時:때, 聞:듣-)도 눈에 띈다.

까지도 표기하는 수준까지 발달하였다.

앞의 비문에서 점을 찍은 부분이 이두 표기를 하였다고 추정하는 부분이다. 초기의 이두 자료에는 말의 토씨나 어미가 거의 나타나지 않고 의미적 요소들만 우리말 순으로 배열한 데 비하여, 후대의 자료에는 말과 말을 이어주는 기능적인 역할을 수행하는 요소들이 한자로 표기되어 있고 또한 가능한 개념어들도 한자의 뜻을 빌어 표기하고 있다. 이 두 자료를 비교해 보면 이두는 점차 우리말의 전면적인 표기를 할 수 있도록 한자를 차용하는 단계로 접어들었다고 할 것이다. 그 방법이란 무엇일까? 때로는 한자의 음을 빌리고 때로는 한자의 뜻을 빌리는 정교한 방법으로 기록을 남기고 있다.

이러한 이두 표기법이 만들어져 운용법이 정제되기에 이르자, 이를 가장 반긴 사람은 서리나 아전처럼 주로 중류층의 행정직에 있는 관리들과 승려들이었다. 그들은 행정 문서, 노비 문서, 전답 문서 등과 같은 공문서나 탑비, 종명 기록을 위해 문자의 필요성을 절실하게 느끼던 계층이었다. 그러나 어려운 한문에 능통해서 이를 자유롭게 사용한다는 것은 실로 어려운 일이었으므로, 이보다는 쉽게 이용할 수 있는 이두에 대한 수요와 관심이 점차 커졌다. 이두(吏讀)를 이찰(吏札)이라 부른 것은 관리나 승려들이 주된 향유 계층이었음을 보여주기도 한다.

한편, 이 같은 이두 표기법이 최고로 발달한 형태는 향찰에 나타나 있다. 향찰은 전면적인 우리말 표기를 시도한 것으로서 향가라는 노래에 주로 쓰였다. 향찰을 만나면 우리는 한자를 빌려 우리말을 표기하는 진수를 맛볼 수 있을 것이다. 그 화려한 전성기와 운명의 쇠락을 다음 장에서 보기로 한다.

훈을 빌릴까, 음을 빌릴까 : 정교한 표기 의식

만약 우리가 고유 문자가 없어 로마자를 빌려 우리말을 표기하는 제2의 이두 표기 시대를 산다면 'live nanny die nanny, the thing-ot i problem-jay rodda.'(사느냐 죽느냐 그것이 문제로다)처럼 써야 할 것이라고 말한다. 여기서 '살다'에 해당하는 live, '죽다'에 해당하는 die, '그것'과 '문제'를 각각 the thing, problem의 훈을 빌려 그 첫 음절을 표기하고 둘째 음절은 다시 소리를 빌려 음절을 보충하도록 한 것이며 나머지 기능적인 요소들('-냐', '-이', '-로다')는 소리를 빌려 표기하였다. 이렇게 하면 신라 시대 사람들의 이두를 느껴볼 수 있을까? 어쨌든 참 어렵다.

한자를 빌려 우리말을 표기하는 것은 단순하게 우리말의 발음을 한자음으로 바꾸는 작업이 아니다. 단순히 우리말을 한자음으로 바꾸려고만 했다면 낱말 하나 하나마다 필요한 한자를 모두 대체하여야 하니, 그 표기 과정이 얼마나 번거롭고 수고로운 일인지는 상상하고도 남는다. 한자는 획순이 복잡하고 까다로운 글자이므로 표기 체계로 이용할 수 있는 문자로는 적절하지 않았다. 한 언어를 표기할 수 있는 문자로 살아남은 문자들은 모두가 간단한 형태를 취하며 또 글자 수도 매우 적다. 삼국 시대에 우리말을 표기할 수 있는 다른 문자 체계를 가지지 못한 실정에서 한자는 어쩔 수 없는 선택이었다. 이 선택 앞에서 어떻게 하면 좀더 편리한 표기 체계를 마련할 수 있었을까?

예를 들어 많이 쓰이는 문법적인 요소들은 간단한 한 글자로 정해 놓으면 편리할 것이고, 한자에 비해 단어의 음절수가 많은 우리말을 일일이 음 표기하는 대신에 그에 맞는 뜻의 한자어로 대체할 수 있는 방법도 생각할 수 있고, 반은 음을 대체하고 또 반은 뜻을 대체하는 방법도 생각할 수 있다.

실제로 이두의 차자 표기는 이 같은 효율적인 표기 의식이 반영되어 나타났다. 천년의 시간을 뛰어넘어 오늘 우리의 상상은 신라 사람들의 모습에서 확인된다.

신라인들은 먼저 한자음의 음 또는 그 비슷한 음을 가진 한자로 우리말을 적고 있다. 그래서 '고라부리'라는 우리 지명은 古良夫里로 표기하였고 '누리'라는 지명은 累利, 혹은 瑠璃로 표기하고 있다. 이 방법은 가장 단순하면서도 쉬운 방법인 것 같으나 우리말과 대응하고 있는 한자음이 실제로 지금과 같은 발음이었을까 하는 문제가 남아 있어서 당시 한자음에 대한 정확한 연구가 필요한 영역이다.

또한, 한자의 뜻(새김)을 빌려서 우리말을 적기도 했다. 그래서 '불구내'라는 말을 赤川, 또는 丹溪로 표기하고 있고, '미리내'를 龍川으로 표기하였다. '불구내'의 '불구'는 우리말 '붉다'의 어원이 되는 형태며, '내'라는 말은 개울물을 나타내는 '나리'와 같은 어원을 가진 말이다. 용을 나타내는 고유어가 '미르' 혹은 '미리'였다는 것도 이 대응 표기에서 알 수 있다.

신라인들은 또 한자의 뜻으로 우리말을 적은 다음에 한자의 음을 빌려 나머지 음절을 보충하는 표기 방법도 사용하고 있다.

'누리'라는 말을 世里로 표기하고 있는데, 世는 누리의 뜻을 새긴 표기이고 여기에 里가 덧붙어 음을 보충한 것이다. '말가'라는 말에 대해(현대어 '맑다'의 어원이 된 말)서는 맑고 깨끗하다는 뜻의 한자어 淸渠로 표기하고서 그 옆에 다시 우리말의 음을 표기한 勿居로 병기하고 있다.

한 시기에 관리들에게 운용될 수 있는 문자가 되기 위해서 이두는 정교해질 필요가 있었다. 이두 표기법이 가장 어려운 점은 어떤 글자를 훈독하고 어떤 글자를 음독하는가 하는 점이었다. 한 의미를 나타내기 위해 빌려 쓸 수 있는 한자가 여러 개가 되니 이 경우 어떤 글자를 쓰는가 하는 문제는 반드시 사회적 합의를 이루어야 할 부분이었다. 사람마다 다른 한자를 써서 의미를 나타낸다면 문자 표기의 기능은 유지할 수가 없기 때문이다. 실제로 이두 표기 자료에서 한 이름에 다른 표기의 한자가 흔히 나타나는 것도 이 같은 이두의 자의성 때문이 아니겠는가?

사람들은 일상에서 많이 쓰고 또 쉬운 한자들을 골라 일상의 의미를 전달하는 문자로 사용하였다. 그 당시에 지금처럼 표기법 통일안에 대한 어떤 조정 작업이 있었는지를 보여줄 만한 기록은 남아 있지 않다. 그러나 다양한 이두 자료가 규칙적인 표기법 용례를 보여주는 점으로 보아, 어느 시기쯤에 이용법에 대한 전면적인 규범을 만들어 내는 작업이 이루어졌다고 생각할 수 있다.

그러나 이두 표기는 될 수 있으면 한자의 본래 뜻을 다치지 않는 범위 안에서 국어의 어순에 맞게 표기하려 노력한 것을 알 수 있다. 따라서 이두로 쓰인 문서들을 살펴보면 한자를 이용하였다고는 하나 개념어들은 그대로 한자로 표현하고 토와 어미에 대해서만 한자를 차용하여 소리를 표기하고 있었으므로 이두 표기로 우리말을 표현하는 데는 여전히 한계가 있었다.

이 같은 맥락에서 특히 정제할 필요가 있었던 부분은 한자를 차용하여 적은 어미 부분과 토씨들을 어떤 한자로 적을 것인가 하는 문제였던 것 같다. 비록 한자 차용어로 적어야 했던 문장 성분이 일부분에 머물긴 했어도, 이에 대한 규칙을 정해 놓지 않는다면 쓰는 사람들마다 자의적인 표기법을 구사할 가능성이 매우 높기 때문이기도 하였다. 문자의 자의성이 사회적 합의를 전제하지 않는다면 이미 문자로서의 기능은 사라지게 된다. 이 때문에 이두에서 차용하는 글자가 정해지게 되었고 문장 표현 방식도 격식을 띠게 되었다.

이두가 조선까지 이어진 까닭은 무엇일까?

이두는 우리말의 표기법으로는 결코 완전한 것은 아니었으나 오랫동안 사용되었다. 삼국 시대에 이미 이두 표기법의 흔적이 나타나고 있는데, 조선 시대까지도 사용이 빈번하였던 것으로 보인다. 둘 다 차자 표기법 체계이지만 향찰이 고려에 들어와 자취를 감춘 데 비하여 이두는 훈민정음이 창제된 이후에도 널리 쓰였으니 놀라운 일이다. 이두가 오랫동안 사용될 수 있었던 이유는 무엇일까? 여기에는 그럴 만한 배경이 있었다.

이두를 주로 사용한 곳은 관리나 서리들의 행정·관공 문서라고 하였다. 이는 이두가 실용적인 목적으로 사용되었다는 것을 의미하며 이런 가치는 이두의 사용을 지속적으로 보장해 주는 역할을 하였다. 또 이두의 세력은 우리의 문자 생활에서 가장 핵심적인 표기 수단이었던 한문의 후광을 입고 있다는 점도 영향력을 보태는 일이었다.

고려와 조선을 거쳐 우리 조상들의 문자 생활은 여전히 양반과 관리를 중심으로 이루어지고 있었다. 양반들은 조선의 지식인 계층으로서 한문으로 의사를 소통하고 문학 작품을 지으며 문자 생활을 향유하였다. 이에 비해 하급관리나 서리 출신의 중인 계층은 주로 이두를 사용해 공공문서를 작성하고 의사 소통에 필요한 정도의 문자 생활을 향유했다. 훈민정음이 창제되기 이전까지 일반 서민들과 부녀자들은 문자 생활을 거의 누리지 못했다. 같은 시기에 서로 다른 문자 문화가 공존하고 있었던 셈이다.

얼마 전 한 일간지에 조선 중엽의 이름난 기생이었던 홍랑과 그의 연인 최경창이 주고 받았던 연서 원본이 소개되었다. 기생이면서 평생 한 남자를 사랑하고 그리워하다가 죽은 한 여인의 애절한 사랑이 한 편의 시조에 오롯이 남아 오늘 우리에게 전해진 것이다. 언문으로 곱게 써 내려간 홍랑의 시조와 그 옆에 연인 최경창이 보낸 한문 편지! 서로 다른 문자 생활만큼 극복할 수 없었던 그들의 애절한 이야기를 전해주는 듯하다.

한자 문화는 오래도록 우리의 문자 생활을 이루는 근간이었고 사상과 철학의 토대가 되었다. 그래서 배우기 쉬운 훈민정음이 창제된 이후에도 양반과 관리들은 오랫동안 길든 관습적인 한자 생활에서 벗어나지 못했다. 관리들은 여전히 행정 문서를 이두로 작성했고 이는 갑오경장까지 이어졌다. 이때까지 혹시 한글로 쓰인 문서가 있다고 하더라도 그 문서는 법적인 효력을 가지지 못하였다.

관리들은 이전의 행정 업무의 관례를 살펴보려고 할 때도 이두 표기법을 익혀야 했고 관리로 입문하기 위해서도 반드시 이두 표기법을 사용할 줄 알

아야 했다. 이두는 관리에게서 관리로, 또 윗세대에서 아랫세대로 표기 원
칙과 용법이 세습되었다. 세월이 지날수록 이두는 일부 토씨에서만 우리말
을 한자로 표기하려는 노력으로 이어질 뿐 대부분의 의미적인 실사 요소들
은 한자 표현을 그대로 씀으로써 오히려 표기법의 본질이 퇴색되기에 이른
다. 이로써 아침밥이 조반(朝飯)으로, 밝은 달은 명월(明月)로, 대나무숲은
죽림(竹林)으로, 푸른 산 속은 청산리(靑山裏)로 쓰는 등 변화가 일어났다.
이때부터 우리말 속에는 고유어 어휘와 이를 대체한 한자어 어휘가 공존하
는 이중의 어휘 표현이 시작된 것이다.

국어운동가 남영신 씨는 그의 책《국어 천년의 실패와 성공》에서 당시 우
리의 지식인들이 고유어를 어떡하든 살리면서 이를 한자말로 음만 표기하
려고 하는 주체적인 의식이 있었더라면 오늘날 한자어 병용이나 한글 전용
이냐 하는 소모적이면서도 지루한 논쟁은 시작되지 않았을 것이라고 하였
다. 경덕왕 때부터 시작된 한자 이름의 등장은 우리 국어 어휘사상 중대한
영향을 준 사건이 아닐 수 없었는데, 이후에 우리 국어는 끊임없이 한자어
의 간섭과 침투 속에 놓이게 된 것이다. 사실 이것은 예고된 행로나 다름없
다. 이기문 선생의 지적처럼 삼국 시대에 이미 우리는 입으로는 국어를 말
하고 글로는 한문을 쓰는 기형적인 이중언어 체계가 이루어졌는데, 이 구어
(口語)와 문어(文語) 사이에 간섭의 현상이 일어나 문어의 요소가 대거 국어
에 침투하게 되면서 국어에 한자어가 나타난 것이다. 주로 문화적·지적 개
념의 표현에 있어 국어 어휘가 가졌던 결함을 한자어로 메꾼 것이다. 이두
표기는 이러한 한자어 침투의 초기 단계라고 할 수 있다.

언어란 그렇게 언중들의 머릿속에 한번 자리잡고 나면 인위적으로 바꿀
수도 없고 더욱이 없앨 수도 없다. 역사의 한 시기에 고유어를 밀치고 들어
선 한자 어휘, 그 역사가 우리의 역사에서 천 년을 넘지 않았는가?

다시 이두 이야기를 조금 해 보자. 몇백 년에 걸쳐 이두는 관리들의 공식
표기법으로 사용되었고 이로써 관공 문서에 쓰이는 독특한 이두식 어법과

문체가 생겨났다. 삶의 양식이 대부분 그러하지만 문자 생활도 특정 계층이 정해진 용도로 계속 사용하게 되면 그 안에서 독특한 양식이 만들어진다. 결국 이두 표기는 관공 문서의 독특한 문체를 만들어 놓은 셈이다.

최초의 종합 법률규정집인 《대명률직해(大明律直解)》의 한 구절을 통해 딱딱한 관공 문서의 흔적을 엿보도록 하자.

《대명률직해》는 조선 태조 4년 1395년에 만들어진 방대한 법전이다. 조선은 건국과 동시에 나라의 기강과 체계를 바로 세우기 위하여 무엇보다도 강력한 법률 제정이 필요하였다. 조정 관리들의 행정 업무를 체계화하기 위해서뿐만 아니라 일반 백성들에게도 규범과 규율을 세울 필요가 있었다. 이에 조선은 명나라의 대명률을 이두로 직해한 법전을 만들기에 이른 것이다. 《대명률직해》는 우리 나라 법제사에서도 중요한 의미를 가지지만 무엇보다도 이두 표기법을 보여주는 가장 방대한 자료라는 점에서 국어학적인 의미가 매우 크다.

다음 인용문은 《대명률직해》에 나타난 원문과 이두 직해 그리고 현대어로 해석한 것을 함께 보여준다. 이두 직해 부분을 한문 원문과 비교했을 때 어순이 우리말처럼 되어 있고 또 곳곳에 우리말 연결어미가 나타나 있다는 것을 알 수 있다. 아래 이두 직해에서 한자 음을 빌려 우리말을 표기한 부분들, 가령 乙(-을), 爲在乙良, 爲遣乙良(-하거들랑), 爲去乙(-하거늘), 爲去等沙(-하거든사) 따위의 표현들은 법전 전체에 거쳐 줄곧 나타난다. 또 큰 문장 안에 안긴 내포문 종결어미를 나타낼 때도 일률적으로 爲如, 또는 亦으로 나타냈는데, 이는 '-하며', 또는 '-이라고'라는 소리로 읽었을 듯하며 대개 종결어미는 齊(-다)라는 평서문 어미로 끝난 것이 대부분이다.

《대명률직해》에서 나타나는 특징적인 문장표현 형식을 추출해 볼 수 있는데 '무릇 누가 ~며(如)~며(如)~하거들랑(爲在乙良), 형벌(장형이나 태형) 몇 대 혹은 부역 몇 년에 시킬 일이다(令是齊), 또는 할 일이다(爲齊)'와 같은 형식이 그것이다. 실제로 관리들이 이두 표기를 이용하여 자유자재로 우리말을 표기하기란 쉽지 않았을 것이다. 따라서, 일일이 이두 표기를 만들고 이를 익히기보다는 필요한 표현 몇몇을 관습적으로 익혀서 이를 이용해 표기한 것으로 보인다. 그리고 그러한 관습성이 공식적인 문서 표현 양식을 만들어 낸 것이다. 오랜 세월 한자와 문자 생활의 중요한 몫을 담당해 왔던 이두로 지은 문학 작품이 없는 이유는, 이러한 이두의 표현 제약과 관습성에 따른 것으로 이해할 수 있다.

이두 표기법이 만들어 낸 관공 문서와 법률 문체는 오늘날에도 그 흔적을 역력히 볼 수 있다. 사회 생활을 하다 보면 무슨무슨 공문이라고 이름 붙인 서류를 참 많이 대하게 되는데 여기에 쓰인 문체가 참 볼 만하다. 공문이란

妻妾失序(처첩질서) 편

대명률의 원문

凡以 妻爲妾者 杖 一白 妻在以妾爲妻者杖九十 並改正

○ 若有妻更取妻者 亦杖九十 離異 基民四十以上無子者 方聽取妾 違者苔四十

이두 직해

凡 嫡妻乙爲妾爲在乙**良**杖一白齊 嫡妻生存**爲去**乙以妾爲妻者杖九十遣並只改 正齊

○ 正妻現在**爲去**乙他妾更取**爲遣**乙良杖九十遣離異**齊** 年至四十爲已只無子息**爲去等沙**聽許取妾爲**乎矣** 違者苔四十

해석

무릇, 처로써 첩을 삼은 자는 장 일백의 형에 처한다. 처가 있는데 첩으로써 처를 삼은 자도 장 구십의 형에 처하고 모두 바로 고친다.

만약 처가 있는데 다시 처를 취한 자도 또한 장 구십의 형에 처하고 이혼하게 한다. 그러나 나이 40 이상에 이르러 자식이 없는 자는 비로소 첩을 취하는 것을 허한다. 어긴 자는 태 사십의 형에 처한다.

대명률직해 명나라 대명률을 우리말식으로 이두 직해한 조선 법전으로, 어순을 바꾸고 연결어미를 한자음으로 표기했다. 법제처에서 1984년 우리말해석을 덧붙였다.

이를 받아보는 사람이 일을 처리하는 데 차질이 없도록 분명하게 내용을 전달할 수 있어야 한다. 그런데 대부분의 경우 공문의 권위적인 문장을 해석하는 데만도 골머리를 앓게 되거나 또 어떤 경우는 서로 다르게 이해하는 경우도 발생한다. 이런 경우에는 공문이 문서로서의 기능을 전혀 하지 못하는 셈이다. 이러한 문제가 발생하는 가장 큰 원인은 일상에서 잘 쓰지 않는 용어의 남용과 권위적인 문투라고 할 수 있다. 오늘날의 법률 조문과 관공문체를 들여다보면 또 다른 이두를 보는 것 같다.

비록 오늘날 공문서가 한자로 표기하지는 않았지만 대부분 어휘가 한자어로 이루어져 있고 그 문체도 독특해, 대명률직해의 법률 구문에서 보이는 '무릇 ~ 한 자는 ~의 형벌에 처한다' 라는 형식과 대동소이하다. 오랜 역사를 거쳐 관리들의 문서 표기 양식이 자리를 잡고 그 전통이 오늘에까지 계승되어 온 셈이다.

최근에는 젊은 법조인들을 중심으로 법률 용어의 권위적인 어투, 어려운 한자어, 이해하기 어려운 표현 등을 고치려는 운동이 자발적으로 일어나고 있다고 한다. 법률 규정이나 조항은 법을 집행하는 소수의 사람들을 위한 것이 아니라 다수의 시민들이 이용하기 편리하도록 구성되어 있어야 한다는 그들의 자각은 참 신선하다. 역사의 발전이란 때로는 이렇게 권위적인 말투 하나를 고치는 일에서도 시작된다는 것을 우리는 믿는다.

설총이 이두를 만들었을까?

문자가 어떻게 생겨났는가 하는 그 기원에 대해서는 어느 것도 분명한 설명을 해 주지 못한다. 그만큼 언어와 문자는 복잡하고 유기적인 관계 속에서 탄생하는 것이기 때문이리라.

이두는 누가 만들었을까 하는 우리의 호기심도 이러한 맥락에서 출발한다. 이승휴가 지은 《제왕운기》(1295년)에 이서(吏書)라는 명칭이 처음 등장하고 신라 사람 설총이 이를 만들었다고 기록하고 있다. 또《대명률직해》발문에도 설총이 이두를 지었다고 기록되어 있다.

역사적 기록에 따르면 이두의 창안자는 설총이다. 그러나 설총이 이두를 만들었다고 보기에는 어려운 점들이 있다. 기록에 따르면 설총은 통일신라 시대 경덕왕 때의 학자이며 태종무열왕대인 654년에서 660년 사이에 출생한 것으로 짐작된다. 그러나 이두의 표기체계는 이미 삼국의 초기부터 그 흔적을 보이고 있고, 통일신라 시대에는 어느 정도 표기체계가 정비되어 이후 조선에까지 이어졌다.

경주 남산신성비(591년)가 이미 이두식으로 표기된 기록을 보이고 있다. 언어의 역사를 고증할 때 한 시기에 기록된 언어의 흔적은 이미 그 이전 시기에 그 같은 언어의 사용이 있었을 것이라고 추정하는 단서가 된다. 왜냐하면 언어는 어느 시기에만 나타나는 분절적인 사회 현상이 아니라 지속적·연속적으로 나타나는 현상이기 때문이다. 이미 6세기에 이두식 표기로 적은 탑문이 발견되었다는 사실은 일반적으로 이두 사용이 그보다 앞서 이루어졌다고 추정할 수 있는 근거를 준다. 그렇게 보면 설총이 생존한 시기와 이두가 처음 등장한 시기 사이에는 시간적 간격이 발생한다. 이러한 객관적 사실에 비추어 볼 때, 설총이 이두를 만들었다기보다는 이두가 그 이

문자의 창안 : 그 위대한 주체는 선구자, 혹은 신?

세계의 문자 역사를 따라가다 보면 문자의 신비만큼이나 호기심을 끄는 것은 누가 처음 그 문자를 만들었을까 하는 호기심이다. 각 나라의 문자 창제자는 신화나 전설 속에 전해지는 경우가 많다. 피라미드에 새겨진 이집트의 상형 문자도 이를 관리하는 신이 따로 존재한다고 믿었으며 그 신이 특별한 사람들에게 문자를 운용할 수 있는 지식을 넣어 준 것이라고 생각했다. 고대 인도의 문명도 언어를 주재하는 여신을 통해 문자를 전해 받았다고 믿었다. 모국어 사용 당사자들은 러시아의 키릴 문자에 대해 키릴로스라고 하는 창안자를 설정하고, 오감 문자에 대해서도 오감이라는 인물을 설정하고 있으나 그 존재를 증명할 객관적인 증거는 없다.

전에 이미 존재하였고 설총은 그 시기까지 유행하던 이두의 표기법을 정리하고 집대성했다고 해석하는 편이 옳을 것이다.

그런데도 사람들은 왜 설총을 이두 창안자로 기록할까. 이는 설총이라는 인물의 독특한 배경과 관련이 깊은 것으로 보인다. 설총은 아버지 원효대사와 어머니 요석 공주 사이에서 태어난 천재 소년으로 어려서부터 학문에 능통하고 특히 글을 잘 썼으며 말을 잘 했다고 기록되어 있다. 설총은 일찍이 유학과 문학을 깊이 연구한 학자로서 국학에서 학생들을 가르치고 임금 곁에서 늘 정치적 자문을 한 것으로도 기록에 전한다.

최치원이나 강수 등과 더불어 설총은 신라 3대 문장가로 꼽히는 인텔리 계층이다. 한문으로 글을 쓰고 읽는 것이 자유로웠기에 구경을 읽고 해독하였으며 이를 후생들에게 가르치고 양성함으로써 신라 10현 중 한 사람으로 칭송을 받았다. 이러한 경력과 지식 때문에 설총이 후세에 이두의 창안자로 알려진 듯하다.

설총 자신은 한문으로 얼마든지 의사소통하고 문학을 향유할 수 있었는데도 왜 일부 하급 관리나 중인들, 혹은 승려들이 사용하는 이두 표기에 그토록 관심을 가졌을까? 설총은 한문으로 문자 생활을 영위하는 것이 우리말에 잘 맞지 않는 일이라는 점을 깊이 인식하였던 것 같다. 그래서 그때까지의 이두 표기법을 정리하고 집대성하였을 뿐만 아니라 기존의 이두 표기법에 더하여 우리식으로 새로이 읽고 새기는 방법을 발명하였던 것이다. 이러한 일은 한문 경전을 국어화하여 인식할 수 있게 함으로써, 한학 연구를 발전시키는 데도 지대한 역할을 했다. 만약 당시의 인텔리 계층 중에서 설총과 같은 자주적 인식을 가진 사람이 몇 명만 더 있었더라도 우리의 문자 역사는 달라졌을 것이다. 문자에 대한 사회학적 인식이 척박하던 시절에 설총의 안목은 분명 선구적이었음에 틀림없다.

신라 사람들은 어떻게 글을 썼을까 ‖제4장‖

— 향찰에 담긴 조상들의 지혜

2천년 전의 노래

"얼레꼴레리, 개똥이는 현지를 좋아한데요."
"얼레꼴레리, 개똥이는 현지를 좋아한데요."

이 노래를 모르는 사람이 있을까? 어렸을 적, 친구들과 무리지어 동네 골목길을 누비던 그 시절을 생각해 보면, 어느 새 우리의 마음은 동심으로 돌아가고 만다. 이 노래는 흔히 몇몇 아이들을 놀려 주려고 부르는 것인데, 노래에 이름이 언급된 아이들은 남자아이와 여자아이가 한 쌍을 이루는 것이 보통이었다. 남자아이에 비해 여자아이는 곤경을 치르기 일쑤여서, 노래를 들은 여자아이는 얼굴이 빨개지거나 울상이 되어 집으로 달려가곤 했다. 이러한 이유 때문에 이런 노래는 자기가 좋아하는 여자아이가 있을 때, 친구들이 불러 주기를 은근히 바라는 경우도 있다. 필자도 이와 비슷한 경험이 있으니 아마 독자들도 크게 다르지는 않을 것이다.

그런데 지금으로부터 약 2천 년 전의 우리 조상들도 이러한 노래를 불렀다면 믿을 수 있을까?

선화 공주님은 남 몰래 얼어두고〔密通〕,
서동을 몰래 밤에 안고 간다.

이 노래는 《삼국유사》에 나오는 그 유명한 〈서동요〉이다. 서동이라는 백제사람이 신라의 선화공주와 사랑을 나누게 되었고, 후에는 결혼에까지 골인하였다는 설화이다. 서동은 나중에 백제 제30대 무왕으로 등극하게 되니 이 설화는 삼국 시대 로맨스 중의 로맨스가 아닐 수 없었다.

과연 이 사랑 이야기가 정말로 있던 일인지는 알 수 없다. 지어낸 설화일 뿐이라는 설에서 실제로 백제 무왕과 관련되어 있다는 설까지 여러 가지 견해가 있으나, 그 진위를 가리기에는 많은 어려움이 있다. 여기서 우리가 주목하고자 하는 것은 기록에 남아 있는 당시의 노래를 통해 2천 년 전 신라 사람들이 말하고 기록한 방식을 알아내는 일이다. 물론 텔레비전과 전화, 그리고 컴퓨터와 같은 문명의 이기들은 없었다 할지라도 그들 역시 지금과 비슷한 노래를 부르고, 비슷한 말을 했으며, 비슷한 음식을 먹었으며, 비슷한 집에서 지냈으리라 짐작할 수 있다. 다만 다른 점이 있다면 당시에는 우리말을 적을 우리 문자가 없었다는 점이다. 알다시피 한글이라고 하는 우리 문자는 조선 시대에 와서야 만들어졌기 때문이다. 그렇다면 신라 시대 사람들은 어떻게 말을 적을 수 있었을까? 그 실마리가 바로 2천 년 전에 부르던 노래에 담겨 있다. 이제 그 비밀의 문을 살며시 열고 들어가 보자.

신라말을 기록한 단서, 향가

향가는 언제 만들어졌으며 얼마 동안이나 인구에 회자되었을까? 이에 대해서는 몇 가지 설들이 있는데, 어느 노래를 향가로 보느냐에 따라 그 시기와 기간이 달라진다. 예를 들어 《삼국유사》에 실린 〈서동요〉(559 이전)부터 〈처용가〉(879)까지를 향가로 본다면 약 320여 년 동안 향가가 만들어지고 불렸다고 볼 수 있고, 여기에 균여대사가 지었다는 11수의 향가까지를 고려한다면 그 기간은 약 370여 년으로 늘어난다. 그리고 〈도이장가〉까지를 향가로 본다면 그 기간은 1120년(예종 15)까지 연장되어 약 520여 년에 이르게 된다.

그러나 《삼국사기》의 향가 관련 기록을 보면 향가의 연대는 훨씬 이전으로 거슬러 올라간다. 《신라본기》에는 그 유명한 향가집인 《삼대목(三代目)》에 관한 기록이 보인다. 888년에 진성여왕은 각간(角干) 위홍에게 대구화상

(大矩和尙)과 함께 향가를 수집하여 책으로 엮을 것을 명한다. 이 때 나온 것이 바로 한국 최초의 노래집인 《삼대목》인 것이다. 그러나 불행히도 이 책은 오늘날 전하지 않아 그 내용을 알 길이 없다. 다만 당시의 관련 기록을 종합해 보면서 어렴풋하게나마 《삼대목》이 어떤 성격의 책이었던가를 짐작해 보기로 한다. 《삼대목》에서 ‘삼대(三代)’가 의미하는 바가 무엇인지를 두고 논란이 많았으나, 신라의 상대(上代) · 중대(中代) · 하대(下代)의 3대를 가리킨다는 설이 제일 유력하다.

만약 이러한 가정이 옳다면 향가는 신라의 시초부터 존재했다고 추정할 수 있다. 《삼국사기》에 의하면 신라는 다음과 같이 3대로 나누어진다. ① 상대(上代)는 시조인 박혁거세부터 28대 진덕여왕까지의 기간으로(기원전 57~654), 원시부족국가 · 씨족국가를 거쳐 고대국가로 발전하여 골품제도가 확립된 시기를 말하며, ② 중대(中代)는 29대 무열왕부터 36대 혜공왕까지로(654~780), 삼국을 통일하고 왕권이 확립되어 문화의 황금기를 이룬 시기를 말한다. ③ 하대(下代)는 37대 선덕왕부터 마지막 왕인 56대 경순왕까지의 기간이므로(780~935), 진성여왕이 888년에 《삼대목》을 만들라고 명하였다면, 《삼대목》에는 신라초기부터 당시까지 현존했던 수많은 노래들이 모두 담겨 있었을 것이다.

참고로 비슷한 시기에 엮어진 일본의 노래집 《만엽집(萬葉集)》을 살펴보면 《삼대목》이 얼마나 소중한 책이었나를 짐작할 수 있다. ‘만요슈’라고 불리는 《만엽집》은 일본에서 가장 오래된 노래집으로 여기에 수록된 노래는 4,536수에 달하는데, 노래들이 모두 이른 시기의 작품일 뿐 아니라 문학적인 면에서나 사상사나 생활사적인 면에서도 더할 나위 없이 소중한 자료로 평가받고 있어 그 가치는 실로 대단하다. 《만엽집》에 실린 노래들이 언제 만들어졌는가는 정확히 알 수 없지만 대략 630년대부터 760년대까지 약 130년간에 걸쳐 가장 많은 작품들이 만들어졌다. 《만엽집》의 내용에서 미루어 알 수 있듯이 아마 《삼대목》에도 비슷한 내용의 수많은 노래가 담겨 있었을 것이다. 현존하는 향가의 수는 《삼국유사》에 14수, 《균여전》에 11수로 도합 25수뿐이니 사라진 수많은 노래들을 생각하면 안타깝기 그지없다. 만약 그 책이 오늘날 전해졌더라면 향가 연구는 물론이고, 삼국 시대의 연구에 새 장을 열 수 있으련만, 아쉽게도 그 이름만 전해 오고 있을 뿐이다.

향가는 신라 시대 유행가가 아니다

향가는 과연 어떻게 지어지고 어떻게 불렀던 노래일까? 민요처럼 일반 대중들이 만들어 불렀던 노래일까 아니면 오늘날의 유행가와 같은 형식을 띠었을까? 이는 향가의 정체를 제대로 밝히는 작업이므로 중요하지 않을 수 없다. 현재까지는 향가란 단지 신라 시대의 정형시가 정도로 이해되어 왔다. 〈서동요〉를 향가의 범위에 넣는다면 대중들도 향가를 불렀으리라 짐작할 수 있겠으나, 노래 가운데 〈서동요〉와 같은 형식은 그리 많지 않기 때문에 향가가 전적으로 일반 대중들의 노래였다고 단정하기에는 어려움이 있다.

《삼국유사》에는 향가의 정체를 엿볼 수 있는 몇 가지 기록이 남아 있다. 먼저 월명사가 〈도솔가〉를 짓게 된 배경을 알아보자. 때는 경덕왕 19년(760년)이었다. 4월 초하룻날에 두 개의 태양이 나란히 나타나 열흘 동안이나 없어지지 않자 사람들은 승려가 산화공덕을 하면 그 재앙이 물러간다고 하였다. 이 말을 듣고 경덕왕이 단을 설치하고 승려를 기다리던 차에, 월명(月明)이 지나가다 왕에게 불려와 기도문을 지을 것을 요청받으며 다음과 같은 대화를 나눈다.

"승은 단지 국선의 무리에 속해 있으므로 그저 향가나 알 뿐 범성(梵聲)에는 익숙하지 못하나이다"

"그대가 이미 인연 있는 승려로 지적되었으니 비록 향가를 쓰더라도 좋소"

(明奏云, 臣僧但屬於國仙之徒, 只解鄕歌, 不閑聲梵…《삼국유사》권 제5, 월명사 〈도솔가〉)

여기서 흥미로운 점은 〈도솔가〉가 산화공덕을 위한 기도문이라는 점과 향가와 범성이라는 말이 대립되어 사용되고 있다는 점이다. 월명대사가 범성은 모르고 향가는 안다고 하였는데, 범성은 과연 무엇인가? 범성은 절에서 주로 재(齋)를 올릴 때 부르는 노래로, 범패(梵唄)라고도 부르는 것이다. '범'은 '인도'를 뜻하고, '성' 또는 '패'는 '소리'라는 뜻이니 오늘날 염불이나 회심곡을 떠올려 보면 범성, 범패가 어떤 노래였는지를 쉽게 짐작할 수 있다. 범성이나 범패는 주로 학식이 많은 승려가 부르는데 요령(搖鈴)을 흔들면서 축원문을 낭송하며, 한문으로 된 산문이나 산스크리트(Sanskrit)의 사설로 되어 있는 것이 보통이다. 월명대사가 범성은 모르고 향가를 안다고 했다면 염불 같은 기도문을 지어 부르되, 산스크리트어가 아닌 신라말로 불렀다는 뜻으로 해석할 수 있다.

우리가 잘 아는 향가 〈제망매가〉는 월명대사가 일찍이 그의 죽은 누이를 위해 재를 올릴 때 향가를 지어 부른 것이니, 〈도솔가〉나 〈제망매가〉는 범성과 마찬가지로 의식적인 자리에서 엄숙하게 불렸던 노래로 추정할 수 있다.

향가는 시에 곡을 붙인 것?

향가가 어떻게 불렸는지 짐작할 수 있는 또 하나의 단서는 《삼국유사》에 보이는 다음과 같은 기록이다.

"신라 사람들 가운데 향가를 숭상하는 이가 많았으니 대개 향가란 시경(詩經)

의 송(頌)과 같은 종류의 것이다. 때문에 가끔 가다 능히 천지귀신을 감동시킨 경우가 한둘이 아니었다."

(… 羅人尚鄉歌者尚矣, 蓋詩頌之類歟, 故往往能感動天地鬼神者非一, 《삼국유사》 권 제5, 월명사 〈도솔가〉)

위 기록을 보면 신라 사람들이 향가를 숭상했으며, 그 노래는 《시경》의 송과 같다고 하였다. 그렇다면 《시경》의 송이란 어떤 종류의 노래일까? 《시경》은 중국 춘추 시대의 민요를 중심으로 여러 가지 노래들을 모은, 중국에서 가장 오래 된 시집이다. 우리의 《삼대목》, 일본의 《만엽집》에 해당한다고도 볼 수 있다. 《시경》은 국풍(國風) · 소아(小雅) · 대아(大雅) · 송(頌)의 4부로 구성되어 있는데, 국풍은 여러 나라의 민요를, 아(雅)는 공식 연회에서 쓰는 의식가를, 그리고 송은 종묘의 제사에서 쓰는 악시(樂詩)를 말한다. 그 내용을 보면 선왕(先王)의 공덕에 대한 찬양이나 제사를 모시는 자손 및 참가한 제후에 대한 칭찬 같은 것이 대부분이다.

따라서 《삼국유사》의 기록에 향가는 《시경》 가운데서도 송에 해당한다고 하였으니, 종묘 제사에 쓰이는 노래였음을 알 수 있다. 이것은 위의 〈도솔

昊天有成命	하늘에서 정하신 대명(大命)이 있어
二后受之	문왕과 무왕께서 받자오시니
成王不敢康	왕 되신 다음에도 밤낮이 없이
夙夜基命宥密	하늘 뜻 좇아서 애를 쓰시다
於緝熙	땅의 끝 번져 가니 그 빛깔이여
單厥心	두터울사 덕으로 채운 그 마음
肆其靖之	드디어 천하를 편히 하시다

시경의 송(頌) 가운데 한편의 시 《시경》에 나오는 송(頌)은 내용면에서 향가와 유사한 점이 많아, 향가 제작의 목적과 쓰임새를 짐작하게 한다.

가〉나 〈제망매가〉의 형식과도 맥락을 같이 하므로 그 타당성이 매우 높다고
하겠다.

　이러한 추정을 뒷받침해 주는 자료는 바로 《삼대목》을 지었다는 대구화상
의 이야기다. 《삼국유사》 48대 경문대왕조에 보면, 고승인 대구화상이 시에
노래를 붙였다는 대목이 나오는데, 내용은 다음과 같다.

> "국선 요원랑, 예흔랑, 계원, 숙종랑 등이 금란(강원도 통천)에서 노닐고 있었
> 다. 그들은 임금을 위하고 나라를 생각하는 마음을 은근히 붙여 시가(詩歌) 세
> 수를 지어 사지라는 직책을 가진 심필이라는 사람에게 그 원고를 주어 대구화
> 상(大矩和尙)에게로 보냈다. 그래서 그 세 수의 시에다 각기 곡조를 붙이게 했
> 다. 그 노래의 이름은 첫째가 〈현금포곡(玄琴抱曲)〉, 둘째가 〈대도곡(大道曲)〉,
> 셋째가 〈문군곡(問群曲)〉이다. 대구화상이 궁중으로 들어가 왕에게 연주해 보
> 였더니 왕은 그 노래들을 감상하고 무척 즐거워하여 칭찬했다. 지금 그 노래는
> 알 수 없다."

　화랑 세 명이 임금을 위해 시를 짓고, 여기에 대구화상이 곡을 붙여 왕 앞
에서 연주했다고 하니, 당시 향가가 어떤 경로로 지어지게 되었는지, 그리
고 대구화상에게 《삼대목》 집성이라는 대업이 왜 주어졌는지를 잘 알 수 있
다. 또한 대구화상이 유명한 고승이었다는 점에서 향가가 불가의 범성이나
범패와 같은 의식적인 노래였으리라는 추측도 더욱 타당성이 크다.

　실제로 현재 전해 오는 향가의 내용을 검토해 보면 이러한 가정이 더욱
그럴 듯하다는 것을 알 수 있다. 향가를 내용별로 살펴보면 대략 불교관계
(18수) · 군신관계(2수) · 남녀관계(2수) · 붕우관계(2수) · 기타(1수) 등으로
분류할 수 있으며, 작가별로는 승려 작(18수) · 화랑 작(3수), 여류 작(1수),
민요(2수), 실명(失名, 1수) 등으로 볼 때, 향가의 성격과도 무관하지 않다는
것을 알 수 있다.

향찰은 한문이 아니라 신라어였다

신라의 노래 향가는 향찰이라는 표기법으로 기록되어 있어 그 중요성이 더욱 높다. 우리는 당시 우리말을 기록할 우리 문자를 갖지 못했기 때문에 자연히 중국의 글자인 한자를 빌려 쓸 수밖에 없었다. 당시 학교 교육에서 한문과 한학에 대한 교육이 중심을 이룬 것을 보아도 한문에 대한 관심이 얼마나 컸는지 짐작할 수 있다. 따라서, 귀족들이 한문 교육을 받고 한문으로 우리말을 기록하기도 했지만, 한편으로는 한자를 이용하여 우리식의 표기를 시도하기도 한 것이다. 이두가 그렇고 향찰도 바로 이러한 시도의 한 유형이다.

향찰의 경우는 한자의 훈과 음을 빌렸다 뿐이지 우리말을 표기한 것이어서 향찰을 빼고 나면 문장 전체가 없어지고 만다. 따라서, 비록 한자를 빌려 우리말을 표기했지만 향찰로 표기된 문장은 한문이 아니고 모두 한국어라고 할 수 있다.

그렇다면 향찰은 과연 어떻게 한자를 빌려 표기했다는 것일까? 신라 시대의 표기체계인 향찰을 이해할 수 있는 유일한 길은 당시의 문헌자료에 나타난 말을 풀이해 보는 것이다. 주지하다시피 당시 향찰 표기를 반영한 문헌 가운데 오늘날까지 전해 오는 자료는 향가 25수가 전부이다. 따라서, 이 노랫말을 통해 천오백 년 전의 표기법의 진실을 밝혀야 한다는 것이 그리 쉽지만은 않다. 향가를 '해독' 한다는 표현을 쓰는 것도 바로 이러한 이유에서다. 마치 암호 해독처럼 향가의 표기법도 풀기 어려운 수수께끼 같은 존재이기 때문이다. 더구나 노래를 해독하는 것이 그리 쉬운 일이 아닌 이유는, 향찰로 표기된 것이 일상적인 말이 아니라 노랫말이기 때문이다. 여기서는 25수 가운데 가장 우수한 작품 중 하나로 평가되고 있는 〈모죽지랑가〉를 가지고 해독의 어려움과 문제점을 간략히 살펴보자.

<table>
<tr><td>1. 去隱春皆理米</td><td>지나간 봄 돌아오지 못하니</td></tr>
<tr><td>2. 毛冬居叱沙哭屋尸以憂音</td><td>살아 계시지 못하여 우올 이 시름.</td></tr>
<tr><td>3. 阿冬音乃叱好支賜烏隱</td><td>殿閣을 밝히오신</td></tr>
<tr><td>4. 皃史年數就音墮支行齊</td><td>모습이 해가 갈수록 헐어 가도다.</td></tr>
<tr><td>5. 目煙廻於尸七史伊衣</td><td>눈의 돌음 없이 저를</td></tr>
<tr><td>6. 逢烏支惡知作乎下是</td><td>만나보기 어찌 이루리.</td></tr>
<tr><td>7. 郎也慕理尸心未 行乎尸道尸</td><td>郎 그리는 마음의 모습이 가는 길</td></tr>
<tr><td>8. 蓬次叱巷中宿尸夜音有叱下是</td><td>다복 굴형에서 잘 밤 있으리.</td></tr>
</table>

향찰로 표기된 신라의 노래, 모죽지랑가 (현대어역, 김완진) 향가 25수 가운데 매우 우수한 작품으로 꼽히지만, 향찰 해독의 대표적 문제점을 안고 있는 자료이기도 하다.

먼저 〈모죽지랑가〉를 간략히 소개하면, 이 노래는 효소왕(692~702) 대에 지어진 노래로, 화랑인 득오가 죽지를 그리워하며 지은 노래다. 화랑 죽지는 그 탄생에 얽힌 설화가 전해지는데 내용은 한 거사가 죽지라는 고개에서 길을 닦은 이야기와 관련이 된다. 이 거사가 길을 닦다가 죽었는데, 공교롭게 죽은 날 죽지 어머니의 꿈속에 거사가 나타나게 된다. 이 일로 거사를 찾았으나 그가 이미 세상을 떠난 것을 알고 거사의 장례를 성대히 치르고 돌로 미륵을 만들어 무덤 앞에 안치하였다. 그 꿈을 꾼 날 죽지의 어머니는 죽지를 가졌고, 아들을 낳자 거사(미륵)가 죽지로 환생한 것으로 믿어, 죽지고개의 이름을 따서 이름도 '죽지'라고 하였다는 전설이 있다. 여기에는 불교의 윤회사상, 미륵부처 사상이 담겨 있다고 보인다.

득오는 죽지 밑에 있던 부하였는데, 먼 곳으로 좌천당하자 죽지가 일부러 그를 찾아가 다시 서울로 데려온다. 이런 연유로 득오는 죽지가 죽자 그를 추모하며 노래를 지었는데, 그 노래가 바로 모죽지랑가인 것이다.

'간 봄 그리매'인가 '간 봄 몯 오리미'인가?

　향찰의 표기법과 그 해독이 얼마나 힘들고 어려운지를 모죽지랑가의 한 두 구절만을 가지고 간략히 살펴보기로 한다. 첫 구절은 "去隱春皆理米"인데, 이것을 어떤 이는 "간 봄 그리매"로, 또 다른 이는 "간 봄 몯 오리미" 등으로 해독하기도 한다. 대체로 '去隱春'은 '간 봄'으로 해석을 하는데, 여기서 향찰 표기법의 특징을 확연히 알 수 있다. 우리말의 어순대로 표기하며, 한 문장에서 실사(중심어)에 해당하는 부분은 한자의 훈(뜻)을 빌리고, 토에 해당하는 부분은 한자의 음(소리)을 빌려 적은 것이다. 이것이 바로 앞에서 향찰이 이두와는 달리 우리말을 우리식으로 표기한 표기법이라고 말한 이유이기도 하다. 이 표기법에 따라 동사 '가'는 '去'로 적었고 'ㄴ'에 해당하는 토는 '隱'으로 표기하여 읽을 때는 그 음으로 읽었으니, 전체 '去隱'은 '가+ㄴ=간'이 된 것이다. 또 '봄'은 실사이므로 한자의 뜻을 따서 '春'으로 적었다. 여기까지만 보면 향찰의 표기법은 그야말로 명쾌하고 쉬운 듯하다. 그러나 바로 이어지는 구절로 넘어가면 상황은 달라진다.

　이어지는 구절은 '皆理米'인데 이에 대한 해석은 연구자마다 다르다. 어떤 이는 '그리매'로, 또 다른 이는 '몯 오리매'로 해석했으니 말이다. 그 의미는 '지나간 봄을 그리워하매', 또는 '지나간 봄이 다시 몯 오매' 정도일 것이니 문맥상은 서로 상통한다고 볼 수 있겠다. 그러나 같은 의미로 해석을 했지만 그 해석 방법은 사뭇 다른 것이니 향가의 해독이 얼마나 어려운가를 짐작할 수 있다. '皆理米'를 '몯 오리매'로 해석한 학자는 '그리매'로 해석하기 어려운 이유를 다음과 같이 말한다. 이미 같은 노래에 '그리다'라는 말을 '慕理'로 표현했는데(慕理尸心未 : 그릴 마음에), 굳이 같은 의미의 단어를 다른 한자를 빌려 적었겠느냐는 것이다. 그러나 '몯 오리매'로 해석하는 것도 그리 정연하지는 않는 것 같다. '皆'의 훈을 빌어 '모도'로 읽고 이를 다시 '몯+오'로 재분석하였으니 말이다. 한 단어가 부사와 동사어간의 결합 형태를 띤다는 것도 그리 일반적인 경우가 아니기 때문이다.

더욱이 이 해석은 바로 뒤에 나오는 구절의 해석을 고려한다면 더욱 의구심이 증폭된다. 다음 구절은 "毛冬居叱沙哭屋尸以憂音"으로 여기서 '毛冬'을 부정의 뜻을 나타내는 '모둘(몯둘)'로 해석하고 있으니 '몯'이 발견된 셈이다. 그렇다면 '皆理米'를 '그리매'로 해석하기 어려운 이유가 이미 같은 노래에 '그리다'라는 말을 다른 단어로 표현했기 때문이라면, 마찬가지로 바로 다음 구절에 부정을 뜻하는 '몯'을 '毛冬'으로 표기했는데 바로 앞절에서는 '몯＋오'가 결합된 표기인 '皆'를 부정표현으로 썼다는 것이 쉽게 납득되지 않기 때문이다.

아무튼 여기에서 향가 해독에 대한 깊이 있는 탐구는 접어 두기로 하자. 다만 향찰의 표기법이 나름대로의 철저한 원칙을 가지고 이루어졌다는 점, 그러나 매끄럽게 해독하기가 그리 쉽지는 않다는 점만을 밝혀두기로 한다.

향찰은 왜 사라졌을까?

향찰은 비록 한자를 빌어 쓰기는 했지만, 우리말을 매우 정교하게 적을 수 있는 훌륭한 표기법이었다. 그러나 이두와 달리 향찰의 생명은 고려 초기를 넘기지 못하고 끊어지고 말았으니 참 기이한 일이 아닐 수 없다. 그토록 체계적이고 오랜 세월 동안 갈고 닦아 발전시킨 향찰이 왜 사라져야만 했을까? 물론 향찰이 그대로 전해져서 조선 시대까지 이어졌다면, 아마도 훈민정음과 같은 새로운 문자는 탄생하지 않았을지도 모른다. 따라서 훗날에 등장할 훈민정음을 생각하면 향찰의 소멸이 어쩌면 다행스러운 일이었다고도 볼 수 있다.

그렇다면 향찰은 왜 사라졌을까? 향찰의 소멸 원인은 여러 가지로 추정해볼 수 있겠으나, 크게 두 가지로 생각해 볼 수 있다. 하나는 귀족사회의 한문 선호도를 들 수 있겠고, 다른 하나는 우리말의 특징 때문이 아닐까 한다. 앞서 말한 대로 신라는 귀족 중심의 철저한 계급사회였다. 이들 대부분은 한문을 통해 한학을 공부했으며, 당나라에 유학 가서 직접 학문을 익히는 경우도 많았다. 따라서 귀족들은 한문에 능했으며, 우리말을 한문으로 적어 표현하는 데 아무 불편이 없었다고 보아야 한다. 그렇다면 한자를 빌어 우리식으로 표기한 향가나 이두는 어떤 계층에서 사용한 것일까? 귀족들은 향찰과 같은 표기법을 사용하지 않았을까?

앞에서 언급했듯이 이두는 관공서의 공문에 많이 등장한 것으로 보아 당시에도 관리들이 주로 사용했으리라고 추측할 수 있다. 아마 한문도 어느 정도 알지만 귀족만큼은 잘 하지 못하는 중간관리 계층에서 편의상 사용했을 것이다. 그렇다면 향찰은 어떤 계층에서 사용했을까? 향가를 향찰로 표기한 것으로 보아, 귀족 계급에서 사용했을 것이다. 한문을 알지 못하고서는 이를 활용하여 우리말을 우리식으로 표기하기란 불가능하기 때문이다. 이두의 성립에 설총이 관여했듯이, 향찰의 성립에도 한학에 능한 귀족 계급이 관여했으리라는 추론은 충분히 가능한 이야기다.

향찰이 향가의 표기로 사용되었다는 점도 특이한 일이 아닐 수 없다. 물론 향찰 표기가 향가만을 위해 쓰이지는 않았다. 한자의 훈과 음을 따서 우리말을 표기한 방식은 이미 고유명사나 지명 등의 표기에 나타나 있기 때문이다. 그러나 향찰의 표기가 일반인들의 언어생활에 얼마만큼 영향을 미쳤는지는 지금으로서는 알 수 없는 일이다. 다만 향가의 성격을 볼 때 일정한 형식을 지닌 정형시의 형식을 취했고, 여기에 가락을 더해 노래를 만들고, 이 노래가 특정한 의식에 불렸다는 점을 고려한다면 향찰은 아마도 당시에 귀족들 사이에 유행하던 시짓기를 위한 표기법이었는지도 모른다. 만약 그렇다면 일시적으로 유행하던 시짓기 놀이가 신라의 멸망과 함께 점차 사라져 버린 것이 아닐까 하는 추측도 가능하다.

이와는 달리 한문과 한학의 중요성을 고려한다면, 향찰의 소멸 원인을 다른 곳에서 찾을 수도 있다. 비록 향찰이 고도로 발전한 표기법이었다고 하더라도 이를 사용하던 계층이 귀족이었다면, 귀족들은 향찰과 같은 발전된 우리식 표기법을 익히고 사용하기보다는 아예 중국말과 중국글을 직접 익혀 사용하는 쪽을 더 선호했을지도 모를 일이다. 당시에도 세계화, 국제화라는 슬로건이 있었는지는 알 수 없으나, 중국의 제도와 문물을 받아들였던 삼국은 한문 교육에 민감할 수밖에 없었다. 한문 학습 열기는 영어 교육에 몸살을 앓고 있는 요즘에 결코 뒤떨어지지 않았으리라 생각한다. 따라서 귀족들에게는 향찰보다는 한문의 학습이 더 절실하여, 결국 향찰의 소멸을 가져왔는지도 모른다. 당시 중국에 있던 신라 유학생들의 집단거주지인 신라방을 생각해 보면 당시의 중국 유학의 열풍이 얼마나 거셌는지 가히 짐작할 수 있다.

또 다른 가능성은 한국어의 특성에서 찾을 수 있다. 예로부터 한국과 중국과 일본, 세 나라는 한자 문화권에 속해 왔다. 그러나 현재의 시점에서 세 나라 가운데 한자의 영향권에서 가장 멀어진 나라를 찾으라고 하면 어느 나라일까? 물론 중국은 자국의 글자이니 자연히 그 영향권 속에 들어 있으므로 제외하고 나면 한국과 일본이 남는데, 둘 가운데서 어느 쪽이 한자를 덜 쓰고 있을까? 일본어를 조금이라도 공부해 본 적이 있는 사람이라면 정답은 한국임을 쉽게 알 수 있다. 물론 우리말에도 아직 한자어가 많이 남아 있는 것이 사실이지만, 표기에서 한자를 점점 쓰지 않고 한글로만 표기하려는 경향이 강하게 나타나고 있기 때문에 한자 문화권에서 점점 멀어지고 있다고 볼 수 있다. 여기서 한자 문화권이 좋은가 나쁜가 하는 문제는 별개다. 그보다는 왜 일본은 한자 문화권에 남아 있는 반면, 우리는 점점 멀어질까 하는 점을 살펴보는 것이 중요하다.

당연한 이야기겠지만 한자는 중국어를 표기하기에 매우 적절하다. 중국어는 단음절 고립어(孤立語)이며, 이 단음절을 하나의 글자로 표시해 주는 것이 중국의 표기 방식이다. 즉, 한자의 한 글자는 1음절을 나타내는 것이

다. 예를 들어 한국어나 영어에서는 '어머니'나 'mother'와
같이 복음절(複音節)로 이루어지는 단어가 얼마든지 있으
나, 중국어는 '母'[mu]자 하나로 나타내면 그만이다. 중국어
의 음절은 성모(聲母)와 운모(韻母)로 이루어지고 여기에
성조(聲調)가 얹히게 된다. 예를 들어 현대 베이징어의 '肇
(長)'은 성모는 [舷]이고 운모는 [a ŋ]이므로 [舷a ŋ]으로 해
석되며, 여기에 성조가 추가되어 최종적인 소리가 결정되는
것이다. 그러므로 초성, 중성, 종성의 세 가지 요소가 하나의
음절을 이루는 한국어와 다른 점은 바로 이 점이다.

　잘 알겠지만, 일본어의 표기 방법은 핵심적인 단어는 한자
로 쓰고 토는 히라가나로, 외래어는 가타가나라는 일본의 문
자로 적는다. 한자는 표의 문자이며 나머지는 표음 문자인
셈이니, 자세히 들여다보면 우리의 이두나 향찰의 표기법을
쏙 빼닮았음을 알 수 있다. 같은 한자 문화권에 살면서 일본
도 자신의 문자가 없었으므로 한자를 빌어 일본말을 표기해
왔는데, 향찰과 같은 표기 방법이 오늘날까지 발전되어 전해
져 온 셈이다. 한국어와 마찬가지로 교착어이면서도 향찰과
같은 표기 방법이 살아 남은 이유는 어디에 있을까? 그것은
아마도 일본어의 음절 구조의 특징 때문이 아닌가 한다. 앞
서 중국어가 단음절어라고 하였는데, 일본어도 하나의 자음
과 모음의 결합으로 소리마디를 이루는 언어이다. 일본어가
받침이 거의 없는 개음절(開音節) 언어라는 점을 고려하면
중국어보다도 더 확실한 음절언어라 말할 수 있겠다. 일본어

天地之間萬物之中厂 (에)
匸 ai 伊 i
唯人亻 (가)
最貴ソヒ (이지만)
為 尼 hɐ·ni
所貴乎人者阝 (은)
隱 nɐn
以其有五倫也羅 (이다)
也 羅 ya·ra

동몽선습(童夢先習) 일절
구결의 대표적인 예. 일본의 가나 문자가 여기에서 비롯했다.

를 들을 때 받침소리가 없다고 느껴지는 이유가 바로 이 때문이다. 이러한 음절의 특색에 토가 발달한 교착어의 언어 구조는 향찰과 같은 표기 방법이 살아 남을 수 있는 비결이었다.

같은 교착어라도 다양한 음소들이 발달하고 받침이 발달한 한국어에는 어쩌면 한글과 같은 음소 문자가 필연적으로 필요했는지도 모른다. 만약 이러한 논리가 성립된다면 향찰 표기법이 사라진 이유도 바로 이러한 우리말의 속성에 기인한다고 볼 수 있다. 아무리 그 표기체계가 정교하다 하더라도 한자를 가지고는 우리말의 다양한 소리를 제대로 표현할 수 없었기에, 안타깝게도 향찰은 단명하고 만 것이 아닐까.

제5장

우리 조상들은 한문 경전을 어떻게 읽었을까

— 한문에 토 달기, 구결의 역사

텔레비전에서 사극을 볼 때면, 왕의 교지를 대신 읽는 관리는 한문으로 쓰인 교지를 어떻게 읽었을까 하는 궁금증이 생긴다. 한자의 음으로 왕의 교지를 읽었다면 듣는 사람이 의미 파악하는 데 어려움을 겪었을 것이고, 이를 풀어 읽었다면 읽는 사람이 어려움을 겪었을 것이기 때문이다.

또 한 가지 생각해 보자. 왕과 신하의 대화 과정을 한쪽 구석에서 열심히 적고 있는 관리는 곧바로 한문으로 적었을까? 아니면 일단 훈민정음으로 적고 이를 한문으로 바꾸었을까? 훈민정음이 없던 시대에도 실록은 작성되었으니, 훈민정음으로 적지는 않았을 것이다. 그러나 이를 곧바로 한문으로 기록하였다고 한다면, 우리말로 진행된 대화를 한문으로 바꾸는 극히 복잡한 일을 순식간에 처리하는 경이로움에 감탄할 수밖에 없다.

두 가지 의문은 문자와 말이 이질적으로 존재했던 우리 역사 속의 수수께끼다. 문자와 말의 불안한 동거는 어떻게 가능했던 것일까? 그리고 그런 상황이 어떻게 자연스럽게 받아들여졌을까? 이는 한문이 우리 문화에서 차지하는 독특한 위치에 대해 알지 못한다면 이해할 수 없는 일이다. 교육이 곧 한문을 가르치는 것으로 이해되었던 그 시대로 돌아가 보자.

우리 조상들은 한문으로 쓰인 경전을 사유(思惟)의 근원이자 생활의 지침으로 삼고, 이를 익히는 것이 개인과 나라의 문화 역량을 키워 나가는 길이라고 여겼다. 이 과정에서 한문은 중국어의 문장이 아닌 사유의 문장으로 자리잡았다. 우리 조상들은 중국어를 말하지 않고 문장어로서 한문만을 받아들여 사고의 지평을 넓혀 나간 것이다.

그러나 우리말을 바탕으로 한 근원적인 사유의 방식은 한문으로 된 경전을 읽고 이해하는 데 걸림돌이 되었다. 이런 상황에서 우리 조상들은 어떤 선택을 할 수 있었을까. 하나는 중국어식으로 경전을 읽는 것이고, 또 하나는 우리말의 흐름에 맞추어 경전을 고쳐 읽는 것이었다. 우리 조상들은 우리말의 흐름에 맞추어 한문 경전을 읽는 쪽을 선택했으며, 심오한 진리가 담긴 경전 속의 한문을 읽으면서 모국어로 사유하는 지혜를 발휘하였다.

경전에 토를 달아 끊어 읽어 보면 어떨까?

"大學之道在明明德在親民在止於至善" 사서삼경의 하나인 《대학》에 나오는 글귀이다. 이 글귀를 어떻게 읽을 것인가. 고등학교 때 한문을 배운 사람들은 어디서 끊어 읽어야 하는지 고민할 것이고, 어떤 토를 달아 끊어 읽어야 하는지 고민할 것이다. 낭랑한 목소리의 한문 선생님은 "大學之道는 在明明德하고 在親民하고 在止於至善이니라."라고 먼저 읽으셨다. 어쩌면 저렇게 토를 집어넣어 리듬감 있게 읽을 수 있을까. 옥편을 다 뒤져 한자의 뜻을 찾아 놓고도 알 수 없었던 문장의 의미가 선생님의 목소리 속에 묻어나고 있었다. 이런 경험을 해 본 사람은 한문 실력은 토를 달아 끊어 읽을 수 있는 능력으로도 알 수 있다는 확신을 가질 것이다. 그럼 이렇게 한문 원전에 토를 달아 읽는 전통은 언제부터 시작되었을까?

한문 경전을 읽을 때 토를 삽입하여 독경의 흐름을 원활하게 한 기법은 한문 경전이 들어온 시점에서 멀지 않은 시기에 생겼을 것이다. 처음에야 중국어로 한문 경전을 읽었겠지만, 한문 경전이 생활 속의 경전이 되었던 그 당시의 상황을 생각해 본다면 한문 경전을 우리말식으로 읽으려는 시도는 여러 모로 진행되지 않았을까? 그렇다면 토는 우리가 한문 문화권에 편입되는 시기부터 오늘날까지 한문으로 된 책을 읽는 보조 수단으로, 혹은 한문의 학습 수단으로 이용해 왔을 것이다.

한문에 쓰인 토를 우리 조상들은 구결(口訣)이라고 불렀다. 그런데 구결이란 용어가 문헌상에 구체적으로 나타나기 시작한 때는 15세기경이다. 그러나 지금까지 발견된 구결 자료 중 가장 빠른 것이 10세기 중엽의 자료로, 구결이란 용어가 문헌상에 나타나기 이전부터 구결 형식은 사용되고 있었다.

그럼 구결은 누가 언제 만들었을까?

원효(617~686)의 아들로 알려져 있는 설총은 이두의 창안자로도 알려져 있다. 그런데 《삼국사기》에는 "설총이 방언으로써 구경을 읽었다(薛聰, …

以方言讀九經)"라는 말이 있어, 경전을 읽는 방법으로써 구결의 전통이 최소한 이 시기에는 확립되었다고 추정할 수 있다. 구경(九經)이라는 게 아홉 가지의 경전을 뜻한다면, 이 경전을 방언으로 읽었다는 기록은 경전을 읽는 독특한 신라만의 방식이 있었음을 말해 준다고 볼 수 있지 않을까. 그 독특한 방식이란 곧 구결과 통한다. 설총과 관련지어 본다면 구결은 7세기경에 이미 상당한 정도로 체계화되었다고 볼 수 있다. 한편 설총이 이두나 구결을 만든 사람이 아니라 그것을 집대성한 사람이라고 보는 편이 타당하다는 견해를 받아들인다면, 구결이 사용되기 시작한 때는 이보다 훨씬 전일 것이다. 이두 표현이 쓰인 5세기경의 자료가 발견되었고, 그 이전 시기에 이미 한문을 우리말의 구조로 풀어서 쓴 임신서기석과 같은 자료가 나타난다는 점을 생각하면 구결을 통해 경전을 읽는 전통은 최소한 5세기경부터 시작되었다고 추정할 수 있다.

그럼 왜 초기의 구결 자료가 남아 있지 않은가? 아마 초기의 구결이 문자화되지 않고 입에서 입으로 전해지며 사용되었기 때문일 것이다. 구결을 사용하여 경전을 읽었지만, 경전에 특별히 구결자를 적어 놓지 않았다는 말이다. 우리가 한문책을 읽을 때 토를 달아 읽더라도 책에 토를 달아 놓지 않는 경우가 더 많지 않은가. 구결(口訣)이라는 말의 어원을 '구전비결(口傳秘訣)'에서 찾고자 하는 것도 바로 이러한 구결의 전통과 관계가 있을 것이다. 그러나 한편으로는 구결이 쓰인 경전이 없어졌을 가능성도 생각해 볼 수 있다. 우리가 구결이라고 하면 떠올리는 구결자들은 한자의 획을 단순화한 것들인데, 이들은 11세기경의 자료에서 이미 널리 쓰이고 있다. 현존하는 자료의 구결자가 간략한 자형으로 사용되었다면, 덜 간략한 구결자는 구결의 초기 형태로 이보다 훨씬 이전에 사용되지 않았을까?

그렇다면 초기의 구결은 어떤 형식이었을까? 우선 생각할 수 있는 것은 초기의 구결이 가장 단순한 형식을 띠었으리라는 것이다. 초기의 구결은 한문 경전에서 구두점이 찍힐 자리에 삽입되어 독경의 흐름을 원활하게 하는

기능만을 했다고 여겨지기 때문이다. 그러나 단순한 형태가 항상 먼저 나타
난다는 단정은 성급한 태도일 수 있다. 가장 단순한 구결은 한문이 문장어
로서의 자리를 확고히 했을 때 나타났을 수도 있기 때문이다. 한문이 문장
어로서의 자리를 확고히 했을 때, 구결의 역할은 축소될 수밖에 없지 않았
을까?

초기 차자 표기였던 임신서기석의 글이 한문을 우리말 어순으로 재배치
한 것임을 볼 때, 한문 경전을 읽는 방법의 출발은 우리말의 구문 구조에 따
른 해석의 순서를 표시한 데서 시작했다고 볼 수 있다. 그렇다면 우리말의
구문 구조에 따른 해석의 순서를 표시한 것에 '조사'나 '어미'와 같은 문법
형태소를 표시하기 위한 글자가 삽입되면서 구결이 일차적인 완성을 보았
다고 볼 수 있다. 후기로 갈수록 오히려 단순한 형식의 구결이 보편화되는
사실은 아이러니컬하지만 언어의 전파와 수용 과정에 비추어 볼 때는 자연
스러운 측면도 있다.

그럼 초기 구결의 형식이었을 복잡한 형식의 구결이란 어떻게 짜여져 있
는 것인가. 최대한 우리말의 흐름에 맞추어 한문 경전을 고쳐 읽을 수 있도
록 한 구결의 모습을 살펴 보자. 한문 경전을 우리말대로 풀어 읽은 방법이
란 건 무엇일까?

경전을 우리말대로 풀어 읽을 수 있는 방법은 없을까?

한문이 어렵다는 손자에게 할아버지는 한문을 자꾸자꾸 읽다 보면 문리
(文理)가 트인다고 하셨다. 그러나 여러 번 읽고 외웠는데도 새로운 문장이
나타나면 다시금 아리송해지는 게 한문이었다. 어떤 글자를 먼저 해석해야
하지? 이 글자는 몇 번째로 해석해야 할까? 한자마다에 아라비아 숫자로 번
호를 매긴다면 해석하기 무척 편리할 텐데. 한문책에 1, 2, 3 번호를 매겨 써

놓고 공부한 기억이 있는 것은 필자만의 경험일까?

우리 조상들도 이런 고민에 빠져 있었나 보다. 우리는 경전의 장마다 조상들이 남겨 놓은 흔적을 통해 우리 조상들과 고민을 함께 할 수 있다. 한문으로 된 경전을 우리말처럼 읽고 이해하고자 했던 조상들은 한문 경전에 몇 가지 부호와 글자를 써 넣었던 것이다. 그 부호와 글자들은 해석의 순서이기도 했고 중간에 들어가는 조사이기도 했다. 독경의 흐름을 원활하게 하기 위해 삽입하는 조사를 통해, 그리고 해석의 순서를 나타내는 부호들을 통해 조상들은 우리말로 된 책을 읽듯이 한문 경전을 읽어 나갔다. 이 몇 가지 부호와 글자들 또한 구결이라 부른다. 그런데 이 때의 구결은 단순한 토와는 차원이 다르다는 점에서 그동안 주목의 대상이기도 했다.

우리는 일반적으로 구결을 '한문의 끊어 읽는 부분에 우리말 문법 형태소를 삽입함으로써 문장의 흐름을 원활하게 하는 것' 정도로 이해하고 있었다. 그러나 서산에 있는 문수사에서 《구역인왕경》이 발견되고부터는 구결을 우리말식 표현 방법의 일종으로 이해하였다. 단순한 보조 문자가 아니라는 사실을 안 것이다.

《구역인왕경》 구결은 어떤 특징이 있을까?

《구역인왕경》 구결은 한문의 해석시 그 어순이 달라짐을 표시하였다. 한문의 문장 구조와 우리말의 문장 구조의 차이를 극복하기 위하여 독특한 표기 양식이 사용된 것이다. 원문의 좌우에 구결을 쓰고, 'ㄱ'을 사용한 것은 이 구결만의 특징이다. 그럼 이들 표기들은 어떤 역할을 하였을까.

원문의 좌우에 있는 구결은 어순의 차이를 표시하기 위한 것으로 우측의 것을 우선 위에서부터 순서에 따라 읽어 내려 가다가 'ㄱ'이 있으면 다시 위로 올라가 좌측의 것에 연결하여 읽어야 한다. 이 때 'ㄱ'은 거꾸로 읽으라는 표시인 것이다. 그렇게 읽으면 한문 문장은 그대로 우리말 어순으로 바뀌도록 되어 있다. 간편하면서도 요령이 있는 방법이다.

信行具足復有經道一切眾坐復有他方盡
可量眾復有變十方淨土現百億高座化百
億須彌寶花各各座前花上有無量化佛有
無量菩薩比丘八部大眾各各座寶蓮花花
上皆有無量國土一一國土佛及大眾如今
無異一一國土中一佛及大眾各各說般
君波羅蜜他方大眾及以化眾此三界中眾
十二大眾皆來集會坐九劫蓮花座其會方
廣九百五十里大眾儼然而坐
函時十号三明大滅諦金剛智釋迦牟尼佛

구역인왕경 목판본, 고려 14세기초 이 구결은 번역의 순서를 따로 표시하였다고 하여 석독구결(釋讀口訣)이라고 부른다. 이 문헌은 1973년 충남 서산군 운산면 태봉리 문수사 금동아미타여래의 불복장물(佛腹臟物)에서 발견되어 학계의 주목 대상이 되어 왔다. 이 책의 원 서명은 《仁王護國般若波羅密經》이며, 《金光明經》과 더불어 호국신앙의 대표적 경전이다. 현재 전하는 것은 상권 2, 3, 11, 14, 15의 5張이며, 동국대학교 박물관에 소장되어 있다.

>
원문 《구역인왕경》(上二) : 앞 사진의 첫부분에 해당하는 내용이다.

信行乙具足ゝ二分復ゝ1 有ヒナ分五道ヒ一切衆生リ·

復ゝ1 有ヒナ分他方ヒ不矢リヒヒ可ヒゝ1 量ノ古衆·復ゝ1 有ヒナ分

變ゝ彐十方淨土乙·現ゝ彐百億高座乙·

* 위첨자로 표기한 구결은 원문에서 왼쪽에 기록된 구결이다.

구결을 읽는 방법에 따라 풀어놓았을 때

信行乙　具足ゝ二分　復ゝ1　五道ヒ　一切衆生リ·　有ヒナ分

復ゝ1　他方ヒ　量ノ古·　可ヒゝ1·　不矢リヒヒ　衆·　有ヒナ分

復ゝ1　十方淨土乙·　變ゝ彐　百億高座乙·　現ゝ彐

* 풀어놓은 《구역인왕경》은 원문의 순서와 많은 차이가 있다. 이는 한문과
우리말의 어순상 차이와 같다.

구결은 어떻게 만들어졌을까?

우리 조상들은 도대체 무슨 생각으로 한문 경전의 행간에 아주 작은 글씨
로 알 듯 모를 듯한 글자를 써 넣었을까? 원문의 글씨에는 먹물 하나 튀지
않게 그 글자들을 적으려면 상당히 힘이 들었을 텐데. 목판으로 인쇄된 책
에 일일이 붓으로 쓴 작은 글씨를 보노라면 왜 이런 글씨를 적어 놓았을까
하는 의문이 들게 마련이다. 그러고 나면 이것이 무슨 의미를 띠고 있을까
하는 의문을 갖는다. 왜 적어 놓았는지를 알려면 적어 놓은 게 무엇인지를
어렴풋이라도 알아야만 하지 않을까.

구결은 한자를 변형시켜 만든 한자계 문자이다. 한자계 문자들은 한자의
특성을 최대한 이용하여 표기 체계를 이루는데, 음과 훈을 이용하는 것은

구결 문자를 만드는 데 기본이 된 방법이다. 이런 점에서 구결이 무슨 의미를 띤 글자인지를 알기 위해서는 먼저 그것이 어떤 한자에서 왔는지를 알아야 한다. 어떤 한자에서 온 것인지를 알아야 한자의 특성을 파악할 수 있고 이를 통해 구결을 읽는 방법과 의미를 알 수 있기 때문이다.

구결은 원문에 손상이 가지 않도록 한문 행간에 작은 글씨를 써넣는 것이기 때문에 그 자형이 단순한 것이 원칙이다. 획수가 적고 단순한 글자들은 한자의 원 글자가 그대로 쓰이지만, 대개의 구결자들이 약체로 쓰이는 것은 그 때문이다.

약체는 한자의 초서체나 해서체를 채택해 사용하기도 하지만, 대부분의 경우는 원 한자의 앞부분을 따거나 뒷부분을 따 독립된 문자로 사용한다. 이때 구결자는 한자의 획을 아주 단순화시켰으므로, 구결자를 통해 원래 한자를 곧바로 유추하기는 대부분 불가능하다. 그래서 구결자는 한자를 변형시킨 새로운 문자로 볼 수 있다. 구결은 한문의 구문 구조를 우리말화하여 경전 이해에 도움을 주는 보조적인 문자이지만, 문자 형태로 볼 때 새로운 문자의 탄생이라는 의미를 갖는다. 따라서 '문자'라는 측면에서 보면 '구결자'는 '한자'나 '로마자' 등과 대등한 개념으로 쓰일 수 있다.

구결자는 문헌마다 약간씩 달리 쓰이기도 했지만 대체적으로 그 형태가 일치되는 경향을 보인다. 이는 구결자가 이미 인쇄된 문헌에 붓으로 적는 것이기는 했지만 일정한 규칙에 따라 글자를 선택하고 이를 간략화하는 절차를 밟았다는 것을 말해 준다. 어떤 자형의 경우에는 그 간략화되는 과정이 시대적 변천을 보여주는 경우도 있어 흥미롭다. '라'음을 표기한 '羅'의 구결자는 상당한 변형이 가해진 대표적인 구결자이다. 구결 자료에서는 '罒〉ᄉ〉、'의 변천 과정을 보이고 있는데, 이 중 '、'와 'ᄉ'는 여러 문헌에 걸쳐 혼용되어 쓰이고 있음을 볼 수 있다.

그럼 이러한 글자들은 어떤 원칙으로 선택되었을까? '라'를 음으로 하는 한자는 여러 개인데 왜 하필이면 '羅'을 선택하여 변형시켰을까? '음'을 음으로 하는 한자는 여러 개인데 왜 하필이면 ‘音’을 선택하여 변형시켰을까?
이러한 질문은 구결자로 사용된 모든 한자에 던질 수 있다. 구결자에 사용
된 한자들은 일반적으로 우리가 많이 사용하는 한자에서 선택했는데, 여기
에는 향찰이나 이두에서 사용한 한자들을 많이 이용하였다. 또 하나 흥미로
운 것은 이러한 구결자의 원래 한자가 산스크리트어의 음사자(音寫字 : 발
음을 표기한 문자라는 뜻)로 쓰이는 한자들과 자형에서 많은 부분 일치한다
는 점이다. 이는 구결의 자료가 주로 불경이었다는 사실과 무관하지 않다.

글자를 채택하는 방법은 ‘소리’를 표기하느냐 혹은 ‘의미’를 표기하느냐
에 따라 둘로 나눌 수 있다. 위에서 살펴본 구결자 중에서 ‘土(去)’, ‘ㄱ
(隱)’, ‘ㅋ(示)’, ‘斗(斗)’ 등은 이들이 각각 ‘거’, ‘ㄴ’, ‘시’, ‘두’ 등을 나타
낸다는 점에서 ‘소리(音)’를 표기했다고 볼 수 있다. 반면, ‘の(入)’, ‘ナ
(在)’, ‘ㅌ(飛)’ 등은 각각 ‘ㄷ’, ‘겨’, ‘날’을 나타낸다는 점에서 ‘의미(訓)’를
표기한 것이라고 볼 수 있다.

구결과 이두

이두와 구결은 한자의 음(소리)과 훈(뜻)을 이용하여 우리말을 기록한다

는 점이나 음과 훈을 이용하여 기록한 부분이 문법 형태소에 한정된다는 점에서 공통된 모습을 보인다. 그럼 무엇이 차이점일까?

　이두는 실질적인 의미를 갖는 한자 어휘들을 우리말 어순에 의해 배열한 것을 특징으로 한다. 앞에서 본 임신서기석의 방법에 문법 형태소를 연결시킨 것으로 이해하면 된다. 따라서 이두문은 우리말의 구문 구조에 맞는 하나의 완성된 문장을 만들어 적은 것으로, 한문 원전을 번역할 때 사용하기도 하고 원전과 상관없이 우리말을 적을 때 사용하기도 한다. 문법 형태소에 해당되는 토 부분의 차용 글자를 삭제해 버리면 제대로 된 한문 문장이 남지 않는 것은 이 때문이다. 반면 구결자를 삽입한 한문 경전에서 구결자를 삭제할 경우 원래의 완전한 한문 문장이 남게 된다. 그러나 구결 또한 한문 독법에 우리말의 구문 구조적 특성을 반영시켰다는 점에서 구문 구조상으로는 이두문과 같은 원리에 있음을 상기할 필요가 있다.

구결은 우리 나라에서만 쓰였을까
: 구결과 일본 문자의 관계

　구결이 한문 경전을 읽는 보조 문자로 쓰였다면 우리만 구결을 썼을 것 같지는 않은데, 한문 문화권의 다른 나라에서도 우리와 같이 구결을 사용해

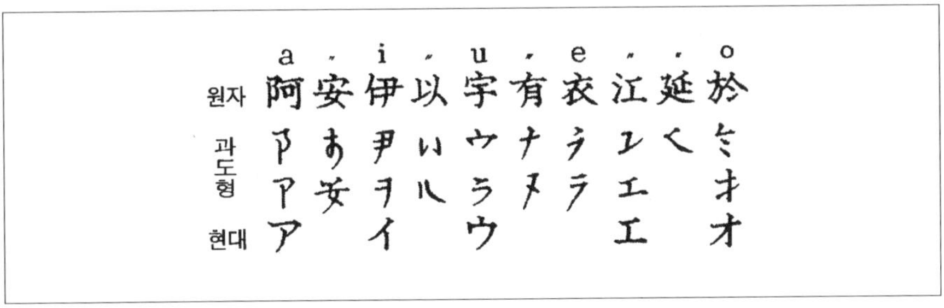

	a	i	u	e	o
원자	阿 安	伊 以	宇 有	衣 江	延 於
과도형					
현대	ア	イ	ウ	エ	オ

일본 문자 가타가나

한문 경전을 읽었을까? 만약 그랬다면 어디에서 어떤 형식으로 구결이 사용되었을까? 의문이 여기에 미쳤을 때, 우리는 구결의 글자 모양이 일본 문자와 비슷해 보인다는 생각을 할 수 있다.

일본 문자가 한자의 초서체에서 만들어졌다는 것은 널리 알려진 사실인 만큼, 한자의 약체자인 구결의 모습과 비슷해 보이는 것은 어찌 보면 당연한 일이다. 특히 일본의 가타가나(片假名)가 그것만으로는 완전한 문장을 표기하지 않고 한자의 보조 문자로 이용된다는 점에서 구결과 기능적 공통점을 보이는 것은 흥미롭다. 이런 점에서 우리의 구결과 일본의 가명 전통이 거의 비슷하게 확립되어 왔음을 알 수 있다. 특히 일본의 경우는 현재 외래어와 의성어·의태어 등을 표기하는 데 이용하고 있는 가타가나와 별도로, 히라가나(平假名)를 일찍이 여인들의 문학 활동에 이용함으로써 완전한 문자로 승화시킨 점에서 주목할 필요가 있다. 이러한 발전은 일본어의 간략한 음운적 특성에 힘입은 바 크다. 이는 일찍이 구결에 의한 표음 표기의 전통을 갖고 있었음에도 불구하고 훈민정음이 창제될 때까지 완전한 표음 문자를 갖지 못했던 우리와 대조된다.

또한 일본에서는 한문을 해석하는 데 있어서 구두점, 반점(返點) 등을 기입, 원문의 한자 순서를 일본어 어순으로 바꾸어 일본어 문장으로 읽는 방식이 오래 전부터 이루어졌다. 이는 앞서 살펴본 《구역인왕경》의 구결 방식과 유사하다. 이런 사실을 통해 볼 때, 구결은 한자의 음을 빌려 표기한 일

일본의 한자 차용과 문자 형성

일본은 285년에 백제의 왕인박사에게 처음으로 한문을 배우기 시작한 이후 646년 대화개신(大化改新) 때에 제도를 한자화하였다. 한자의 차용으로는 먼저 만엽가명(萬葉假名)이 6~8세기에 형성되었고, 가타가나가 불경 훈독에서 비롯되어 8~12세기에 형성되었다. 또한 같은 시기에 이와 별도로 히라가나가 여성들의 문학 활동에 이용되며 발달하였는데, 이는 우리 나라에서 훈민정음의 역할과 비슷하다고 볼 수 있다.

본 문자나 일본식 한문 독법의 전통과 맥이 닿아 있다고 볼 수 있다.

그러나 우리 나라의 구결은 일본의 가명 문자와 그 기능에 있어서 동일한 반면, 그 자형에 있어서는 약간의 차이를 보인다. 그렇다면 한문 경전을 각자의 언어 형식에 맞추어 읽는 과정에서 자연스럽게 이러한 문자 체계가 확립되었다는 가정을 해 볼 수 있다. 그러나 형식상의 상당한 공통점은 이들 사이에 문자사적인 영향 관계가 있었다는 것을 말해 준다.

기능과 형식면에서 이들의 공통점은 세 가지로 요약할 수 있다. 첫째 자형이 한자의 획을 단순화시켜 만드는 제작 원리에 의한다는 점, 둘째 이들이 대개 조사나 어미를 표기하는 문자라는 점, 셋째 대다수의 자료에 나타나듯 구두점이나 반점 등과 함께 한문 경전에 삽입되어 한문 문장을 국어화하는 기능을 한다는 점 등이 그것이다. 이러한 공통점이 문자사에 있어서 중요한 것은 이러한 특징을 공유하며 발전한 '한자계 문자'가 이들 외에는 없기 때문이다. 한자를 수용하여 자기 문자화한 아시아의 여러 민족들은 현실 언어와 한자가 혼합된 절충적인 문장어를 발전시켰지만, 문자의 이용 양상은 민족마다 달랐던 것이다. 그럼 이들 사이의 영향 관계는 어떻게 정리할 수 있는가?

우선 문자의 발전 과정을 한문의 진래 과정과 연결 지을 수 있다. 그러면 우리 나라의 구결이 일본에 영향을 미쳐 가명 문자가 나오게 되었다고 유추할 수 있다. 다른 한편으로는 지금까지 발견된 우리의 구결 자료가 11세기 이후의 자료라는 점에서, 한자는 우리가 전래해 주었지만 구결의 방식은 역으로 우리가 일본으로부터 도입하였다고 유추할 수 있다. 그러나 남아 있는 자료는 참고 사항이지 역사적 사실의 선후를 결정하는 증거는 아니라는 점에서, 한자를 이용한 차자 표기의 전통을 종합적으로 고려할 필요가 있다. 3세기를 전후해 이루어지기 시작하여 단계적으로 발전한 우리의 차자 전통을 고려하고 구결의 약체자로 사용된 원래의 한자가 이두의 차자로 쓰인 경우가 많다는 점을 감안한다면, 구결이 일본 가명 문자의 기원이 되었다고 보는 편이 합리적이다.

　하여튼 우리 나라와 일본은 한문 문장에 구결과 가타가나를 보조 문자로 사용한 전통을 공유하였고, 이 때문에 오늘날에도 한국어나 일본어의 표기 양식에서 유사성을 찾을 수 있다. 한 문장을 기술하는 데 여러 문자를 섞어 사용하는 것은 우리 나라와 일본이 공유하는 표기 양식이다. 우리만 해도 한글과 한자와 알파벳을 함께 사용해도 별로 이상하게 느끼지 않고, 실제 많은 기록들이 한글과 한자의 혼용 형태로 쓰여지고 있지 않은가.

구결은 어디에서 기원했을까
: 아시아 여러 민족의 문자 생활과 구결

　얼마 전 '한글을 전용할 것인가' 아니면 '한자를 혼용 또는 병용할 것인가'의 문제에 대한 논의로 나라가 시끌시끌했던 것을 기억하고 있을 것이다. 이러한 논란은 단지 얼마 전의 일이 아니라 해방 후부터 지금까지 계속되어 온 것으로, 우리 문화에 있어 한자의 위상을 느끼게 해 준다. 그리고 근대 이전까지 아시아 대부분의 민족 문화에서 한자의 위상은 우리의 경우와 같았다. 한자는 아시아, 특히 동북 아시아에 거주하는 민족에게 있어서 고급 문화를 형성하고 유지해 나가는 절대적인 수단이자 새로운 문자 문화를 형성하는 데 있어서 상상력의 근원이 되었던 것이다.

　이처럼 기원전 3천 년 전후에 황하 유역에서 사용되기 시작한 한자는 아시아 여러 민족의 문화 발전에 지대한 영향을 미쳤다. 그리고 이러한 영향은 문자사에 있어서도 예외는 아니었다. 한자는 아시아 여러 민족의 문자 형성 과정에도 절대적인 영향을 미치게 되었다. 아시아의 여러 민족들은 지리적으로 가까운 중국을 통해 자연스럽게 한자를 받아들여 사용했을 뿐만 아니라, 이를 자신들의 말을 표기할 수단으로 삼아 변화 · 발전시켜 왔다.

이러한 변화·발전 과정은 수메르와 이집트의 문자를 원류로 한 문자의 형성 과정과 비교할 수 있다.

그러나 문자 형성 과정은 그리 단순한 것이 아니어서 아시아에도 한자의 전통과 별개의 문자 체계가 자리잡기도 했다. 수메르 및 이집트 문자와 이로부터 발달한 표음 문자가 아시아 제민족의 문자 발달 과정에까지 영향력을 행사한 것이다. 이는 아시아 역사에 등장하는 문자의 종류가 서양이나 중동 지역에 비해 월등히 다양한 원인이 되었다. 특히 불교의 전파 경로를 따라 전파되기 시작한 인도 문자는 이 지역 민족들의 표음 문자 발전에 실질적이고 지대한 영향을 미치게 되었다. 명확히 입증된 바는 없지만, 한글의 기원으로 인도 문자를 거론하는 견해 또한 인도 문자가 아시아 여러 민족이 사용하던 표음 문자의 뿌리라는 역사적 사실에 기댄 것이라 볼 수 있다.

위의 내용을 통해 본다면 아시아에서 문자는 대체로 세 방향으로 발전해 왔음을 짐작할 수 있다. 첫째는 한자가 그 스스로 변화를 거듭하면서 글씨체를 발전시킨 사실을 들 수 있다. 우리가 갑골문, 금문, 대전, 소전, 예서, 행서, 해서, 초서 등으로 말하는 한자의 글씨체들은 그 자체가 역사적인 변천의 산물이며, 현재 한자 형태는 진시황 때 한자체를 통일하는 과정에서 나온 산물인 전서(篆書)에서 비롯된 것이다. 둘째는 한자를 근간으로 하여 만들어진 다양한 한자계 문자들의 발전을 들 수 있다. 거란, 베트남, 서하, 여진, 일본 등의 문자는 그 대표적인 예이며, 우리 나라에서 사용된 구결(口訣) 또한 한자를 근본으로 하여 이를 개신한 문자였다. 셋째는 인도의 표음 문자에 기원을 두고 발전한 문자의 유형을 들 수 있다. 티베트 문자, 그리고 티베트의 라마교 승려인 파스파(Phags-pa)가 만들었다고 전해지는 몽골의 파스파(八思巴) 문자 등이 이 유형의 문자이다. 이밖에 이 세 유형에 들지 않는 문자로 돌궐(突厥) 문자와 15세기에 우리 나라에서 만들어진 한글을 들 수 있다. 돌궐 문자는 갑골 문자와 수메르 및 이집트의 문자를 기원으로 만든 독특한 문자이며, 한글은 조음기관을 상형한 유일한 인공 문자이다.

그러나 한글 또한 문자 형태의 발전 역사에서 절대적인 독립성을 갖기는 힘들 것이다. 한글을 창제한 세종 또한 "其字倣古篆(그 글자는 고전을 모방하였다)"이라 하여 '한글'과 '옛문자'와의 관계를 어렴풋하게나마 암시하였다. 그러나 이 때의 '고전(古篆)'이 무엇인지는 알 수 없을 뿐만 아니라 세종이 어떤 의도에서 이런 말을 했는지에 대해서도 의견이 분분하다.

어쨌든 다양한 문자가 실험되고 수용되었던 아시아에서의 문자 발전 역사는 인류 문자 발전사의 축약이라고 할 만하다. 모태가 되는 문자에 일정한 변화를 가하는 과정 속에서 만들어진 수많은 문자의 유형은 천년 전 혹은 그 훨씬 이전부터 끊임없이 진행되었을 교류의 흔적을 보여준다. 우리 민족 또한 세계적인 교류의 흐름 속에서 새로운 문자를 수용하기도 하고 이에 변화를 가하기도 하면서 문자사에서 한 지류를 형성하였다.

이 중 구결은 새로 만들어진 한자계 문자의 한 유형이라는 점에서 문자사에서 중요한 위치를 차지한다. 이는 구결을 단순한 한자 차용의 결과물로가 아니라 새로운 문자 유형의 하나로 보아야 함을 말해 준다. 즉, 구결은 우리 말을 표기하기 위한 독특한 문자 운용 방식을 취한다는 점에서는 앞서 살펴본 향찰이나 이두와 같은 차원으로 볼 수 있지만, 한자와의 관련성을 파악하기 힘들 정도로 간략화되었다는 점에서는 한자에 기원을 둔 문자의 한 유형으로 보아야 할 것이다.

한자에 기원을 둔 문자들은 단순하게 원 글자를 줄이거나 변형시키는 방식으로 글자 모양만을 본 뜬 것은 아니었다. 이들 문자를 만든 민족들은 한자의 특성을 정확하게 파악하고 이를 글자 운용에 적용하는 방안을 생각하면서 신문자를 만들어 나갔다. 표의음절(表意音節) 문자인 한자의 특성을 이용, 표의자(表意字)와 표음자(表音字)를 따로 둔 음절 문자 형식으로 모국어를 표기한 것이다. 그러나 구결은 보조 문자의 역할에 머물게 됨으로써 국어의 전면적 표기 수단으로 발전하지 못한 한계를 보였다. 한문 경전 속에 갇힌 이 새로운 문자는 책갈피 사이에서 맴돌다 인공 문자인 훈민정음의 출현이라는 역사적 사건을 맞이하게 된다. 이는 출발 단계부터 모국어의 전면적 표기를 겨냥한 다른 한자 기원 문자와 다른 점이다.

훈민정음이 창제된 후 구결은?

훈민정음이 창제된 후 구결은 어떻게 되었을까? 먼저 생각할 수 있는 변화는 구결자를 훈민정음으로 대체했을 가능성이다. 구결자는 한자의 음과 훈을 이용하여 우리말 문법 형태소를 표시하기 위한 글자인 만큼, 훈민정음은 보다 언어적 현실에 충실한 구결자로 이용될 수 있었을 것이다. 다른 한편으로는 구결이라는 문자 형식 자체가 사라졌으리라는 가정을 세울 수도 있다. 훈민정음은 우리말의 언어 형식을 그대로 보존하여 기록할 수 있는 문자라는 점에서 우리말 표기에 가장 적합하다. 따라서, 훈민정음이 창제된 후에는 한문 경전을 우리말로 번역하는 과정 속에서 구결이라는 문자 형식이 사라졌을 것이라 추정할 수 있다. 실제로 훈민정음이 창제된 후에 왕실에서는 한문 경전을 번역하는 작업을 진행하여 많은 언해서〔諺解書 : 언(諺)은 훈민정음의 다른 말인 언문(諺文)을 뜻하는 것으로, 불교 및 유교 경전 등 한문으로 된 내용을 우리말로 번역하고 이를 훈민정음으로 기록하는 책을 말한다〕를 간행하였다.

그러나 언해서에는 한문 원전의 내용에 훈민정음 구결을 덧붙인 구결문과 완전한 번역문인 언해문이 함께 나온 경우가 많아, 첫 번째 가정이 올바르다는 사실을 암시한다. 그런데 15세기 이후에도 전통적인 구결자가 사용되는 문헌이 나타나는 것으로 보아, 훈민정음이 전통적인 구결자를 완전히 대체하지는 않았음을 알 수 있다. 전통 구결자의 문자적 독립성을 느끼게 하는 대목이다.

언해서에 구결문과 언해문이 함께 나온다는 사실은 흥미로운데, 언해서

에서 구결문과 언해문은 구조적 특성이 다르고 그것을 참고할 수 있는 이용
자의 사회적 계층이 확연히 구분된다는 점에서 상호 독립적이었다. 그러나
언해서 안의 구결문과 언해문은 한 원문의 이해 과정에서 연속적인 두 단계
에 해당하여 구결문은 언해문의 직접적인 모체가 되고, 언해문은 구결문의
직접적인 반사형이 되는 밀접한 관계에 있다. 구결문과 언해문의 이러한 관
계는 언해문의 독특한 문체를 형성하는 데 일조하였을 뿐만 아니라, 구결문
형식의 국한문체 양상이 우리말 문체의 한 지류를 형성하는 데 영향을 미쳤
다. 아래 자료는 개화기에 형성된 국한문체가 구결의 전통을 그대로 이어가
고 있음을 알게 하는 자료이다.

구결문 형식의 국한문체

自十五世紀經으로 世界文明이 日進月長에 生存競爭이 無處不起라 顧其原因컨딘 有二大重要導
火線ᄒ니 米國發見이 爲其經濟的遠因ᄒ고 佛國革命이 爲其政治的近因矣라

(박용선, '역사담'〈콜럼버스傳〉序,《태극학보》제3호)

이두문 형식의 국한문체

余가 東으로 日本에 遊ᄒ야 其 人民의 勤勵ᄒ 習俗과 事物의 繁殖ᄒ 景像을 見ᄒᆷ애 …

(유길준,《서유견문》)

개화기에 형성된 국한문체의 실례 각각 구결문과 이두문 형식을 띠고 있다. 한문 독법에 우리말의 구문 구조적 특성을
반영했다는 공통점이 있지만, 이두문 형식은 실질 의미를 갖는 한자 어휘들을 우리말 어순으로 배열하여 형태소로 연결하는
특징을, 구결문 형식은 끊어 읽는 부분에 우리말 문법형태소를 삽입하여 한문 문장의 흐름을 부드럽게 만드는 특징을 지닌다.

훈민정음은 모든 백성이 사용했는가 ‖ 제6장 ‖

— 훈민정음과 '어린' 백성

우리는 이제까지 남의 문자를 빌려서 우리말을 시각화했다. 일부 계층에서는 한자를 통한 이러한 문자 생활에 아무런 불편함을 느끼지 않았다. 그러나 많은 계층에서는 자신의 뜻을 마음대로 펼칠 수 없었다.

또한, 이 시대에 문자는 계층을 구분 짓는 주요한 잣대로도 기능하였다. 그런 어리석은 백성에게도 이제 문자의 사용이 가능하게 된 것이다. 여기에서는 훈민정음이 만들어진 시대 상황과 중국어와 우리말이 갖고 있는 차이 등을 검토한다. 우리 문자에 스며 있는 음양오행 사상이 무엇인지, 세종이 과연 훌륭한 언어학자였는지, 훈민정음은 모든 백성에게 사용되었는지 등에 대한 궁금증을 풀어보기로 한다.

훈민정음이 만들어지기 전에 어린 백성은 어떻게 문자 생활을 했을까.

우리 문자가 없던 시대에 남의 글인 한자를 빌려서 우리말을 표기하려는 노력이나 수고스러움의 가치를, 문자의 숲 속에 살고 있는 오늘의 관점에서는 망각하기 쉽다. 1976년에 팔다리가 없이 태어난 오토타케 히로타다(乙武洋匡)는 와세다대학에 입학하고 《오체불만족(五體不滿足)》이란 책을 써서 많은 사람의 심금을 울린 바 있다. 사지가 없이도 휠체어에 의지해서 명랑하고 의연하게 살아가는 그의 모습에서 우리 몸의 팔다리가 갖는 가치를 새삼 느낄 수 있었으리라.

인류와 문자의 관계도 그러하다. 인류는 다른 이의 생각을 청각으로 전달받고 시각에 의존하지 않던 시대를 경험한 바 있다. 동시대의 구성원이나 세대간의 온전한 의사소통은 희망으로 남아 있을 뿐이었다.

우리 민족이 처음 대면한 문자는 한자였다. 이 문자는 비록 남의 것이지만, 우리의 생각을 시각화할 수 있었다. 그러나 이런 방식의 시각화는 한계를 지니고 있다. 한자는 우리에게 살아 움직이는 팔다리가 아닌 보조도구로서의 휠체어에 지나지 않는다. 지배계층은 한자를 접한 때부터 15세기까지 여전히 한문을 자신들의 진짜 팔다리로 인식하고 있었다. 한문의 명칭을 '진짜글〔眞書〕'이라고 부르는 것은 그들의 신분을 드러내는 데 걸맞았다.

그들은 남부럽지 않은 수준 높은 문자 생활을 누리고 있었다. 그들에게 가짜글에 지나지 않는 새로운 문자는 전혀 필요치 않았던 것이다.

조선 시대의 일반 백성은 한문을 제대로 이해하고 사용할 수 없었을 것이다. 그렇다면 그들은 전혀 문자 생활을 영위하지 못하였을까? 이에 대한 해답을 찾아보기로 하자. 한문이 지배계층과 피지배계층을 가르는 기능을 갖기 때문에, 만일 일반 백성이 문자 생활을 했다면 이두문에서 그 가능성을 찾을 수 있다. 현재 이두문 자료들은 실용문에 많이 남아 있다. 실용문의 대표격이라 할 수 있는 법률책(명나라의 법률책인 《대명률》을 원본으로 함)에 대한 번역 작업이 조선 시대 태종 때와 세종 때 두 차례 시도된다.

태종 8년에 의정부에서 대명률을 번역할 필요성을 다음과 같이 제기하고 있다.

《경제육전(經濟六典)》의 형전(刑典) 내에 말하기를, '근년 이래 무릇 옥(獄)을 결단하는 자가 율문에 밝지 못하여 그 사사 뜻으로 사람의 죄를 내리고 올리므로, 형벌이 적중하지 못하여 원통하고 억울한 것을 호소할 데가 없어서 화기(和氣)를 손상하기에 이르니, 진실로 염려하지 않을 수 없다.' 하였습니다. 이제 《대명률(大明律)》은 시왕(時王)의 제도이니, 마땅히 봉행(奉行)하여야 하는 것이나 우리나라 사람이 밝게 알기가 쉽지 않으니, 마땅히 이언(俚言)으로 이를 번역하여 중외에 반포해서 관리로 하여금 강습(講習)하게 하여, 무릇 태(笞) 하나 장(杖) 하나라도 반드시 율(律)에 의해 시행할 것입니다. 만약 율문(律文)을 살피지 않고 망령된 뜻으로 죄를 가볍게 하거나 무겁게 하는 자는 그 죄로써 죄줄 것입니다. 또 형을 언도하는 자는 사람의 죽고 사는 것이 매였으므로 삼가지 않을 수 없습니다.
—《조선왕조실록》, 태종 1집 313면

이 기록에서 알 수 있듯이, 태종 때에는 관리들이 《대명률》을 잘 이해하지

못하기 때문에 이를 예방하기 위해서 이두문으로 번역하고자 한 것이다. 이
두문 번역 대상이 일반 백성이 아니라 법률을 집행하는 관리임을 알 수 있다.
이 기록 어디에서도 일반 백성이 문자 생활을 했다는 증거는 찾을 수 없다.

　세종 때에도 《대명률》을 이두문으로 번역할 필요성이 제기되는데, 태종
때와는 다른 시대 흐름이 감지된다. 세종 14년의 기록은 다음과 같이 전하
고 있다.

상참을 받고 정사를 보았다. 임금이 좌우 근신(近臣)에게 이르기를, "비록
사리(事理)를 아는 사람이라 할지라도, 율문(律文)에 의거하여 판단이 내
린 뒤에야 죄의 경중을 알게 되거늘, 하물며 어리석은 백성이야 어찌 범죄
한 바가 크고 작음을 알아서 스스로 고치겠는가. 비록 백성들로 하여금 다
율문을 알게 할 수는 없을지나, 따로 큰 죄의 조항만이라도 뽑아 적고 이를
이두문(吏文)으로 번역하여서 민간에게 반포하여 보여, 우부우부(愚夫愚
婦)들로 하여금 범죄를 피할 줄 알게 함이 어떻겠는가." 하니, 이조 판서 허
조(許稠)가 아뢰기를, "신은 폐단이 일어나지 않을까 두렵습니다. 간악한
백성이 진실로 율문을 알게 되오면, 죄의 크고 작은 것을 헤아려서 두려워
하고 꺼리는 바가 없이 법을 제 마음대로 농간하는 무리가 이로부터 일어
날 것입니다." 하므로, 임금이 말하기를, "그렇다면, 백성으로 하여금 알지
못하고 죄를 범하게 하는 것이 옳겠느냐. 백성에게 법을 알지 못하게 하고,
그 범법한 자를 벌 주게 되면, 조사모삼(朝四暮三)의 술책에 가깝지 않겠는
가. 더욱이 조종(祖宗)께서 율문을 읽게 하는 법을 세우신 것은 사람마다
모두 알게 하고자 함이니, 경 등은 고전을 상고하고 의논하여 아뢰라." (중
략) "허조의 생각에는, 백성들이 율문을 알게 되면 쟁송(爭訟)이 그치지 않
을 것이요, 윗사람을 능멸하는 폐단이 점점 있게 될 것이라 하나, 그러나
모름지기 세민(細民)으로 하여금 금법(禁法)을 알게 하여 두려워서 피하게
함이 옳겠다." 하고, 드디어 집현전에 명하여 옛적에 백성으로 하여금 법률

을 익히게 하던 일을 상고하여 아뢰게 하였다.

—《조선왕조실록》, 세종 3집 426면

　세종과 이조 판서의 대화를 통해 태종 때와는 다른 진보된 역사의식을 엿볼 수 있다. 일반 백성에게 법률에 관한 정보를 공개해서 범죄를 예방하려는 세종의 생각과 공개에 따른 폐해를 걱정하는 신하의 권위적인 사고를 접할 수 있다. "비록 백성들로 하여금 다 율문을 알게 할 수는 없을지나, 따로 큰 죄의 조항만이라도 뽑아 적고, 이를 이두문〔吏文〕으로 번역하여서 민간에게 반포하여 보여, 우부우부(愚夫愚婦)들로 하여금 범죄를 피할 줄 알게" 하려는 부분에서 우리는 일반 백성, 즉 '어린 백성〔愚夫愚婦〕'이 이두문을 통한 문자 생활을 했음을 확인할 수 있다.

　이와 같이 어리석은 백성을 위하여 중국의 법전인 《대명률》을 우리말로 번역하고자 한 것이다. 물론, 이때에는 우리말을 기록할 고유 문자가 없었다. 그래서 이두문으로 번역한 것이다. 그러나 일반 백성이 한문보다 이두문을 해독하기 쉽다고 하더라도 일정 부분 한자에 대한 학습이 요구된다. 이러한 학습 부담으로 인해서 모든 백성이 이두문을 이해하지는 못한 듯하다. 즉, 일반 백성 중에서

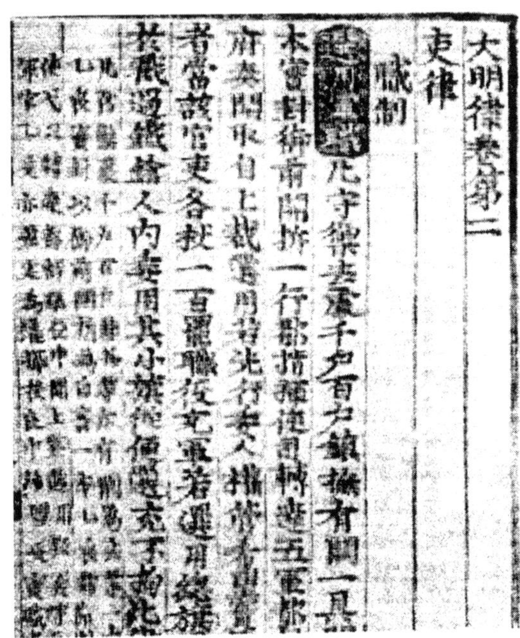

대명률직해 명나라의 형법전 《대명률》을 이두로 번역한 책. 태조 4년(1395)에 원간본이 발간된 것으로 추정되나 전하지 않는다.

이두문을 모르는 계층이 존재할 수밖에 없는데, 이들에게는 어떤 시각적 자료가 제공될 수 있을까? 그것은 바로 그림이다.

우리가 문자를 터득하지 못한 아이에게 그림책으로 이 세상을 설명하듯이, 세종은 '어린(=어리석은)' 백성들을 위하여 그림을 그려서 보여주려고 했다. 유교 사상의 정수인 삼강에 대해서 설명한 《삼강행실도(三綱行實圖)》란 책이 바로 그것이다.

삼강행실도

세종 10년인 1428년에 진주에 사는 김화가 그의 아버지를 죽인 사건이 발생하자, 효행의 풍속을 바로잡을 수 있는 방안을 강구하게 된다. 그래서 백성들을 교화하기 위해서 세종 13년인 1431년에 《삼강행실도》가 만들어진 것이다. 이런 시각적 자료들을 통해서 문자 생활을 제대로 영위하지 못한 많은 백성들과의 의사소통을 꾀할 수 있게 된다. 그러나 그림은 앞 장에서 살펴보았듯이, 여러 가지 한계를 지니고 있다. 《삼강행실도》는 훈민정음이 만들어지고 나서 다시 언해되어 간행된다. 이에 대한 세종과 신하의 다음과 같은 실록 기사(세종 26년)가 그 당시의 정황을 알려준다.

또 정창손은 말하기를, '삼강행실을 반포한 후에 충신·효자·열녀의 무리가 나옴을 볼 수 없는 것은, 사람이 행하고 행하지 않는 것이 사람의 자질 여하에 있기 때문입니다. 어찌 꼭 언문으로 번역한 후에야 사람이 모두 본받을 것입니까.' 하였으니, 이따위 말이 어찌 선비의 이치를 아는 말이겠느냐. 아무짝에도 쓸데없는 용속한 선비이다.

먼젓번에 임금이 정창손에게 하교하기를,

"내가 만일 언문으로 삼강행실을 번역하여 민간에 반포하면 어리석은 남녀가
모두 쉽게 깨달아서 충신·효자·열녀가 반드시 무리로 나올 것이다." 하였다.

나랏말쓰미 듕귁에 달아

조선 시대에 지배계급은 한자를 잘 익히고 부려 쓸 줄 알아야 했다. 태생
적으로 교육을 받을 수 없었던 계층들을 위하여 그림을 이용해 보기도 했
다. 하나하나의 그림은 정보 전달력이 뛰어나지만, 이를 만드는 데 많은 노
력이 필요하다. 또한, 삼라만상을 그림으로 설명해 내기 위해서는 삼라만상
이 존재하는 만큼의 그림이 필요하다. 이러한 상황에서 세종은 또 다른 문
제점을 발견하게 된다. 중국어와 한국어의 구조적 차이가 그것이다. 《훈민
정음》 해례본 예의편 첫머리의 "우리나라 말이 중국과 달라서 한문자와는
서로 통하지 않으므로 어리석은 백성들이 말하고자 하는 바가 있어도, 마침
내 자기 뜻을 펼 수 없는 사람이 많기 때문에"에서 세종의 이러한 사고 과정
을 엿볼 수 있다.

훈민정음은 비로 중국말과 우리말이 달라서 오는 불편함 때문에 만든 글
자임을 알 수 있다. 일반 백성들이 자기 뜻을 글로 나타낼 수 없어서 쉬운
글자를 만들어 쓰도록 한 것이다. 조선 시대에 중국어와 우리말이 달랐듯
이, 오늘날에도 현대 중국어와 현대 한국어에는 언어적으로 다른 부분이 많
다. 이러한 차이점에 대해서 예문을 보면서 알아보도록 하자.

 (1) 가. 你買花.

   나. 너는 꽃을 산다.

먼저, 중국어와 한국어의 차이점으로 들 수 있는 것은 어순이다. 이는 앞

에서도 살펴본 바 있으므로 여기에서는 생략하기로 한다. (가)의 중국어 문장은 (나)의 한국어 문장 '너는 꽃을 산다'와 대응되는데, 중국어에서는 '~는', '~을' 등의 첨가 요소 없이 문장이 구성된다.

(2) 가. 我買你花.
　　　나. 他給你花.
　　　다. 他愛你.

여기에 사용된 '你'는 한국어의 '네가', '너의', '너에게', '너를' 등과 대응되지만, 형태적으로 아무런 변화가 없음을 알 수 있다. 단지 그 위치가 달라졌을 뿐이다. 중국어는 고립어(Isolating Language)이기 때문에 문장에서의 위치(이를 문장 성분이라고 함)에 따라서 그 쓰임이 정해진다. 한국어는 이와는 달리 교착어(Agglutinative Language)이기 때문에 '너'라는 어간에 문법적 요소인 조사류 '-가', '-의', '-에게', '-를' 등이 달라붙어서 문장에서의 기능을 나타내 준다. 중국어는 문장에서 글자의 위치에 따라서 명사도 되고 동사도 될 수 있다. 우리말에서 이러한 현상은 일어나지 않는다.

중국어는 성조언어로 각 글자마다 1성, 2성, 3성, 4성 등의 성조가 있으며, 동일한 글자도 다른 성조에 따라 그 의미가 분별된다. 우리말은 지역에 따라서 독특한 억양이 있지만, 단어마다 성조가 있는 중국어와 다르다.

우주의 운행원리를 아시나요 : 음양오행과 훈민정음

음력설과 양력설을 쉬며, 음기와 양기를 살피다가 음지가 양지가 되기도 하고, 오색단청으로 치장하며, 오곡밥을 가려 먹는 우리네는 만물의 조화를 중시했다.

음양오행(陰陽五行) 사상은 중국의 전국 시대에 형성된 것으로, 서로 독립되어 있던 음양설과 오행설이 이 때에 결합되고, 우리나라에는 삼국 시대에 전해진 것으로 추정된다. 이 사상은 음과 양의 소멸·성장·변화, 그리고 음양에서 파생된 오행, 즉 수(水)·화(火)·목(木)·금(金)·토(土)의 움직임으로 우주와 인간생활의 모든 현상과 생성소멸을 해석한다. 결국 음양오행 사상은 음양오행의 조화, 즉 우주만물과 인간의 조화를 중시한다.

훈민정음을 만든 사람들은 우리의 말소리에도 음양과 오행의 원리를 적용하고 있다. 《훈민정음》 해례 제자해에서는 초성과 음양오행설의 관련성을 다음과 같이 설명한다.

"대개 사람의 소리 있음도 오행에 근본을 두는 까닭으로 사철에 어울러 어그러짐이 없고, 오음에 맞추어 틀리지 않으니, 목구멍은 깊고 젖어 수(水)라고 할 것이니, 소리가 비고 통하여 물의 허명(虛名)하고 두루 흐름과 같은 바 철로는 겨울이요 음(音)으로는 우(羽)이다. 어금니는 서로 어긋나고 길어서 목(木)이라고 할 것이니, 소리가 목구멍소리와 비슷해도 여무져서 나무가 물에서 나되 그 모양이 있음과 같은 바 철로는 봄이요 음으로는 각(角)이다. 혀는 날카롭고 움직여 화(火)라 할 것이니, 소리가 구르고 날리어 불의 이글거리며 활활 타오름과 같아 철로는 여름이요 음으로는 치(徵)다. 이는 단단하고 끊어서 금(金)이라고 할 것이니, 소리가 부스러지고 걸리어 쇠의 잔 부스러기가 단련되어 이루어짐과 같기에 철로는 가을이요 음으로는 상(商)이다. 입술은 모나고 합하여 토(土)라고 할 것이니, 소리가 머금고 넓어 땅이 만물을 함축하여 넓고 큼과 같으니, 철로는 늦여름이요 음으로는 궁(宮)이다. 그러나 물은 물건을 낳는 근원이요 불은 물건을 이루는 작용이기 때문에 오행 가운데서도 물과 불이 큰 것이 되고, 목구멍은 소리를 내는 문이요, 혀는 소리를 구별하는 관(管)이기 때문에 오음 가운데서도 목구멍과 혀가 주장이 된다. 목구멍은 뒤에 있고 어금니가 다음이므로 북과 동의 방위요, 혀와 이가 또 그 다음이므로 남과 서의 방위요, 입술이 끝에 있으므로 토는 일정한 방위 없이 사철에 붙는다는 뜻이다. 이런 즉 초성 가운데 스스로 음양오행 방위의 수(數)가 있는 것이다."

이를 표로 정리하면, 다음과 같다.

오성(五聲)	아(牙)	설(舌)	순(脣)	치(齒)	후(喉)
오행(五行)	목(木)	화(火)	토(土)	금(金)	수(水)
오시(五時)	춘(春)	하(夏)	계하(季夏)	추(秋)	동(冬)
오음(五音)	각(角)	치(徵)	궁(宮)	상(商)	우(羽)
오방(五方)	동(東)	남(南)	중앙(中央)	서(西)	북(北)

또한, 모음도 하늘〔天〕, 땅〔地〕, 사람〔人〕이 어우러져서 만든 자이니, 음양오행 사상이 추구하는 조화의 정신과 일맥 상통한다. 이와 같이 우리말의 모음과 자음은 하늘, 땅, 사람 등의 구성 요소와 그 운행 원리인 음양오행 사상이 반영되어 만들어진 것이다.

음양오행 이야기

음택(陰宅)과 양택(陽宅)

풍수지리는 음양오행의 상생과 상극의 원리를 이용한 것으로, 죽은 사람이 묻히는 곳을 음택, 살아 있는 사람이 사는 곳을 양택이라 한다. 조선말의 실학자 이중환의 지리서 《택리지》가 잘 알려져 있다.

태극과 태극기

태극기는 흰 바탕에 태극문양과 건(乾)·곤(坤)·감(坎)·리(離) 네 개의 괘로 이루어져 있다. 흰 바탕은 고대부터 백색을 숭상한 우리 민족의 순수한 동질성을 상징하며, 가운데 태극의 '양'은 상천(上天)을 의미하는 붉은색이고 '음'은 하천(下天)을 의미하는 푸른색이다. 태극은 세계의 중심이 되며, 변화 속에 내재된 변하지 않는 궁극적 실체를 상징한다. 이와 함께 태극기의 태극문양 전체는 인간을 상징하여 인간 중시의 사상을 포함하고 있다.

태극을 둘러싼 괘 중에서 '건'은 하늘 · 봄 · 동쪽 · 인(仁) · 천도(天道)로서 지선(至善)과 지공(至公)을, '곤'은 땅 · 여름 · 서쪽 · 의(義) · 지도(地道)로서 후덕함과 풍요를, '감'은 해 · 가을 · 남쪽 · 예(禮) · 수성(水性)으로 지혜와 활력을, '이'는 달 · 겨울 · 북쪽 · 지(智), 화성(火性)으로 광명과 정열을 상징한다. 또한 양의 머리를 건, 음의 머리를 곤, 소양(小陽) 감과 소음(小陰) 이를 중간에 배치해서 무궁한 순환 · 발전을 상징하고 있다.

단청과 오방색

오방색(五方色)은 음양오행의 오행을 색으로 나타낸 것으로, 목은 청, 금은 백, 화는 적, 수는 흑, 토는 황에 대응된다. 음양오행 사상에 따르면, 흰색, 황색, 적색은 양이고 청색, 흑색은 음이며, 각각의 색이 지닌 의미와 상징에 따라 오방신장, 오방처용무, 관복, 오방낭자, 오색실, 색동옷, 오곡, 단청, 화문석 등 우리 생활 전반에 걸쳐 영향을 미치고 있다.

청색은 동쪽 · 봄 · 간장 · 신맛 · 기쁨 · 인(仁)을, 백색은 서쪽 · 가을 · 폐장과 코 · 매운맛 · 분노 · 의(義)를, 적색은 남쪽 · 여름 · 심장 · 쓴맛 · 즐거움 · 예(禮)를, 흑색은 북쪽 · 겨울 · 신장 · 짠맛 · 슬픔 · 지(智)를, 황색은 중앙 · 비장 · 단맛 · 욕심 · 신(信) 등을 상징한다.

오곡과 오행

오곡은 모든 곡식을 총칭하는 말이지만 특별히 벼 · 보리 · 조 · 콩 · 기장 등 다섯 가지의 주요 곡식을 지칭하기도 한다. 오곡은 오행의 개념으로 해석되어 색으로 보면, 노란색은 토, 푸른색은 목, 붉은색은 화, 흰색은 금, 검은색은 수가 되고, 맛으로 보면 단맛은 토, 신맛은 목, 쓴맛은 화, 매운 맛은 금, 짠맛은 수가 된다. 또한, 파종 시기와 열매 맺는 시기가 봄이면 목, 여름이면 화, 가을이면 금, 겨울이면 수, 사계에 걸쳐 생기면 토가 되고 성장환경에 있어 물에서 자란 것은 수, 땅에서 자란 것은 토, 나무에 달린 것은 목, 밭에서 자란 것은 화가 된다. 그러나 오곡은 목, 화, 금, 수, 토의 어느 한 가지 기운만으로 생기는 것이 아니고 2~3개 이상의 기운이 합하여 자라며, 모든 곡식에는 토의 기질이 공통적으로 포함되어 있다.

관상과 오행

관상의 중심은 얼굴로서 그 형태에 따라 오행으로 나누는데 원형은 수, 방(方)형은 토, 장(長)형은 목, 삼각형은 화, 유(由)자형은 금에 속한다.

세종대왕은 과연 훌륭한 언어학자였을까?

《문자의 역사》 저자인 앨버틴 가우어는 세종이 새로운 문자를 손수 발명한 공로자로 종종 묘사되지만, 이런 헌사는 대개 예우와 새로운 관습에 권위를 부여하기 위한 정치적인 술수가 섞인 것이라고 이해하고 있다. 그는 세계의 문자를 살펴보는 가운데 다른 나라와 같이 우리 나라의 경우도 권위자인 왕에 창제의 공적을 돌린 것으로 보고 있다. 상식적으로 판단할 때, 가우어의 견해는 일면 수긍이 간다. 한 나라의 왕이 손수 새로운 문자를 만들었다는 데는 쉽게 믿기지 않는 구석이 있다.

훈민정음의 창제 경위는 세종실록 권 제102 42장, 세종 25년(1443) 12월조 기사에 보인다. 실록에서는 한글을 세종대왕이 친히 만들었다고 밝히고 있다.

> "이 달에 상감마마께서 친히 한글 스물 여덟 글자를 만드셨다. 새 글자는 중국의 옛글자인 전자(篆字)와 비슷하나 초성·중성·종성 글자로 나뉘어 있으며, 이들을 합해서 써야만 하나의 글자를 이룰 수 있다. 이 글자를 가지고 한자음과 우리말을 모두 책에다 옮겨 적을 수 있으며, 글자가 매우 간결하나 초성·중성·종성 글자를 무진 무궁하게 결합시켜 새로운 글자를 만들 수 있다. 이 새 글자를 훈민정음이라고 일컫는다."

이러한 기록은 세종이 훈민정음을 친히 만들었다는 근거가 되어 왔다. 그런데 이러한 역사책은 신하가 기술한 것이기 때문에 일면 가우어가 주장한 권위에 대한 충정이 개입될 가능성이 충분히 있다. 세종이 훈민정음을 만들었다면, 언어학적으로 높은 경지에 있어야 한다. 과연 그는 그런 능력을 갖고 있었을까? 집현전 일부 학자와 세종의 대화를 통해서 이를 확인해 보도록 하자.

"우리나라에서는 일찍부터 지성으로 사대하여 오직 중국의 제도문물을 중심으로 같은 글자를 써왔습니다. 이러한 때에 지금 따로 언문을 만들어 중국을 버리고 오랑캐와 같이 되는 것은 문명에 큰 폐단이 아닐 수 없습니다. 신라 설총의 이두는 우리를 위한 것이지만 다 중국에서 쓰는 글자를 빌려 말의 표현을 도왔으므로, 원래부터 서로 동떨어진 것은 아니었습니다. 만약, 우리나라가 원래 한자를 모르던 먼 옛날과 같다면 우선 언문을 빌려서라도 임시로 쓸 수 있겠지만, 그래도 바른말 할 사람은 시간을 두고 한자를 익혀 장구한 계획을 세우느니만 못하다고 할 것입니다. 옛 것을 싫어하고 새 것을 좋아함은 예부터 내려오는 폐단입니다. 지금 이 언문은 신기한 장난에 지나지 않습니다. 옛 사람이 만들어 놓은 운서에 되지 않은 언문을 붙이고 이것을 강력하게 세상에 널리 시행하려 하시니 후세 사람들이 뭐라고 하겠습니까? 백성을 다스리는 데 하나도 이롭지 않은데 왜 굳이 힘을 들이고 애써 연구하십니까?"

—《세종실록》103권

이는 최만리, 신석조, 김문, 정창손, 하위지, 송처검, 조근 등의 집현전 일부 학자들이 언문 창제의 부적절함에 대해서 세종에게 상소한 내용이다. 언문을 쓰면 오랑캐가 되고, 언문은 장난에 지나지 않는다고 인식하고 있다. 이 상소문에서 "백성을 다스리는 데 하나도 이롭지 않은데 왜 굳이 힘을 들이고 애써 연구하십니까?"라는 문장이 보인다. 세종이 쓸데없는 것을 애써 '연구' 했음을 알 수 있다. 세종은 이 상소에 대해서 다음과 같이 답한다.

"정음의 음의 원리와 글자의 구성이 다 설총의 이두와 판이하고 음도 다르지 않은가. 또 이두를 만든 본 뜻도 백성을 편하게 하려는 것이 아닌가. 설총의 이두는 옳다고 하면서 지금 임금이 하는 일은 그렇지 않다고 하니 어찌 된 일인가? 그대들이 운서를 아는가. 사성·칠음의 자모가 몇 개나 되는 줄 아는가. 상소문에서 신기한 재주라고 했는데, 내가 나이가 들면서 책으로 날을 보낼 뿐인데 어찌 옛 것을 싫어하고 새 것만을 좋아하겠는가. 그대들의 말은 너무 지나치다."

훈민정음이 이두문과 다르다는 세종의 지적은 언어학적으로 타당하다. 상소문을 올린 신하들은 이러한 차이점을 모른 것이다. 또한, 세종은 신하들에게 좀더 어려운 언어학적 물음을 던진다. "그대들이 운서를 아는가. 사성·칠음의 자모가 몇 개나 되는 줄 아는가." 세종의 언어학적 지식의 깊이를 어찌 신하들이 알겠는가? 물론, 앨버틴 가우어도 이러한 사실을 알 수 없었을 것이다.

신숙주의 다음 기록은 세종을 언어학자로 인정하는 데 결정적 근거를 제공한다.

"상감마마께서 우리말의 음운체계가 중국어와는 비록 다르다고 하더라도 자음과 모음, 그리고 성조 등 언어로서 갖추고 있어야 될 요소는 중국어와 마찬가지로 다 갖추고 있어야 된다고 하시고, 또 여러 나라들이 모두 제 나라 언어음을 나타낼 수 있는 글자를 가지고 있어서 각각 제 나라말을 기록하고 있으나, 오직 우리나라만이 제 글자를 가지고 있지 않다고 하여 한글 자모 28자를 만드셨다."

이 기록은 그의 문집인 《보한재집》의 끝부분에 있는 내용이다. 세종은 우리말과 중국말의 음운체계의 차이를 알고 있을 뿐만 아니라 자음, 모음, 성조 등의 요소를 이해하고 있었다.

훈민정음은 모든 백성이 사용하였을까?

훈민정음은 모든 백성을 위하여 만든 문자는 아니다. '어린 백성'을 위한 문자이다. 세종 28년에는 임금이 대간의 죄를 언문으로 써서 의금부와 승정원에 보이기도 한다. 이는 새로 만든 문자를 널리 보급하려는 의도로 보인다. 관리를 뽑는 시험에 훈민정음도 치르게 했다. 세종 28년 12월 26일에 "금후로는 이과(吏科)와 이전(吏典)의 취재(取才) 때에는 훈민정음도 아울러 시험해 뽑게 하되, 비록 의리(義理)는 통하지 못하더라도 능히 합자(合字)하는 사람을 뽑게 하라."는 명을 내린 기록이 있다. 어리석은 백성뿐만 아니라 중간 관리에게도 이 문자를 보급하려는 세종의 뜻을 헤아릴 수 있다. 세종 29년 4월 20일 기사에는 함길도 자제의 관리 시험에 훈민정음을 보게 한다. 기사 내용을 좀더 자세히 보면 다음과 같다.

이조(吏曹)에 전지하기를, "정통(正統) 9년 윤7월의 교지 내용에, '함길도의 자제로서 내시(內侍)·다방(茶房)의 지인(知印)이나 녹사(錄事)에 소속되고자 하는 자는 글씨·산술(算術)·법률·《가례(家禮)》·《원속육전(元續六典)》·삼재(三才)를 시행하여 입격한 자를 취재하라' 하였으나, 관리 시험으로 인재를 뽑는 데에 꼭 여섯가지 재주에 다 입격한 자만을 뽑아야 할 필요는 없으니 다만 점수가 많은 자를 뽑을 것이며, 함길도 자제의 삼재(三才) 시험하는 법이 다른 도의 사람과 별로 우수하게 다른 것은 없으니, 이제부터는 함길도 자제로서 관리 시험에 응시하는 자는 다른 도의 예에 따라 6재(六才)를 시험하되 점수를 갑절로 주도록 하고, 다음 식년(式年)부터 시작하되, 먼저 훈민정음을 시험하여 입격한 자에게만 다른 시험을 보게 할 것이며 각 관아의 관리 시험에도 모두 훈민정음을 시험하도록 하라." 하였다.

함길도 자제의 관리 선발에 훈민정음을 시험 보게 할 뿐만 아니라, 각 관아의 관리 시험에도 모두 훈민정음을 시험하도록 하는 내용을 볼 수 있다. 세조 6년 5월 28일에 예조에서 《훈민정음》·《동국정운》·《홍무정운》을 문과 초장에서 강할 것 등을 아뢰어 따랐다는 기록도 등장한다. 관리들에 대한 훈민정음의 보급이 세종 이후에도 계속되고 있는 것이다.

연산군은 훈민정음을 박해한 인물로 알려져 있다. 연산군은 즉위 초에는 국정을 잘 운영하다가 생모의 죽음과 관련된 일련의 사건들을 안 뒤 파행적 행동을 하게 된다. 이러한 연산군의 잘못을 훈민정음으로 기록한 투서가 발견되었다. 이 투서 사건으로 연산 10년 7월 20일 언문을 배우거나 쓰지 못하게 했고, 이틀 후에는 언문으로 구결을 단 책을 불사르고 한어를 언문으로 번역하는 것을 금했다. 개인적 감정이 언문에 대한 박해로 번진 것이다. 그런데 같은 해 12월 10일에는 병조 정랑 조계형에 명하여 언문으로 역서를 번역하도록 했다. 공식적 일까지 언문 사용을 금하지는 않았음을 알 수 있다. 심지어 연산군은 같은 해 12월 16일 육조 등에서 아뢰는 공사에 이두 표기를 금지했다. 온전하게 우리말을 표현해 낼 수 없는 이두 사용을 금한 것은 어떻게 받아들여야 할까. 연산 11년 9월 15일에는 궁인의 제문을 언문으로 번역하여 의녀를 시켜 읽게 했다. 또한, 연산 12년 5월 29일에는 "공·사천(公私賤) 또는 양녀(良女)를 막론하고 언문을 아는 여자를 각원(各院)에서 두 사람씩 뽑아 들이라"고 전교했다.

같은 해 6월 1일에는 새로 뽑혀온 흥청(興淸)·운평(運平)들이 간혹 어전에서 쓰는 존칭을 모르는 수가 있으므로, 어전에서 쓰는 말을 언문으로 번역해서 각원(各院)에 인쇄하여 배포하게 했다.

훈민정음은 중간 관리뿐만 아니라 임금이나 왕비, 왕대비 등도 사용했다. 숙종 15년 4월 24일에 다음과 같은 기록이 보인다.

이 때 임금이 언문으로 된 유지(有旨)를 승정원에 내려 문자(文字)로 번역해서 《일기(日記)》에 추록하게 하였다. 도승지 유명견이 아뢰기를, "언문 유지를 승정원에 내린 것은 일찍이 없었던 일입니다. 사람들의 이목을 놀라게 할 뿐만이 아니라 뒷날 폐단이 있게 됩니다." 하니, 임금이 드디어 언문 유지를 삭제하라고 명하였다.

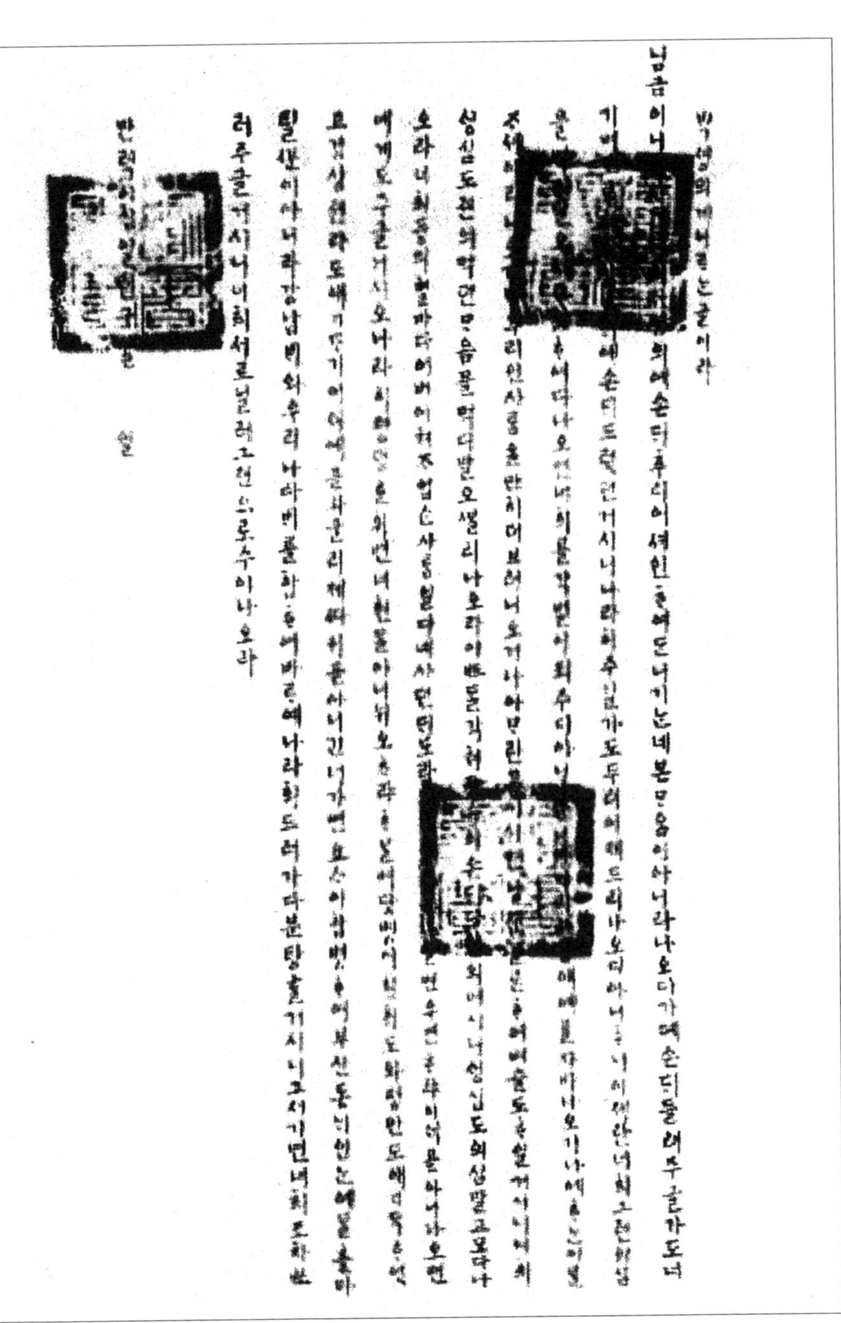

선조 국문 교서, 보물 제951호(1593)

　　임금이 언문으로 된 유지를 썼다가 신하들의 반대로 언문 유지를 삭제하기도 했다. 선조는 직접 언문으로 백성들에게 교서를 내렸는데, 이 교서는 임진왜란 때 선조가 왜군 포로로 잡힌 백성을 회유하기 위하여 정음으로 쓴 것이다. 부득이 왜군에게 잡혀간 백성들의 죄는 묻지 않음은 물론, 왜군을 잡아오거나 왜군의 동태를 자세히 알아서 나오거나 포로가 된 우리 동포를 많이 데리고 나오면 누구든지 벼슬을 시키겠다는 등의 내용으로 되어 있다.

　　인현왕후가 숙희공주에게 언문으로 위로 편지를 보내기도 하고, 정조 18년 4월 10일에는 왕대비가 모든 신하들에게 언문 전교를 내리기도 한다. 광해군 때에 허균은 당시의 사회 문제를 제재로 삼아 훈민정음으로 《홍길동전》을 쓴다. 이와 같이 훈민정음은 어리석은 백성을 염두에 두고 만든 문자이기는 하지만, 창제 초기에는 중간 관리나 하급 관리 등이 사용하기도 했으며 임금, 왕비, 왕대비 등의 계층도 사용했음을 알 수 있다. 한편 한자 역시 훈민정음이 만들어지기 전의 권위를 여전히 유지하고 있었다.

훈민정음은 다른 나라 문자를 참조했을까

‖ 제7장 ‖

— 훈민정음 모방설이 나온 까닭

의혹은 왜 생기는 것일까?

훈민정음은 다른 나라의 문자를 모방했을까 아니면 독창적으로 만든 문자일까? 훈민정음은 창제자가 뚜렷한 세계 유일의 문자임에 분명하다. 세상의 어느 문자도 창제자가 명확히 밝혀진 문자는 없다. 중국의 한자는 말할 것도 없고, 영어의 알파벳도 상형 문자에서 오랜 세월동안 진화하여 만들어진 것이므로 그 창제자를 찾을 수는 없다. 따라서 한글이야말로 창제자와 창제일, 그리고 창제 동기가 뚜렷하다는 점에서 그 유례를 찾아 보기 어려운 위대한 문자임에 틀림없다.

그러나 어떻게 한 인간이 어느 날 갑자기 스물 여덟 개의 글자를 만들어 낼 수 있을까 하는 점에는 의구심을 갖는 이들이 적지 않았다. 어떤 이들은 신화가 아니고서는 이러한 일은 도저히 불가능하다고까지 말한다. 세종대왕이 한글을 창제했다는 문헌과 기록이 있음에도 불구하고 이러한 의혹과 의구심을 갖는 근거는 무엇일까?

훈민정음이 다른 문자를 모방했다는 의구심의 단초는 《세종실록》을 비롯한 몇몇 옛 문헌에 나타난 기록에 있다. 이제 훈민정음이 갖고 있는 비밀을 풀기 위해 훈민정음 모방설에 대한 의혹의 단서들을 따라 훈민정음 창제 당시로 과거 여행을 떠나 보자.

지금으로부터 5백여 년 전 세종대왕은 마침내 훈민정음을 창제하고 이를 만천하에 밝혔는데, 《세종실록》 세종 25년(1443) 병무조를 보면 당시 세종이 훈민정음을 만들어 반포한 내용을 다음과 같이 기록하고 있다.

"이 달에 임금이 친히 언문(諺文) 28자(字)를 지었는데, 그 글자가 옛 전자(篆字)를 모방하고, 초성(初聲) · 중성(中聲) · 종성(終聲)으로 나누어 합한 연후에야 글자를 이루었다. 무릇 문자(文字)에 관한 것과 이어(俚語)에 관한 것을 모두 쓸 수 있고, 글자는 비록 간단하고 요약하지마는 전환(轉換)하는 것이 무궁

하니, 이것을 훈민정음(訓民正音)이라고 일렀다.”

이 기록에 훈민정음은 옛 전자(篆字), 즉 옛 글자를 모방하였다는 내용이
있다. 이 때 옛 글자란 과연 무엇일까? 이와 관련된 내용은 훈민정음을 반포
한 후에도 곳곳에서 나타난다.

《세종실록》세종 26년(1444) 2월 20일 집현전 부제학 최만리 등이 언문 제
작의 부당함을 말한 상소문에서도 문자의 모방설이 등장한다. 최만리 상소
문의 일부를 보자.

“설혹 말하기를, ‘언문은 모두 옛 글자를 본뜬 것이고 새로 된 글자가 아니라’
하지만, 글자의 형상은 비록 옛날의 전문(篆文)을 모방하였을지라도 음을 쓰고
글자를 합하는 것은 모두 옛 것에 반대되니 실로 의거할 데가 없사옵니다.”

중화를 사모하는 연유로 한글 창제가 부당하다는 최만리의 상소 대목은
우리에게 너무도 잘 알려진 내용이다. 이 부분만을 놓고 보면 최만리는 사
대주의 신봉자이며, 자주의식도 없는 중국의 앞잡이 정도로 인식된다. 그가
훈민정음 창제를 반대한 진정한 속사정은 무엇이었을까?

이에 대한 답은 다음 장에서 살펴보기로 하고, 여기서는 상소문 가운데
‘언문은 모두 옛 글자를 본뜬 것이고 새로 된 글자가 아니라’는 내용에 주목
하기로 하자. 이렇게 실록의 군데군데에 훈민정음이 옛 글자를 모방했다는
기록이 나오고, 이 때문에 그동안 여러 학자들이 끊임없이 모방설을 제기한
것이다.

그렇다면 실제로 훈민정음은 다른 문자를 모방했을까?

신숙주가 요동에 간 까닭

훈민정음 창제와 관련하여 잘 알려진 이야기 가운데 하나는 훈민정음을 창제할 즈음에 신숙주를 비롯한 집현전 학사들이 요동에 와 있던 중국 음운학자 황찬(黃瓚)을 여러 번 찾아갔다는 내용이다. 그동안 많은 학자들은 집현전 학사들이 황찬을 찾아간 사실이 훈민정음 창제를 위해 세종이 얼마나 고심하고 노력했는가를 말해 주고 있다고 평가해 왔다. 그러나 도대체 이들은 왜 요동에 갔을까? 정녕 훈민정음의 창제에 대한 도움을 얻기 위해 요동에 갔던 것일까? 훈민정음 모방설과 이들이 요동에 간 일이 서로 어떤 관련이 있는 것은 아닐까?

실제로 실록에는 세종대왕이 신숙주를 비롯한 집현전 학사들을 요동에 보냈다는 내용이 몇 군데 기록되어 있다. 먼저 세종 27년 1월 7일 세종대왕이 집현전 부수사 신숙주 등에게 명하여 요동에 다녀오도록 명한다.

"집현전 부수찬(副修撰) 신숙주(申叔舟)와 성균관 주부(注簿) 성삼문(成三問)과 행사용(行司勇) 손수산(孫壽山)을 요동에 보내서 운서(韻書)를 질문하여 오게 하였다."

이 때 요동에 간 학사들은 신숙주를 포함하여 모두 세 명이고 이들이 요동에 간 목적은 다름 아닌 운서에 대해 논의하기 위해서였다. 그 전에도 집현전 학사들이 요동에 갔는지는 실록을 통해서는 알 수 없으나, 실록의 기록만을 보면 학사들이 요동에 간 내용은 세종 27년 실록에 처음으로 등장한다. 흥미로운 것은 이 때는 이미 훈민정음이 반포된 이후라는 점이다. 즉, 그전에 학사들이 요동에 갔든, 아니면 이 때가 처음이든 간에 이 부분에서 알 수 있는 사실은 신숙주가 요동에 간 사실이 훈민정음 창제를 위해서만은 아니었다는 점이다.

　후대의 기록인 《성종실록》을 보면 신숙주가 요동에 갔다는 이야기가 좀더 자세히 기록되어 있다. 성종 20년 5월 27일의 기록을 보면 공조정랑(工曹正郎) 권주라는 사람이 왕에게 다음과 같이 아뢰는 내용이 있다.

"신이 한어질정관(漢語質正官)으로 요동(遼東)에 가게 되었습니다. 신이 들으니, 요동에 가서 질정하는 일은 신숙주(申叔舟)로부터 시작되었으며, 신숙주가 처음 황찬(黃瓚)을 만났는데 황찬은 중국 조정에서 급제한 뒤, 죄를 입어 요동에 유배된 사람이었습니다. 신숙주가 우연히 와서 만나보고 더불어 담화(談話)를 했는데, 그 뒤에 신숙주가 자주 간 즉, 황찬이 이에 그 본의를 알아차리고는 만나지 않으려고 하면서 말하기를 '남의 신하가 되어 죄를 받아 멀리 유배되었으면 두문불출(杜門不出)하면서 객을 거절하는 것이 마땅한데, 어찌 감히 외국 사람과 접촉할 것인가?' 하여, 이로부터 신숙주는 그를 만나 볼 수가 없었다고 합니다. 지금 소규(邵奎)가 처음 이창신(李昌臣)을 본 것도 역시 우연이었을 뿐입니다. 만약 여러 차례 간다면 황찬의 경우와 같이 거절을 당하지 않을지 어찌 알겠습니까? 지금 신이 갈 때는 서로 만나 보는 절목(節目)을 받아 가지고 가고 싶습니다."

하니, 전교하기를,

"가하다."

하니, 권주가 또 아뢰기를,

"만약 질정하려고 한다면 최소한의 기초는 알아야 하니, 신은 요즈음 승문원(承文院)에 출사(出仕)하여 한어(漢語)를 익힌 뒤에 가고자 합니다."

하니, 전교하기를,

"그대가 아뢴 대로 하라. 그대는 문학(文學)에 재주가 있으니, 열심히 공부하라. 만약 평소 익히지 않다가 중국 사신이 오게 되면 누가 응대할 수 있겠는가? 내가 그대로 하여금 강론(講論)을 하게 하고 듣고자 한다" 하였다.

위의 《성종실록》에 나와 있는 내용에는 몇 가지 매우 흥미롭고도 중요한 사실들이 담겨 있다. 첫째, 조선에는 '한어질정관(漢語質正官)'이라는 직책이 있었다는 것, 둘째, 이들이 자주 요동을 찾았다는 사실, 셋째, 요동에 가서 질정하는 일은 신숙주에서 시작되었다는 것, 넷째, 신숙주가 처음 황찬을 만났을 때 황찬은 요동에 유배된 처지였다는 사실, 다섯째, 신숙주는 황찬에게 자주 찾아가 무언가를 논의하려 했다는 사실, 여섯째, 근래 들어 이창신이라는 학자가(아마 그도 한어질정관이었을 것이다) 요동에 있는 소규라는 학자를 찾아갔다는 사실 등이다. 이와 같은 내용은 당시 신숙주가 진정 요동에 가서 무엇을 하였는가를 알 수 있는 단서가 되는 한편, 요동과 훈민정음 창제가 어떤 관련이 있는가를 이해하는 데에도 하나의 실마리를 제공할 수 있다.

먼저 한어질정관이란 직책이 과연 무엇이었나 하는 점에 대해 생각해 보자. 이 부분이 신숙주가 요동에 간 이유를 풀 수 있는 열쇠가 될 수도 있다. '한어'는 당시 중국어이므로, 한어질정관은 말 그대로 중국어에 대해 여러 가지 내용을 질의하고 논의하는 직책 정도가 아니었을까 추측해 볼 수 있다. 그렇다면 질정관들은 중국어에 대해 무엇을 알고자 했을까? 아마도 당시 조선에서 쓰고 있는 한자음과 본토의 중국음을 서로 비교하고 그 차이를 바로 잡으려고 노력한 것이 아니었을까 생각한다. 한자에 대한 조선의 속음(俗音)이 매우 다양하게 쓰이고 있었기에 이를 중국원음에 가깝게 통일하여 사용하기 위해 질정관이 필요했던 것은 아닐까? 우리의 가정에 일말의 가능성이 있다면, 이 사실은 훈민정음이 한자의 발음을 표기하는 수단으로 사용되었다는 주장과도 어떤 관계가 있다고 보인다.

훈민정음을 창제한 이후 제일 먼저 벌인 사업은 바로 한자의 발음을 표준화한 일이었으며, 이 때 그 발음기호로 훈민정음을 사용했다. 《동국정운(東國正韻)》이 바로 그것인데, 말 그대로 동국(東國)의 바른 음, 즉 조선에서 사용되고 있는 한자의 바른 음을 정리해 놓은 책이다. 세종 29년 9월 29일

기록에는 《동국정운》 완성에 따른 신숙주의 서문이 나와 있는데, 이 서문에는 당시 조선에서 표준 한자음을 왜 제정하였는지, 또 어떠한 과정으로 제정하였는지에 대해 소상히 적혀 있다.

이 달에 《동국정운(東國正韻)》이 완성되니 모두 6권인데, 명하여 간행하였다. 집현전 응교(集賢殿應敎) 신숙주(申叔舟)가 교지를 받들어 서문(序文)을 지었는데, 이르기를,
"(중략) 우리 나라는 안팎 강산이 자작으로 한 구역이 되어 풍습과 기질이 이미 중국과 다르니, 호흡이 어찌 중국음과 서로 합치될 것이랴. 그러한즉, 말의 소리가 중국과 다른 까닭은 이치의 당연한 것이고, 글자의 음에 있어서는 마땅히 중국음과 서로 합치될 것 같으나, 호흡의 돌고 구르는 사이에 가볍고 무거움과 열리고 닫힘의 동작이 역시 반드시 말의 소리에 저절로 끌림이 있어서, 이것이 글자의 음이 또한 따라서 변하게 된 것이니, 그 음(音)은 비록 변하였더라도 청탁(淸濁)과 사성(四聲)은 옛날과 같은데, 일찍이 책으로 저술하여 그 바른 것을 전한 것이 없어서, 용렬한 스승과 속된

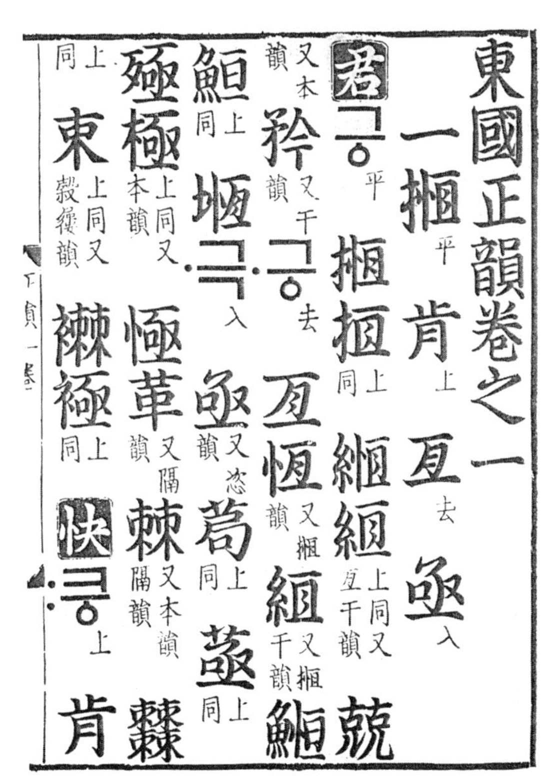

동국정운 세종 29년 당시 다양한 우리말로 발음하던 한자음을 표준화하여 훈민정음으로 적은 책이다.

선비가 글자를 반절(反切)하는 법칙을 모르고 자세히 다져 보는 요령이 어두워서 혹은 글자 모양이 비슷함에 따라 같은 음(音)으로 하기로 하고, 혹은 전대(前代)의 임금이나 조상의 이름을 피하여 다른 음(音)으로 빌어서 하기도 하며, 혹은 두 글자로 합하여 하나로 만들거나, 혹은 한 음을 나누어 둘을 만들거나 하며, 혹은 다른 글자를 빌려 쓰거나, 혹은 점(點)이나 획(劃)을 더하기도 하고 감하기도 하며, 혹은 한음(漢音)을 따르거나, 혹은 속음〔俚語〕에 따르거나 하여서, 자모(字母) 칠음(七音)과 청탁(淸濁)·사성(四聲)이 모두 변한 것이 있으니, 아음(牙音)으로 말할 것 같으면 계모(溪母)의 글자가 태반(太半)이 견모(見母)에 들어갔으니, 이는 자모(字母)가 변한 것이고, 계모(溪母)의 글자가 혹 효모(曉母)에도 들었으니, 이는 칠음(七音)이 변한 것이라.(중략)

옛사람이 글을 지어내고 그림을 그려서 음(音)으로 고르고 종류로 가르며 정절(正切)로 함과 회절(回切)로 함에 그 법이 심히 자상한데, 배우는 이가 그래도 입을 어물거리고 더듬더듬하여 음(音)을 고르고 운(韻)을 맞추기에 어두었더니, 훈민정음(訓民正音)이 제작됨으로부터 만고(萬古)의 한 소리로 털끝만큼도 틀리지 아니하니, 실로 음(音)을 전하는 중심줄〔樞紐〕인지라. (중략) 아아, 소리를 살펴서 음(音)을 알고, 음(音)을 살펴서 음악을 알며, 음악을 살펴서 정치를 알게 되나니, 뒤에 보는 이들이 반드시 얻는 바가 있으리로다." 하였다.

조선은 지리와 풍습 그리고 기질이 중국과 다르므로 당연히 소리가 다르다는 지적에서 신숙주가 이미 우리말과 중국어의 차이를 언어학적으로 파악하고 있었음을 알 수 있다. 또한 훈민정음이 표준 한자음을 표기할 수 있는 훌륭한 글자라는 사실도 소상히 적고 있다. 얼핏보면 이 서문은 '나랏말 쓰미 듕귁에 달아 …'로 시작되는 훈민정음의 서문을 연상하게 한다. 이 때 조선의 말이 중국어와 다르다는 점은 넓게 보면 어순의 차이(SOV-SVO), 접사의 유무(교착어-고립어) 등으로 볼 수 있으나, 소리에 국한해 본다면 바로 신숙주가 지적한 조선한자음과 중국한자음의 불일치를 들 수 있다. 이러한 한자음의 불일치는 오늘날까지도 그대로 전해져 온다. 한동안 신문에서 중국 정치인들을 어떻게 부를지에 대해 논란이 일어난 적이 있다. 毛擇東, 鄧小平을 '모택동, 등소평'과 같이 한국한자음으로 적다가 어느 순간부터는 '마오쩌뚱, 덩샤오핑'과 같이 중국한자음으로 적기 시작한 것이다. 한자는 같은데, 이를 부르는 소리는 중국과 한국이 서로 다르다. 이러한 차이가 정도는 다르겠지만 조선 초기에도 뚜렷이 존재했던 것이다.

따라서 포괄적 입장에서 본다면 훈민정음은 새로운 문자였으나, 좁은 입장으로 보면 한자음 표기를 위한 발음기호 역할을 했다고 볼 수 있다. 이렇게 보면 세종이 새로운 문자를 만들고 그 이름을 왜 훈민정음이라고 붙였는지, 즉 '바른 소리'라고 불렀는지도 어렴풋이 이해할 수도 있을 듯하다.

또 하나의 의문은 '신숙주가 그 뒤에 자주 가니 황찬이 이에 그 본의를 알아차리고는 만나지 않으려고 했다'는 대목인데, 그 '본의'라는 것이 무엇인지가 궁금하다. 이것이 훈민정음과 어떤 관련이 있을까? 그 실마리는 다시 《성종실록》의 기록에서 찾아볼 수 있다. 성종 18년 2월 2일 시강관 이창신이 젊은 문신으로 하여금 요동의 소규에게 질정할 것을 아뢴 부분이 있다.

경연(經筵)에 나아가 강(講)하기를 마치자, 시강관(侍講官) 이창신(李昌臣)이 아뢰기를,
"신이 일찍이 성절사(聖節使)의 질정관(質正官)으로 북경(北京)에 갔다가 들으니, 전 진사(進士) 소규(邵奎)는 어버이가 늙어서 요동(遼東)에 산다 하여 돌아올 때에 방문하였는데, 경사(經史)에 널리 통하고 자훈(字訓)에 정밀하였습니다. 세종조(世宗朝)에 신숙주(申叔舟)·성삼문(成三問) 등을 보내어 요동에 가서 황찬(黃瓚)에게 어음(語音)과 자훈(字訓)을 질정(質正)하게 하여《홍무정운(洪武正韻)》과《사성통고(四聲通考)》등의 책을 이루었기 때문에, 우리 나라 사람들이 이에 힘입어서 한훈(漢訓)을 대강 알게 되었습니다. 이제 모름지기 나이가 젊고 글에 능한 신종호(申從濩)와 같은 무리를 택하여 소규(邵奎)에게 가

서 자훈(字訓)의 서적을 질정(質正)하게 하면 이로움이 있을 듯합니다. 다만 정조(正朝)와 명절(名節)의 행차 때에는 사람과 말의 수가 많아서 오래 머무를 수 없으나, 중국 사람을 풀어서 보낼 때에 들여보내면 오래 머물면서 질정할 수 있습니다."하므로, 임금이 좌우(左右)에게 물으니, 모두 아뢰기를,"문신(文臣)을 보내어 질정하는 것은 조종조(祖宗朝)의 옛일이므로 지금 행하는 것이 가합니다."하였다.

이 기록에 따르면 세종조에 신숙주·성삼문 등이 요동에 가서 황찬에게 어음(語音)과 자훈(字訓)을 질정하였다고 하였다. 그리고 이러한 질정을 통해 당시의 중요한 운서들인 《홍무정운(洪武正韻)》과 《사성통고(四聲通考)》 등의 책을 지었다는 것이다. (여기서 《홍무정운》은 아마도 《홍무정운역훈》을 말하는 것으로 보인다. 《홍무정운》은 1375년 명나라에서 중국의 남과 북에서 쓰이는 한자음을 통일하려는 목적으로 만든 한자음사전이고, 《홍무정운역훈》은 중국 발음을 훈민정음으로 표기한 것이기 때문이다.) 집현전 학사들은 황찬에게서 한자음과 운서의 체계에 대해 배우고 많은 대화를 나누었을 것이며, 중국의 한자음과 조선의 한자음의 차이를 어떻게 인정하고 어떻게 표기하면 좋을지를 고민했을 것이다. 그리고 이러한 지식들은 훈민정음의 음운체계에도 자연히 반영되었을 것이다.

훈민정음이 한자음을 표기할 목적도 가지고 있었음이 다시 한번 확인되는 셈이다. 따라서 신숙주가 요동에 간 까닭은 훈민정음의 문자 모방설과 관계가 있다기보다는 한자음과 훈민정음의 음운체계와 관계 있다고 보는 편이 타당하다.

조선의 주변에서는 어떤 글자들이 사용되었을까?

세종대왕이 훈민정음을 만들 당시 조선의 주변국가들은 어떤 문자를 사용하고 있었을까? 모두 한자만을 사용하고 있었을까 아니면 나름대로 자기네 문자를 가지고 있었을까? 일본의 경우 우리의 이두 향찰 표기법이 건너가 그들의 문자와 표기법으로 이어졌으니 조선 시대에도 여전히 한자와 히라가나로 표기를 하고 있었다. 그렇다면 일본 이외 다른 나라들의 사정은 어떠하였을까? 세종대왕은 뛰어난 언어학자였기 때문에, 당연히 한글을 창제할 때 주변국가들의 문자를 모두 참조하였을 것이기 때문이다.

15세기 당시 주변국의 문자 상황을 알 수 있는 기록이 《세종실록》에 몇 군데 나와 있다. 먼저 가장 자세한 기록으로는 공교롭게도 세종대왕의 문자 창제를 반대한 최만리의 상소문에 나타나 있다. 세종 26년 2월 20일자의 실

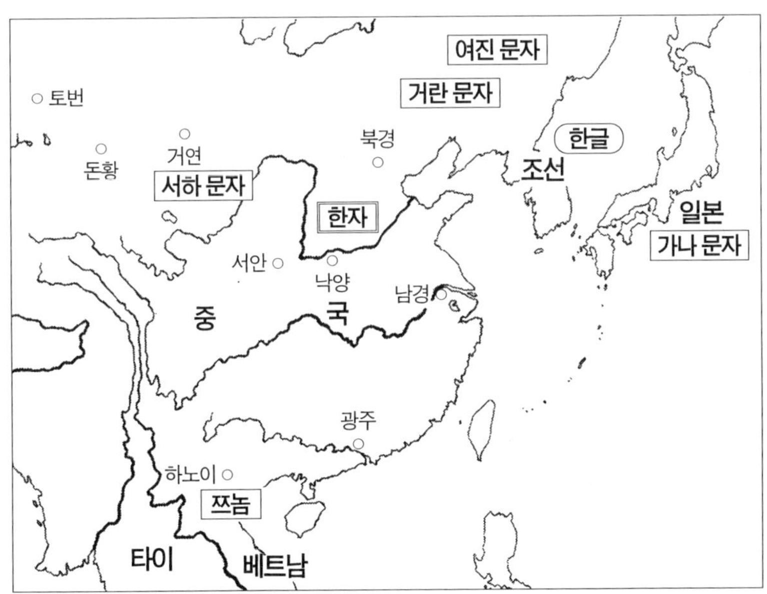

15세기 동아시아의 문자 분포도 훈민정음은 15세기 조선 주변에서 쓰이던 다양한 언어들과 형태적 유사성이 커, 뛰어난 언어학자였던 세종대왕이 당시 주변국가들의 문자를 참조했을 가능성도 제기된다.

록에는 집현전 부제학 최만리 등이 언문 제작의 부당함을 아뢰는 다음과 같
은 구절이 있다.

"옛부터 구주(九州)의 안에 풍토는 비록 다르오나 지방의 말에 따라 따로 문자
를 만든 것이 없사옵고, 오직 몽고(蒙古)·서하(西夏)·여진(女眞)·일본(日
本)과 서번(西蕃)의 종류가 각기 그 글자가 있으되, 이는 모두 이적(夷狄)의 일
이므로 족히 말할 것이 없사옵니다. 옛글에 말하기를, '화하(華夏)를 써서 이적
(夷狄)을 변화시킨다.' 하였고, 화하가 이적으로 변한다는 것은 듣지 못하였습
니다. 역대로 중국에서 모두 우리 나라는 기자(箕子)의 남긴 풍속이 있다 하고,
문물과 예악을 중화에 견주어 말하기도 하는데, 이제 따로 언문을 만드는 것은
중국을 버리고 스스로 이적과 같아지려는 것으로서, 이른바 소합향(蘇合香)을
버리고 당랑환(螳螂丸)을 취함이오니, 어찌 문명의 큰 흠절이 아니오리까."

훈민정음 창제의 부당함을 논하는 자리에서 인근 주변의 국가들이 자기
들의 문자를 쓰고 있는 예를 들면서, 이들은 모두 오랑캐이므로 자기 문자
를 갖는 것은 곧 스스로 오랑캐가 되는 것이기 때문에, 새로운 문자를 만들
어서는 안 된다는 내용이다. 이 때 최만리가 언급한 몽골, 서하, 여진, 일본,
서번 등의 문자는 아마도 조선 시대에 잘 알려진 문자였을 것이다. 그럼 이
들 문자의 역사와 전파 경로를 《세계의 문자》라는 책을 통해 잠시 살펴보자.
　먼저 몽골 문자에 대해 알아보자. 서아시아에서 발달한 시리아계 문자는
이란과 소그드를 거쳐 8세기경 위구르인에게 전해졌으며, 위구르 문자는 다
시 동쪽으로 전파되면서 몽골로 들어가 몽골 각 부족들에게도 퍼지게 되었
다. 위구르인은 터어키계의 유목민으로 일찍부터 독자적인 문자를 가지고
있었다. 현재 알려진 최고의 문서는 8세기 무렵에 만든 것이다. 위구르 문자
는 18세기 초까지 사용되다가 아라비아 문자에 밀려나 사라지게 되었지만,
몽골 문자로 이어지게 된다.

몽고는 원래 문자가 없다가 칭기즈칸이 몽고제국을 건설하면서 문자의 필요성을 느꼈고, 자신의 아들들을 위구르에 보내 위구르 문자를 배우게 했다고 한다. 몽골 문자가 위구르 문자에서 파생된 이유가 바로 여기에 있다. 가장 오래된 자료는 1225년경의 칭기즈칸 비문에 나타난다.

서하는 중국의 하서(河西) 지방에 있던 서하국(西夏國 : 1032~1227)을 가리키는 것으로 서하국을 건국한 경종(景宗) 이원호가 1036년 문자를 창제하여 공포한 후 몽골이 멸망하기까지 400여 년 동안 사용되었다. 한자와 비슷해 보이지만 한자의 상형자나 지사자(指事字)는 없고, 서하인이 직접 만든 회의자(會意字)가 많은 것이 특징이다.

여진 문자는 중국 금나라 시대에 여진족이 만든 문자로 대자(大字)·소자(小字) 등 두 가지 종류가 있다. 대자는 1119년에 만든 것으로 거란 문자를 모방한 것으로 추측되며 소자는 제3대 황제 희종(熙宗)이 1138년에 만든 것이다. 이 문자에는 한자의 자형을 변형시켜서 만든 표의 문자가 있었다고 알려져 있으나 현재까지도 완전히 해독되지 않았다. 금나라가 멸망한 후에는 만주 동부의 여진족 사이에서 14~15세기까지 사용되었으며, 이런 까닭으로 금대로부터 명대에 걸쳐 금석비문이나 고문서에 이 문자가 많이 남아 있다.

실제로 《세종실록》에는 당시 주변 문자를 이해하기 위해 인재를 양성해야 한다는 내용의 기록이 남아 있어 눈길을 끈다. 세종 16년 6월 25일자 기록에

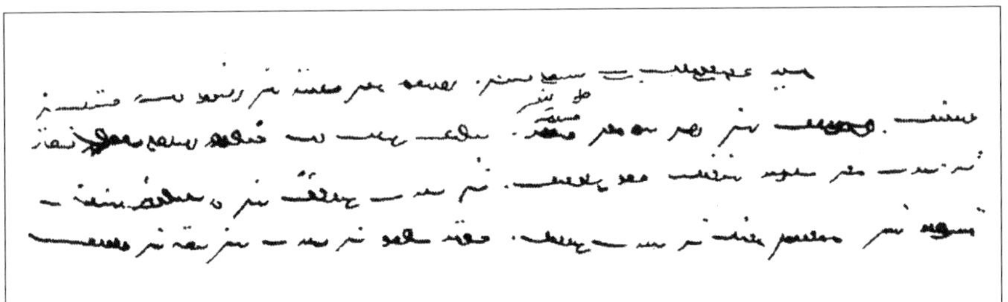

위구르 문자

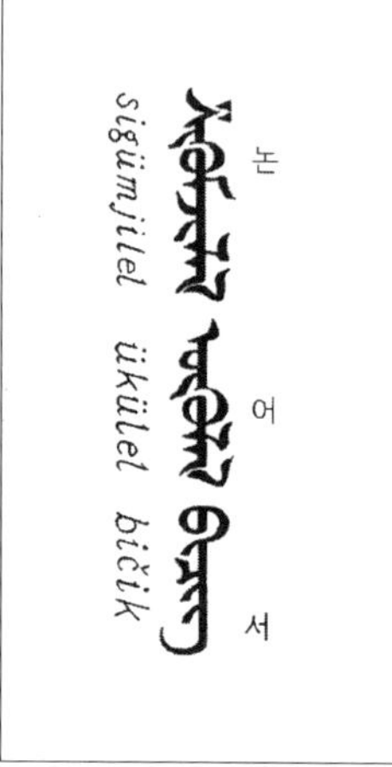

몽골 문자

서하 문자

는 여진 문자를 이해하는 자를 뽑아 사역원에서 훈련 시키고 통사로 임명토록 하라는 교지가 실려 있다.

"여진 문자(女眞文字)를 이해하는 자가 불과 1, 2인 이어서 장차 폐절(廢絶)하게 되겠사오니, 시조인(侍朝人) 및 함길도의 여진인 자제 중에서 여진 문자를 이해하는 자 4, 5인을 추려 뽑아서 사역원(司譯院)에 소속시켜 훈도(訓導)로 삼으시고, 겸하여 통사(通事)로 임명하도록 하옵소서."

위와 같이 예조에서 안을 올리니 세종대왕이 그대로 따랐다는 내용이다. 당시 사람들이 여진 문자에 관심을 갖고 있었고, 여진 문자를 아는 사람을 양성할 필요성을 갖고 있었다는 말이다. 이와 비슷한 내용의 기록은 세종 20년에도 나온다. 의정부에서 여진 문자가 폐절되지 않게 하는 방안을 왕에게 아뢰는 내용이다.

"여진 문자가 장차 폐절될 것을 우려하여, 일찍이 생도 6명을 설치하고 부사정(副司正) 혹은 대장(隊長)의 체아직 한 자리를 주게 하고는 오로지 이를 연습하게 하였사온데, 뒤에 먼 지방에 있는 사람들이 객지에의 우거(寓居)의 곤란을 말하여, 그의 분번(分番)을 들어 주고 1년 만큼 서로 체번하게 하였던 바, 수가 적은 생도가 번을 나누어서 오르내리게 되므로, 혹은 하기도 하고, 혹은 중단하기도 하여 진실로 온당치 않사오니, 청하옵건대, 6명을 증가하여 모두 12명으로 하고, 이에 부사정·사용(司勇)의 체아직 한 자리를 더 주어서 분번(分番)을 없애고 상시 그 학업을 닦게 하옵소서."

여진 문자 이외에도 유구국 문자, 즉 타이완 문자도 공부했음을 알 수 있는 기록이 있다. 세종 19년 11월 27일자의 실록에 보면 유구국 문자를 해득하는 자를 찾아 사역원 훈도로 임명하게 한다는 기록이 있다.

"유구국(琉球國)에서 가끔 사신(使臣)이 오는데, 우리 나라에는 그들의 문자를 해득(解得)하는 자가 없습니다. 서울과 지방에 유구국 문자를 해득하는 자를 찾아서 사역원 훈도(司譯院訓導)로 차임(差任)하고, 왜학생(倭學生)에게 겸해서 익히도록 하기를 청합니다."

당시 상황을 조금 더 자세히 알기 위해서 사역원에 대해서 살펴보자. 사역원은 번역과 통역을 위해 설립된 교육기관으로 처음 설립된 것은 1275년이다. 고려 시대에 주위 여러 나라와 교섭이 빈번하자 이를 위해 어학 전문가를 양성할 필요가 있었던 것이다. 사역원에서는 중국어인 한어를 비롯하여 거란어, 여진어, 몽골어, 일본어 등을 공부했다. 그러다가 조선 시대에 와서 태조 2년인 1393년에 다시 설치된 것이다. 관제는 총 13품계로 이루어졌는데 그 내용을 보면 도제조(都提調 : 정1품 겸임) 1명, 제조(提調 : 2품 이상의 관리 겸임) 2명, 정(正 : 정3품) 1명, 부정(副正 : 종3품) 1명, 첨정(僉正 : 종4품) 1명, 판관(判官 : 종5품) 2명, 주부(主簿 : 종6품) 1명, 한학교수(漢學教授 : 종6품) 4명(2명은 문신이 겸임), 직장(直長 : 종7품) 1명, 봉사(奉事 : 종8품) 3명, 부봉사(副奉事 : 정9품) 2명, 한학훈도(漢學訓導 : 정9품) 4명, 청학 · 몽학 · 왜학 훈도(정9품) 각 2명, 참봉(參奉 : 종9품) 2명이었다. 위의 《세종실록》에 나와 있는 내용을 보면 여진 문자나 유구국 문자를 잘 아는 사람을 찾아 훈도로 삼자고 하였으니, 벼슬은 정9품에 해당하는 셈이다.

《세종실록》의 기록과 사역원의 기능을 통해 알 수 있듯 15세기 당시 조선은 주변의 여러 나라와 빈번하게 왕래했고, 사신이 자주 오고가면서 상대방의 언어와 문자를 배울 필요성을 절실히 느낀 것으로 보인다. 그리고 이러한 상황에서 다른 나라 문자를 자연스럽게 접하게 되었을 것이며, 조선도 고유의 문자를 가져야 한다는 생각을 했을지도 모른다. 또한 훈민정음을 만들 때에도 자연스럽게 이러한 문자들을 참조했을 것이다.

훈민정음은 어느 문자와 닮았을까?

성종 때 성현이 지은 《용재총화(慵齋叢話)》에는 훈민정음의 모방설과 관련하여 다음과 같은 이야기가 나와 흥미를 더해 준다.

"초종성 8자, 초성 8자, 중성 12자의 글자 모양은 인도 산스크리트어 글자를 본으로 했다."

(…初終聲八字, 初聲 八字, 中聲 十二字, 其字體依梵字爲之 …)

이 내용은 훈민정음 가운데 일부 글자는 범자, 즉 인도의 고대 문자를 본떴다는 이야기인데, 과연 이 말을 어떻게 받아들여야 할 것인가? 먼저 이러한 말을 남긴 성현이라는 사람에 대해서 알아보자. 성현은 1439년에서 1503년까지 살다간 조선 전기의 학자이다. 세종대왕이 훈민정음을 만든 시기가 1440년대였으므로 그는 성장하면서 훈민정음에 대해 보고 듣고 배웠을 것이다. 세종대왕이 훈민정음을 창제한 이후 과거시험 과목으로 훈민정음을 넣은 것으로 보아, 이후 과거로 등재한 사람인 성현도 훈민정음을 공부했고, 그 원리나 내용도 잘 알고 있었으리라 짐작된다. 따라서 《용재총화》에 나온 말을 한낱 터무니 없는 말로 치부할 수는 없을 것 같다. 또한 성현은 유자광 등과 함께 《악학궤범(樂學軌範)》을 편찬했으며 《쌍화점(雙花店)》 등 고려가요를 바로잡기도 하였다.

《용재총화》는 그가 남긴 수필집으로 1525년(중종 20)에 간행되었다. 내용은 문담(文談)·시화(詩話)·서화(書畵)에 대한 이야기와 인물평·사화(史話) 등을 모아 엮은 것으로, 조선 시대 수필문학의 백미로 꼽힌다. 문학적인 중요성 이외에도 이 책은 고려에서 조선 성종대에 이르기까지 민간 풍속이나 문물제도를 비롯한 여러 분야를 골고루 다루고 있어 민속학이나 구비문학 연구의 자료로서도 그 가치가 높다. 바로 이러한 책에 훈민정음의 산스크리트어 문자 모방설이 제기되었으므로 그 가능성을 간과할 수 없는 것이다. 그렇다면 산스크리트어 문자란 어떤 것인가?

산스크리트어는 고대 인도의 언어로 중국과 한국에서는 이를 범어(梵語)

굽타 문자

티벳 문자

인도 브라프미 문자

파스파 문자

라고 부른다. 따라서 범자란 범어를 표기한 글자를 말한다. 산스크리트는 오늘날까지 종교·철학·문학 용어로서 지식계급 사이에 중심적인 위치를 차지해 왔으며, 불교 경전이 바로 이 산스크리트어로 적혀 있다. 따라서 인도에서 시작된 불교와 불경이 중국을 거쳐 한국에 들어오면서 범어와 범자도 자연스럽게 유입된 셈이다. 이렇게 보면 세종대왕이 훈민정음을 만들 당시 이를 참조했을 가능성은 충분히 있어 보인다.

흥미로운 사실은 이 인도의 고대 문자가 셈계 문자의 고형에 그 기원을 두고 있다는 연구가 등장했다는 점이다. 고대 페니키아에서 메소포타미아를 거쳐 기원전 8세기경에 상인들에 의해 문자가 인도로 전해진 것이 아닌가 추측하고 있다.

이러한 고대 인도 문자는 다시 굽타 문자를 낳고 굽타 문자는 다시 티벳 문자를 낳고 이는 다시 몽골의 파스파 문자로 이어지므로, 훈민정음이 파스파 문자의 영향을 받았다는 주장도 그냥 억측으로 돌릴 수는 없지 않은가 한다. 이익은 《성호사설(星湖僿說)》에서, 유희는 《언문지(諺文志)》에서 각각 한글의 몽골자 기원설을 주장한 바 있기 때문이다.

가림토 문자와 신대 문자

여기서 가림토 문자와 신대 문자 이야기를 덧붙일 필요가 있다. 훈민정음과 너무도 많이 닮은 두 문자이기에 그 진위를 떠나서 소개 자체만으로도 충분한 관심거리가 될 터이기 때문이다.

가림토 문자는 논란이 되고 있는 《환단고기》라는 책에 등장하는 고대 한국의 문자이다. 이 책이 세간의 관심을 끈 것은 기원전 2181년에 이미 고대 한국의 문자가 만들어졌다는 기록 때문이다.

"당시 풍속이 하나같지 않고, 지방마다 말이 서로 달랐다. 형상으로 뜻을 나타
내는 진서(眞書)가 있다 해도 열 집 사는 마을에도 말이 통하지 않는 경우가 있
고, 백 리 되는 나라의 땅에서도 통하지 않는 일이 많았다. 이에 삼랑(三郎)을
을보륵(乙普勒)에게 명하여 정음 38자를 만들게 하니 가림토(加臨土)라 하였
다."

홍미롭게도 이 내용은 훈민정음의 서문이나 신숙주의 《동국정운》의 서문
과 너무도 흡사하고 그 어투도 역시 똑같다고 볼 수 있다. 우연 치고는 너무
나도 기막힌 우연이 아닐 수 없다. 문제는 만약 이러한 고대 한국의 문자가
있었다면 왜 우리의 고대 자료에 한 번도 등장하지 않았는가 하는 점이다.

또 일본에서는 훈민정음이 일본의 신대 문자를 본뜬 것이라는 주장이 있
어 왔다. 두 문자가 모양과 음까지 너무도 닮았고, 신대 문자는 이미 오래
전부터 전해 내려오고 있었다니 훈민정음이 이 문자의 영향을 받지 않았나
하는 주장이 제기되었던 것이다. 그러나 이러한 주장은 18세기 에도 시대
중엽 이후 애국심에 불타는 일본 국학자들이 제기하기 시작했다는 점에서
그 진위를 다시 한번 고려해 볼 필요가 있다. 이러한 점 때문에 신대 문자는
17~18세기에 훈민정음이 일본에 전파된 이후 이를 본따 만들었다는 주장
이 강력히 제기되고 있는 것이다. 일본에서도 신대 문자로 쓰여졌다는 문헌
의 조사 결과 그 내용이 황당무계하다는 평가가 계속 이어지고 있어, 학계
에서도 그러한 문자가 존재했을 가
능성은 거의 없다는 것이 정설이다.
그리고 내용은 접어둔다 하더라도
언어학적으로 보면, 신대 문자 주장
에는 몇 가지 중요한 문제점이 발견
된다(《세계의 문자》 참조).

첫째, 만약 신대 문자가 고대 일

가림토 문자

본에 있었다면 오늘날처럼 굳이 한 자를 빌려 표기하는 문자체계를 갖게 되었을까 하는 점이다. 둘째, 신대 문자는 모두 단음 문자로 되어 있어, 오늘날의 음절 문자인 가나보다도 더 발전된 형태를 취하고 있으므로 발전 과정이 반대라는 점이다. 셋째, 신대 문자는 47음에서 50음밖에 분리될 수 없는데, 가나가 발달하던 시대로 거슬러 올라가면 일본어의 음절은 47자 가지고는 도저히 표현할 수 없을 정도로 다양한 것이었다. 따라서, 신대 문자가 일본에서 가나나 《만엽집》에 등장하는 만엽가나보다도 더 이전에 존재했다는 주장은 설득력이 전혀 없다. 우리의 가림토 문자도 이와 비슷한 문제점을 갖고 있으니 언어학적으로는 그리 의미가 없다고 하겠다.

신대 문자

우리가 최만리를 이해할 수 없는 까닭

우리가 무엇을 이해한다는 것은 자기가 속한 사회가 마련한 안경을 쓰고 보는 것이다. 그리고 그 안경의 렌즈는 우리 사회의 문화와 관습, 묵시적 사회 윤리가 통합되어 이루어진 것이라 할 수 있다.

역사는 때때로 우리에게 알려진 것보다는 숨겨진 것에서 진실을 찾아야 할 때가 있다. 더구나 하나의 역사적 사실에 대한 평가가 지나치게 주관적일지도 모른다는 의구심이 든다면 자신이 쓰고 있는 안경을 한 번쯤 바꿔 볼 필요가 있다. 우리는 지금 어떤 안경을 쓰고 있을까?

우리는 이순신이라는 한 명장을 기술할 때 곧잘 그 상대적인 자리에 원균을 앉히곤 했다. 위기의 나라를 구한 용맹하고 지혜로운 장수 이순신과 그를 시기하여 억울한 누명을 씌우는 소인배 원균의 상반된 인격 대립에서 우리는 악의 역할을 하는 원균에 대해 분개를 느끼며 자랐다.

그러다가 우리의 역사 인식에 반성적인 시각을 배울 즈음이면 역사의 대목 대목에 왜? 라는 의문을 던지는 전환이 일어나기도 하는데, 이순신과 원균처럼, 혹은 수양대군과 사육신처럼 우리 역사에서 라이벌을 이루는 인물들을 만날 때 이런 반성의 시각은 더욱 날카로워진다.

유전자 복제가 가능한 생명공학의 신기원 시대를 맞아 사람들에게 "우리나라에서 가장 복제하고 싶은 인물이 누구인가?" 하는 질문을 한 적이 있다. 그 조사에서 응답의 1위를 차지한 인물은 세종대왕이었다. 세종대왕은 확실히 시간을 초월하여 한국 사람들에게 가장 존경받는 인물임이 증명된 셈이다.

이러한 세종대왕의 국민적인 인기와 존경 앞에 상대적으로 더욱 초라해지는 인물이 있다. 역사의 기록에 생생하게 남아 있는 훈민정음 창제 반대 상소문으로 인해 후대에 시대 인식이 없고 고루하며 융통성 없는 최악의 인물로 평가된 최만리가 바로 그 인물이다.

다음은 그 유명한 최만리의 훈민정음 반대 상소의 첫 대목이다.

집현전 부제학(集賢殿副提學) 최만리(崔萬理) 등이 상소하기를,
"신 등이 엎디어 보옵건대, 언문(諺文)을 제작하신 것이 지극히 신묘하와 만물
을 창조하시고 지혜를 운전하심이 천고에 뛰어나시오나, 신 등의 구구한 좁은
소견으로는 오히려 의심되는 것이 있사와 감히 간곡한 정성을 펴서 삼가 뒤에
열거하오니 엎디어 성재(聖栽)하시옵기를 바랍니다.
우리 조선은 조종 때부터 내려오면서 지성스럽게 대국(大國)을 섬기어 한결같
이 중화(中華)의 제도를 준행(遵行)하였는데, 이제 글을 같이하고 법도를 같이
하는 때를 당하여 언문을 창작하신 것은 보고 듣기에 놀라움이 있습니다. 설혹
말하기를, '언문은 모두 옛 글자를 본뜬 것이고 새로 된 글자가 아니라.' 하지
만, 글자의 형상은 비록 옛날의 전문(篆文)을 모방하였을지라도 음을 쓰고 글
자를 합하는 것은 모두 옛 것에 반대되니 실로 의거할 데가 없사옵니다. 만일
중국에라도 흘러 들어가서 혹시라도 비난하여 말하는 자가 있사오면, 어찌 대
국을 섬기고 중화를 사모하는 데에 부끄러움이 없사오리까."
—《세종실록》 4집 543면

이 실록의 내용을 통해 최만리는 사대와 모화 사상의 앞잡이요, 민족의
자랑인 훈민정음을 반대한 매국노처럼 인식되기에 이른다. 그러나 이것은
어찌 보면 오늘날의 시각으로 5백여 년 전의 역사를 바라본 결과일지도 모
른다. 만약 오직 최만리만이 사대와 모화사상의 숭배자였고 그렇기 때문에
그가 훈민정음 창제를 반대한 것이었다면 세종대왕과 다른 신료들은 사대
와 모화사상이 전혀 없었다는 뜻인가?
　그렇지 않다. 훈민정음 반포가 이루어진 세종 25년과 거의 같은 시기의
실록 기록을 보면(세종 24년 6월 29일자), 중국의 황후 책봉을 하례하기 위해
사신을 북경에 보내면서 올린 하례 인사말과 예물의 품목 등 당시 중국에

대한 조선의 사대와 모화가 일반적이었음을 가히 짐작하고도 남는다.

전의군(全義君) 이관(李梡)을 보내어 북경(北京)에 가서 황후(皇后)의 책봉을 하례하고 겸하여 이상(李相)의 일에 관하여 아뢰었는데, 그 표문(表文)에 이르기를,

"천자(天子)의 통치가 양위(陽位)에 당하매 요도(瑤圖)의 세상으로 다스리었으며, 황후(皇后)의 덕이 자리를 정하매 선우(璇宇)의 상서를 열어 놓았습니다. 경사는 종사(宗祀)에 미치고 즐거움은 온 천하에 넘쳤사오니, 삼가 생각하옵건대, 총명하여 이에 세상을 다스리고 강건(剛健)하여 덕이 날로 새로워져서, 정치는 태평에 흡족하매 덕교(德敎)는 사해(四海)에 가하여졌으며, 정시(正始)의 예절이 엄하매 풍화(風化)가 이남(二南)에서 시작하였습니다. 환하게 문덕(文德)을 드날리고 더욱 큰 복을 받았습니다. 삼가 생각하옵건대, 신은 외람히 용렬한 자질로서 다행히 좋은 시대를 만나게 되었는데, 천자(天子) 만년(萬年)의 시(詩)를 노래함에는 비록 소호(召虎)의 배례(拜禮)는 못하지마는, 성인께서 다남(多男)하시라는 축사(祝辭)를 드리는 데는 요(堯)임금의 봉인(封人)을 간절히 본받겠습니다."

하고 그 방물표(方物表)에 이르기를,

"초방(椒房)에 상서가 모여 이에 욕례(縟禮)를 거행하니, 바다 건너 나라에서도 같이 경사스럽게 여겨 삼가 변변치 못한 사례(謝禮)를 베풀게 됩니다. 삼가 황세저포(黃細苧布) 20필, 백세저포(白細苧布)·흑세마포(黑細麻布) 각 30필, 황화석(黃花席)·만화석(滿花席) 각 20장, 용문염석(龍文廉席) 2장, 만화방석(滿花方席)·잡채화석(雜彩花席) 각 20장, 잡색마(雜色馬) 20필을 갖추었습니다. 위의 물건들은 제작이 정교하지 못하고 명목(名目)도 심히 적으니 어찌 전정(殿庭)에 진연하는 실상을 충족하겠습니까. 부족하나마 그대로 토산물을 바치는 정성을 표시합니다. 태황태후(太皇太后)에게 진헌(進獻)하는 예물(禮物)은 홍세저포·백세저포·흑세마포 각 20필, 만화석(滿花席)·잡채화석(雜彩花

席) 각 10장이요, 황태후(皇太后)에게 진헌하는 예물은 태황태후와 같으며, 중
궁(中宮)에게 진헌하는 예물은 황화석·만화방석을 각각 10장씩을 더하게 하
였습니다."

이렇게 보면 당시 최만리만이 사대와 모화의 숭배자였던 것은 아니었다
는 말인데, 그렇다면 최만리가 훈민정음 창제를 반대한 진정한 이유는 어디
에서 찾을 수 있을까? 정말 시대 인식이 전혀 없기 때문이었을까? 아니면
어떤 정치적 야심이 있었던 것일까? 그것도 아니면 최만리에게는 어떤 다른
진실이 있었던 것일까? 그 진실의 흔적들을 찾기 위해서는《조선왕조실록》
을 꼼꼼히 검토하는 것은 물론이고 행간에 담겨 있을 법한 숨겨진 이야기들
에 대해서도 귀를 기울여 볼 필요가 있다.

최만리를 이해할 수 있는 근거는 무엇일까?

《조선왕조실록》은 오백 년 조선의 역사를 마치 어제의 일인 듯 생생하게
우리에게 들려 준다. 세계의 역사에서 유례가 드문 하루하루의 기록으로 왕
과 신하가 함께 만들어 낸 조화와 갈등의 역사가 오늘 우리 앞에 생생하게
펼쳐지고 있다.

어느 시기에도 군주와 신하 사이에는 알게 모르게 견제와 갈등이 존재하
였다. 군주의 새로운 정책에 반대하는 상소가 끊이지 않는가 하면, 이와는
반대로 낡은 관습을 폐지하라는 간언 또한 끊이지 않는 가운데 신하와 왕
사이에는 늘 긴장이 감돌았던 것 같다.

왕과 신하, 최만리와 세종 임금, 그리고 그들이 몸담았던 조선이라는 나
라는 서로 어떤 역학 관계가 있었을까? 우리가 그들을 이해하기 위해서는
그때의 문화적 안경을 써야만 할 것이다. 그렇다면 조선의 문화적 안경은

무엇일까? 결국 조선의 문화적 틀은 최만리라는 개인의 세계관과 가치관을 결정하는 안경을 씌워 주었을 터인데, 최만리의 수수께끼를 풀기 위해서 우리는 당대 조선의 사대부들을 지배하였던 철학적 배경과 사상을 꼼꼼히 짚어 볼 필요가 있다.

최만리가 관리로 등용된 것은 기록에 의하면 세종 1년이다. 집현전 박사에서 집현전 직제학 그리고 다시 집현전 부제학으로 봉직하다가 낙향하여 세상을 떠난 때가 세종 27년 1445년인 것으로 기록되어 있다. 최만리는 세종의 치국 시대에 살다가 생을 마감한 사람이다. 그러니까 그의 삶에는 세종 시대의 정치적 신념, 철학이 깊숙이 배어 있다고 해도 과언이 아니다.

주지하다시피 세종이 치국하던 시기의 조선은 나라가 안정되고 정치 기강이 잡힌 문화적 르네상스의 출발점이었던 것으로 평가된다. 아버지인 태종이 무력을 동원하여 몇 차례 충돌을 일으킨 후에 끌어 낸 안정의 시작이었다. 조선의 이러한 정치 안정은 무엇보다도 성리학이라는 유학의 정치적 신념을 바탕으로 하고 있었다. 조선의 건국을 주도한 신진사대부 계층들은 바로 성리학을 통하여 자신들의 정치 이념을 키웠으므로, 성리학적 사상은 이후에 조선의 정치 철학을 이루는 이념적 기반으로서 모든 사회 질서와 윤리 체계를 형성하는 기준이 되었다. 양반이라 불리는 사대부 계층의 확립과 중인, 상민, 천민의 신분 계급 구분과 같은 봉건 질서의 확립이나, 충의와 예를 중시하는 사회 기풍의 확립은 모두 성리학적 정치 개념에서 비롯한 것이다.

마찬가지로 최만리에게도 그의 의식을 결정짓는 문화적 코드가 있었다. 그리고 그 문화적 코드란 당시의 정치 철학이자 관리로서 자신의 임무이기도 한 성리학이었음에 분명하다. 그런데 그가 가진 성리학적 학문 지식과 임금이 새 문자를 만드는 일과는 무슨 직접적인 관련이 있었을까? 그것은 특히 조선의 성리학적 특성과 관련이 깊을 듯하다. 조선의 성리학은 예와 명분의 중시가 큰 덕목이었다. 예로써 대표되는 성리학의 가치관은 위로는 임금과 신하의 도리에서부터 아래로는 백성의 도리를 밝히고 이를 생활 원리로 받아들이도록 구체적인 항목까지 가르치는 투철한 실천 도덕이었다. 이 예의 가치관이 우리의 전통사상에 가장 큰 영향을 미쳤음은 오늘날 일상에서 목격하게 된다. 최만리가 예를 따르고 명분을 찾는다는 것은 곧 중국을 사대하고 중국의 문자인 한자와 한학을 연구하여 부지런히 학문적 성과를 올리는 일을 의미했다. 모든 제도와 문화를 중국의 것에 맞추어 나가는 길만이 성리학의 이념을 구현하는 길이라 생각하였을 것이다. 이 부분에서 최만리의 다음과 같은 상소 내용이 의미하는 바가 무엇이었나를 명확히 이해할 수 있게 된다.

"우리 조선은 조종 때부터 내려오면서 지성스럽게 대국(大國)을 섬기어 한결같이 중화(中華)의 제도를 준행(遵行)하였는데, 이제 글을 같이하고 법도를 같이하는 때를 당하여 언문을 창작하신 것은 보고 듣기에 놀라움이 있습니다."

이러한 성리학의 이념적 바탕을 이해한다면 훈민정음 창제에 대한 최만리의 반대는 어찌 보면 너무나 자연스러운 것이었는지도 모른다. 새로운 문자 창제가 중화의 제도를 준행하는 데 역행한다고 믿었기 때문이다. 이 같은 신념이 비단 최만리에게만 있었던 것일까? 그렇지 않다. 세종과 당시 집현전 학자들도 이러한 생각을 모두 공통적으로 가지고 있었으리라. 그렇다면 왜 세종과 다른 학자들은 훈민정음을 만들었고 이에 반대하는 최만리를 귀양까지 보내게 되었을까? 이들은 성리학을 배격한 것일까? 아니면 최만리에 비해 성리학적 이념이 그렇게 투철하지 못했던 것일까?

최만리도 집현전 관리였다는데

당시 조선의 사대부들은 행정 관리이면서 또한 그 시대의 학문을 이끈 학자들이라는 점에서 오늘날의 관리들과는 개념이 달라 보인다. 그들의 정치 행정적 임무라는 것이 이처럼 중국의 문헌을 찾아 옛것을 고증하고 이에 따른 제도를 마련하여 실시하는 것이었다면, 관리들은 그 과정에서 중국 문헌을 공부하고 연구하면서 자연스럽게 학문적 역량을 키웠을 것이다.

당시 관리가 되려면 양반 자제들 중에서 일정한 과거 시험을 거쳐야 했는데 그 시험 과목이 모두 유학의 경전인 사서 오경이거나 시(詩), 부(賦)의 한문 문장이었다. 그러니 조선의 양반 사회가 중국의 학문과 한문 문장에 얼마나 기대고 있었는가는 짐작할 만하다. 그런 사대부 계층의 문화가 어찌 최만리에게만 유독 드러났을까? 훈민정음 창제 반대 상소는 당시 모든 사대부 계층의 당연한 반응, 예상되는 격돌이었다. 다만 최만리가 홀로 나선 이유가 궁금해진다. 그가 그렇게 긴 상소를 임금께 올릴 수 있었던 것은 그의 성품이나 직책과 관련이 있는지도 모른다. 우리도 무언가를 하소연하고 싶은데 말할 용기는 나지 않고 누군가가 대신 말하였으면 하고 바랄 때, 그 어려운 역할은 대개 당사자와 친한 사람, 또 의견을 내세울 만한 자리에 있는 사람, 그리고 성품이 곧은 사람이 맡는다. 우리의 추측대로라면 최만리는 세종과 각별한 사이로서 임금의 정책에 간할 수 있는 위치에 있었으며 원칙을 따르는 매우 정직한 사람이었을 것이다. 정말 그런가?

최만리가 세종에게 긴 상소를 올릴 당시 그의 직책은 집현전 부제학이었다. 최만리가 그 집현전의 관리였다는 사실이 오히려 당황스럽다. 왜냐하면 우리들의 인식 속에서 세종과 집현전은 훈민정음 창제라는 역사적 맥락 안에서 떠오르는 대상이기 때문이다. 그런 집현전의 관리로서 최만리가 문자 창제를 반대했다는 것은 언뜻 이해가 안 가는 일이기도 하다. 도대체 집현전은 무엇을 하는 곳이었을까? 우리가 알고 있듯 문자 창제를 위해 만들어진 곳이 아니라 다른 기능이 있었던 것일까?

실록을 들여다보면 집현전은 세종 이전에 이미 마련된 기관으로 보인다. 그리고 그 기능은 경사를 논하고 문풍을 진작하게 하는 국립 학문 연구기관의 성격을 가지고 있었다. 그러던 것이 세종대에 와서 그 기능을 더욱 확대하고 활성화한 것으로 보인다.

세종은 즉위 2년 후 3월에 이전부터 내려오던 집현전의 직제를 정리하여 문과에 급제한 가장 재능 있는 관리들 가운데 친히 인재를 뽑아 활성화하는

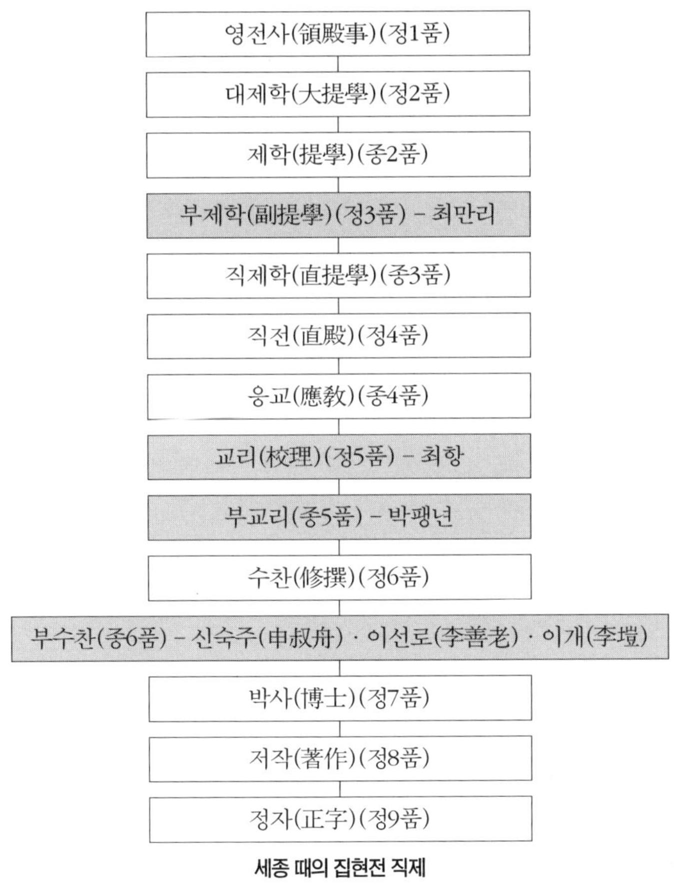

세종 때의 집현전 직제

작업을 행하였다. 영전사, 대제학, 부제학, 직제학, 직전, 응교, 교리, 부교리, 수찬, 부수찬, 박사, 저작, 정자로 나뉘는 집현전의 직제는 정1품에서 9품까지의 서열이 있었다. 영전사나 대제학은 겸직이었고 실제로는 부제학과 그 아래 직제학이 집현전의 실질적인 수장 역할을 한 것으로 보인다.

세종대의 집현전 학자들은 후에 주로 왕명을 받아 훈민정음 창제를 돕는 학문적 연구를 했다고 알려져 있으나 그보다는 세종의 정치적 자문의 역할을 수행하였고, 경연의 감독, 궁정의 사관으로서의 임무, 외교에 관한 업무 보조, 과거 중국의 의식이나 제도 조사, 과거의 시행, 명나라 사신 파견에 관한 자문, 여러 분야에 걸친 책과 문헌의 수집, 국가에 필요한 책의 발간 등 그 일이 국정 전반에 걸쳐 매우 폭넓게 이루어진 것으로 전한다.

옛부터 나라를 잘 다스린 지혜로운 왕들은 문헌의 보고인 도서관을 설치하고 이를 통치의 지혜를 얻는 도구로 활용했다. 세종대의 지혜의 원천이었던 집현전은 바로 그러한 당시의 문헌 센터 즉 도서관의 기능을 가진 기관이었다. 우리의 역사에서 집현전만큼 왕의 사랑과 신의를 한몸에 받은 기관은 없을 것이다. 세종은 젊고 유능한 관리들 중 직접 인재를 선발하여 집현전 학사로 임명하였고 그들의 학문적 열의와 수련에 늘 관심을 가지고 있었다.

집현전에 임명되는 관리들은 무엇보다도 중국 문물과 언어에 대해 지식이 깊은 사람들이었다. 그 중에는 중국어에 능통한 학자도 있었고 학식이 깊은 학자도 있어서 때마다 중국의 문물과 역사를 상고하는 데 자문할 수 있는 자질을 갖추고 있었다. 물론 그러한 중국 문물과 중국어에 능통한 언어학적 지식이 후에 새로운 문자 창제를 위한 중요한 자원으로 활용되었지만 그 출발은 오히려 지극한 사대에서 출발하였다고 해도 과언이 아니다. 《세종실록》에서 집현전에 관련된 대목을 모두 찾아서 읽어 보면 그 내용의 절반 이상이 중국 문물에 대한 고증과 상고이며 불교 폐지에 관한 상소로 이루어져 있음을 발견하게 된다. 이는 15세기 조선의 정치적 기반이 숭유(崇儒)와 모화(慕華), 억불(抑佛)에 있었음을 직접 보여준다.

최만리는 바로 그런 기능을 수행하는 집현전의 중심이었던 셈이다. 우리가 이 대목에 이렇게 집중하는 것은 당시의 안경을 쓰고 최만리를 알아보기 위해서이다. 그가 정말 비루한 사대주의자이며 시대착오적인 학자였을까? 이제 비밀 하나는 벗겨진 셈이다. 세종이 그토록 애착을 가지고 있던 집현전, 그리고 집현전의 본래 기능, 또 부제학이라는 집현전 관리로서의 최만리의 위치를 알고 보니, 최만리가 문자 창제의 부당성을 직언할 수 있는 자리에 있었고 또 그럴 수밖에 없었으리라는 우리의 예측은 빗나가지 않은 것 같다.

이제 최만리를 인간적으로 이해하면서 그의 진실을 들어 보기로 하자.

최만리는 훈민정음을 너무나 잘 알고 있었다?

당시 집현전 학자들의 구성을 보면 새 문자 창제에 참여한 그룹과 그렇지 못한 그룹으로 나뉘어 있었던 것으로 보인다. 집현전 부제학 정인지를 필두로 하여 신숙주, 성삼문, 박팽년, 이선로, 이개, 강희안 등의 젊은 학자들은 세종을 도와 문자 창제의 작업을 주도한 데 비하여 부제학 최만리를 필두로 하여 신석조, 김문, 정창손 등의 집현전 노장 학자들은 훈민정음 창제에 반대하고 나섰다. 흥미로운 것은 훈민정음 창제를 결정적으로 도운 이들도 집현전 학자들이요, 이를 반대한 것도 집현전 학자들이라는 사실이다. 조정의 다른 신하들은 이 사건을 문제삼지도 않았는데 오직 집현전의 노장 학자들이 나서서 반대를 한 것은 세종이 그 작업을 은밀히 진행한 데 대한 항의의 표시일 수 있다. 무엇보다도 신문자가 당시 한자음을 정리하기 위한 발음기호의 성격을 가졌으며 더구나 그 글자체가 중국의 옛 문자를 닮았다고까지 소개하고 있으니 문제될 것이 없었을 수도 있기 때문이다. 그러나 최만리는 달랐다. 최만리는 중국의 옛 글자와 거란이나 여진의 문자, 일본 문자의 형

집현전 학사들

태에 대해 폭넓은 지식을 가지고 있던 것으로 보인다. 임금이 새로 만드는 이 글자가 중국의 옛 문자를 본떴다고 하나 최만리의 눈에는 그렇게 보이지 않았을 것이다. 《세종실록》 4집 543면을 보면 그 사실을 알 수 있다.

"옛부터 구주(九州)의 안에 풍토는 비록 다르오나 지방의 말에 따라 따로 문자를 만든 것이 없사옵고, 오직 몽고(蒙古)·서하(西夏)·여진(女眞)·일본(日本)과 서번(西蕃)의 종류가 각기 그 글자가 있으되, 이는 모두 이적(夷狄)의 일이므로 족히 말할 것이 없사옵니다. 옛글에 말하기를, '화하(華夏)를 써서 이적(夷狄)을 변화시킨다.' 하였고, 화하가 이적으로 변한다는 것은 듣지 못하였습니다. 역대로 중국에서 모두 우리 나라는 기자(箕子)의 남긴 풍속이 있다 하고, 문물과 예악을 중화에 견주어 말하기도 하는데, 이제 따로 언문을 만드는 것은 중국을 버리고 스스로 이적과 같아지려는 것으로서 이른바 소합향(蘇合香)을 버리고 당랑환을 취함이오니, 어찌 문명의 큰 흠절이 아니오리까.

신라 설총(薛聰)의 이두(吏讀)는 비록 야비한 이언(俚言)이오나, 모두 중국에서 통행하는 글자를 빌어서 어조(語助)에 사용하였기에, 문자가 원래 서로 분리된 것이 아니므로, 비록 서리(胥吏)나 복예(僕隷)의 무리에 이르기까지도 반드시 익히려 하면, 먼저 몇 가지 글을 읽어서 대강 문자를 알게 된 연후라야 이두를 쓰게 되옵는데, 이두를 쓰는 자는 모름지기 문자에 의거하여야 능히 의사를 통하게 되는 때문에 이두로 인하여 문자를 알게 되는 자가 자못 많사오니,

또한 학문을 흥기시키는 데에 한 도움이 되었습니다. 만약 우리 나라가 원래부터 문자를 알지 못하여 결승(結繩)하는 세대라면 우선 언문을 빌어서 한때의 사용에 이바지하는 것은 오히려 가할 것입니다. 그래도 바른 의논을 고집하는 자는 반드시 말하기를, '언문을 시행하여 임시 방편을 하는 것보다는 차라리 더디고 느릴지라도 중국에서 통용하는 문자를 습득하여 길고 오랜 계책을 삼는 것만 같지 못하다.'고 할 것입니다. 하물며 이두는 시행한 지 수천 년이나 되어 부서(簿書)나 기회(期會) 등의 일에 방애(防碍)됨이 없사온데, 어찌 예로부터 시행하던 폐단 없는 글을 고쳐서 따로 야비하고 상스러운 무익한 글자를 창조하시나이까."

—《세종실록》4집 543면

세종과 젊은 집현전 학자들이 만들어 놓은 이 문자는 무엇보다도 한자와는 완전히 다른 문자였다. 최만리는 이두에 대해서도 익히 잘 알고 있지만 언문은 이두와도 다른 것이었다. 비루하고 속된 문자라고 생각해 왔던 이두는 그래도 중국 문자에 기대고 있기 때문에 서리나 하인들의 무리가 이두를 쓰자면 모름지기 한자에 의지해야만 능히 뜻에 통달할 수 있으므로, 이두로 말미암아 한자를 알게 되는 일이 매우 많기에 역시 학문을 일으키는 데 일조가 된다고 생각하였다. 그런데 언문은 모양이 비록 옛 글자를 닮았다고 하나 그 쓰임새와 합자 원리가 옛것과 반대되며 실로 근거할 바가 없는 글자였다. 아무리 역사를 상고해 봐도 이런 문자는 없었다. 일찍이 몽고, 여진, 서하, 일본의 무리들이 각각 문자를 가지고 있었으나 이는 모두 오랑캐의 일일 뿐 문화국가 안에서는 결코 용납할 수 없는 일이었다. 우리가 오랑캐처럼 제 나라 문자를 만들어 사용하게 되면 지금까지 같은 문자, 같은 규범으로(同文同軌) 중국을 섬기던 사대 모화에 큰 부끄러움이 될 수밖에 없다고 생각하였다. 중국을 버리는 일은 그에게 목숨을 버리는 일과 같았다. 오늘날 최만리가 비루한 사대주의자로 폄하되는 것은 바로 이 한마디 때문이다. "만일 중국에라도 흘러들어가서 혹시라도 비난하여 말하는 자가 있사오면, 어찌 대국을 섬기고 중화를 사모하는 데에 부끄러움이 없사오리까."

최만리는 세종에게 언문 창제의 부당성을 상소하기 전에 새로운 글자인 언문을 면밀히 검토한 것 같다. 한문을 배우고 익혀 쓰기까지 들여야 할 시간과 노력에 견주면 언문의 습득 과정은 비교가 안 되었다. 정인지가 그 서문에 밝힌 것처럼 '바람소리, 학의 울음 소리, 닭 우는 소리, 개 짖는 소리도 능히 적을 수 있는 문자'임에 틀림이 없었다. 최만리가 우려한 것은 바로 이같은 훈민정음의 편의성이었다. 한자보다도 몇 갑절이나 배우기가 쉽고 운용하기 쉬운 문자이니 앞으로 어려운 한자를 공부하느니 새 문자를 배우는 관리가 늘어날 것이고 이로써 문화가 매우 천박해질 것으로 보았다.

최만리는 진심으로 이 일을 우려한 듯하다. 최만리가 중국의 문자를 빌어 쓰는 것을 단순히 문자 생활을 영위하기 위한 임시방편으로 생각지 않았다는 것은 분명하다. 한자를 익히는 것은 곧 이를 통해 중국의 문물과 예악을 익히는 일이었다. 중국보다 작은 나라인 조선이 큰 나라의 예와 문물을 익혀 제 나라의 문물을 진작시키는 것은 마땅한 유학자의 도리였을 것이다.

그런데 이렇게 최만리의 행적을 따라가다 보니 궁금한 점이 하나 떠오른다. 당시의 훈민정음 창제에 참여한 집현전의 학자들도 최만리와 마찬가지로 성리학을 공부한 유학자들이고 그렇다면 그들에게도 사대와 모화의 근본 예가 중요하였을 터인데, 어떻게 그들은 그토록 열심히 훈민정음을 만드는 일에 가담할 수 있었을까? 물론 신하들마다 정치적으로 입장을 달리하는 경우가 없었던 것은 아니지만 이 문제가 그런 정치적인 관점의 차이라고 치부해 버릴 수만은 없다. 왜냐하면 최만리가 훈민정음 창제에 반대를 한 것은 당시의 유학자의 예에 어긋난다는 순수한 학자의 관점이었기 때문이었다. 작은 나라가 큰 나라를 사대하고 이를 예로써 섬기는 것과 일상에서 어버이를 자식이 깍듯한 예로써 모시는 것, 임금을 신하가 충의로써 모시는 것은 모두 당시 조선 유학의 기본 윤리관이었다. 이러한 예를 그르친다는 건 최만리로서는 받아들일 수 없는 일이었다.

그렇다면 성삼문이나 신숙주, 혹은 박팽년, 이개 같은 학자들은 이 예의 문제에서 자유로웠던 것일까? 우리는 이 질문의 답을 할 필요도 없이 사육신의 죽음이라는 비극적 장면 하나를 떠올리게 된다. 성삼문, 이개, 박팽년, 하위지, 유성원, 유응부로 추앙되는 사육신들은 단종의 복위를 꾀하다가 세조에게 죽음을 맞이한 사람들이다. 이들 중 유응부를 제외하고는 모두가 집현전 관리들이다. 이들 사육신이 참혹한 죽음을 맞이하면서도 지키려고 하였던 것은 정통성이나 의와 관계된 철학적 명분이었다. 유학자의 명분으로 맞선다면 죽음을 불사한 그들도 결코 최만리와 다르지 않을 것이다. 적어도 최만리에게 그토록 중요하던 의의 명분이 소장 집현전 학자들에게는 없었다고 말할 수 없다. 그렇다면 최만리에게는 도저히 받아들일 수 없는 일이 젊은 학자들에게는 가능했던 이유는 무엇이었을까?

이 부분은 여전히 우리에게 수수께끼로 남아 있지만, 우리는 여기서 몇 가지 가능성을 조심스럽게 점쳐 볼 수 있다. 세종을 비롯한 훈민정음 창제에 동조한 학자들이 성리학적 이념을 저버렸다고는 보기 어렵다. 만약 조선 초기 성리학의 이념적 토대가 아직 확고히 자리잡지 못한 상태였다면, 성리학 이념의 해석에서 조금씩 견해를 달리 하는 무리들이 생길 수 있기 때문이다. 따라서 같은 사상적 배경을 가지고 있었어도 이를 운용하는 방법에 따라 서로 반대되는 결과가 나왔는지도 모른다. 세종을 위시한 훈민정음 창제파들은 새로운 문자 창제가 성리학적 이념에 위배된다고 보지 않았고, 최만리는 위배된다고 파악했던 것이 아닐까? 최만리가 보편적 성리주의자라면 창제파들은 민족적 성리주의자는 아니었는지? 이념을 해석하는 길이 서로 달랐던 것은 아니었을까?

또 하나의 가능성은 당시 훈민정음의 실체가 무엇이었나 하는 점과 관련이 된다. 즉, 훈민정음의 실체에 대해 창제파와 반대파의 견해가 서로 엇갈렸을 가능성이 있다. 최만리의 우려와는 달리 훈민정음이 기존의 한자와 한문을 대체할 만한 새로운 문자가 아니었을 가능성도 있다. 따라서 창제파들은 훈민정음의 창제로 인해 기존의 이념과 질서가 위협받지 않으리라고 생각했을지도 모른다. 이에 반해 최만리는 새로운 문자의 창제를 기존의 이념과 질서를 무너뜨릴 요소로 파악했을지도 모른다. 만약 이러한 가설이 그럴 듯하다면 우리는 훈민정음의 진정한 실체에 대해 좀더 새로운 시각으로 바라보아야 할 것이다.

우리는 앞서 훈민정음을 연구하면서 세종이 문자를 만들기에 앞서 신숙주로 하여금 요동 지방을 여러 번 방문하도록 한 사실을 기억한다. 신숙주가 요동 지방을 방문한 것은 무엇보다도 중국 성운의 운행 원리를 배우고 정확한 중국 한자음의 발음을 얻기 위해서였다고 한다. 제 나라 문자를 만드는 데 왜 그런 고생을 해야 했을까?

이는 훈민정음 창제의 중요한 목적 중의 하나가 한자음을 제대로 적으려는 의도였음을 짐작하게 한다. 실제로 세종은 중국 한자음을 연구한 후에 집현전의 젊은 학자들과 동궁, 진안대군, 안평대군에게 《운회(韻會)》를 번역하게 한다. 《운회》는 중국의 대표적인 음운서로서 당시 한자를 어떻게 읽는가를 설명하여 놓은 책이다. 이제 그 책을 언문으로 번역하여 한자의 발음을 언문으로 분명하게 표시하려는 것이었다. 세종은 혼란스러운 한자음을 정리하는 일이 매우 필요하다고 판단했고, 신숙주나 성삼문과 같은 집현전의 젊은 학자들이 그런 세종의 뜻을 충분히 이해하지 않았을까. 어지러운 한자음을 정리할 수 있는 문자를 만드는 일은 유학자의 명분에 전혀 위배될 바 없는 일일 것이다. 그러나 이 대목에서 최만리의 생각은 달랐으리라. 훈민정음으로 인해 조선의 제도적, 이념적 전통이 훼손되고 중국과의 관계가 어려워지리라 믿었을 것이다. 같은 일을 두고도 긍정과 부정의 서로 다른 면을 보았다고 할까?

세종이 최만리의 고집스런 반박에 지쳐 "너희가 도대체 운서를 아느냐? 사성 칠음의 자모가 몇이나 되는 줄 아느냐"며 반문한 것은 세종의 언어학

적 안목과 성리학 사상에 투철한 최만리의 언어관이 격돌하는 장면이라고
할 수 있다.

그 지혜로운 성총은 모두 어디로 갔습니까?

최만리는 세종이 누구보다도 백성을 아끼고 사랑하는 성군임은 잘 알고
있었지만 훈민정음 창제를 일생의 과업으로 여기고 있는 임금을 이해할 수
없는 면이 있었다. 그것은 바로 백성에 대한 임금의 마음이었다. 군주인 세
종에게 백성의 억울함을 살피고 어리석은 백성을 교화하는 일은 관리들을
대하고 경연을 하는 것 못지 않게 중요한 일이었다. 그러나 최만리는 신하
였다. 그에게는 군주를 바르게 모시는 일이 무엇보다 중요했다. 군주를 바
르게 모시는 일이란 정치 철학을 심어 주고 제도를 마련하는 데 참여하고
관리들을 통솔할 수 있도록 돕는 일이었다. 그것 외에 당시 사대부들에게
백성의 존재는 그들의 생활 유지를 위한 국가 경제력의 주체이거나 노동력
의 상징이었다. 그런 백성들을 국가에 잘 봉사할 수 있도록 가르치고 풍속
을 해치지 않도록 훈계하고 다스리는 교육 정도만 필요하였다. 이전에 세종
이 《삼강행실도》를 그림으로 그려서 백성의 풍속을 교화하도록 천거하고 이
를 최만리가 앞장서서 수행한 것도 이 같은 맥락이었다.

그러나 조선의 사대부들은 백성들에게 유교의 도리를 가르치는 것 이상
의 교육은 필요하다고 생각하지 않았다. 더구나 백성들이 문자 생활을 할
수 있도록 해야 한다는 인식은 조금도 없었다. 문자 생활이란 오직 사대부
들만이 누릴 수 있는 특권이었다. 시민 의식이나 평등 의식이 성숙하지 않
은 사회에서 기득권이 문화 생활을 독점하는 현상은 어느 시대, 어느 사회
에서도 발견할 수 있는 현상이다.

그런 사대부 학자인 최만리가 보기에 백성들을 위해, 더구나 할 필요도

없는 일을 위해 임금이 저리 마음을 쓰고 또 대를 이을 세자까지 그 일에 종사하도록 하는 것은 마땅치 않은 일이었다. 국가의 이익을 먼저 생각한다면 중국과의 사대 관계를 잘 유지하는 것이 우선 과제였다. 즉위 초기에 그토록 명민하고 지혜롭던 임금이 이 일로 성총을 흐리고 있으니 신하로서는 목숨을 걸고 바로잡아야 할 일이라고 판단한 것이다.

"선유(先儒)가 이르기를, '여러가지 완호(玩好)는 대개 지기(志氣)를 빼앗는다.' 하였고, '서찰(書札)에 이르러서는 선비의 하는 일에 가장 가까운 것이나, 외곬으로 그것만 좋아하면 또한 자연히 지기가 상실된다.' 하였습니다. 이제 동궁(東宮)이 비록 덕성이 성취되셨다 할지라도 아직은 성학(聖學)에 잠심(潛心)하시어 더욱 그 이르지 못한 것을 궁구해야 할 것입니다. 언문이 비록 유익하다 이를지라도 특히 문사(文士)의 육예(六藝)의 한 가지일 뿐이옵니다. 하물며 만에 하나도 정치하는 도리에 유익됨이 없사온데, 정신을 연마하고 사려를 허비하며 날을 마치고 때를 옮기시오니, 실로 시민(時敏)의 학업에 손실되옵니다. 신 등이 모두 문묵(文墨)의 보잘것없는 재주로 시종(侍從)에 대죄(待罪)하고 있으므로, 마음에 품은 바가 있으면 감히 함묵(含默)할 수 없어서 삼가 폐부(肺腑)를 다하와 우러러 성총을 번독하나이다."

—《세종실록》4집 543면

세종은 훈민정음 창제 작업에 동궁과 대군들을 여러 방법으로 참여하게 하였다. 《운회》를 번역할 때도 집현전의 젊은 학자들과 함께 동궁과 진안대군, 안평대군으로 하여금 이 일을 관장하게 하였다. 또한 실록에는 세종이 날마다 세 차례씩 세자와 함께 식사하는데 식사를 마친 뒤에는 대군들에게 책상 앞에서 강론하게 하고 진양대군에게 공부를 가르친다고 적고 있다. 이때 세종은 대군들에게 종이에 한 자씩 글자를 놓고 크게 읽어 보라고 시켰다고 한다. 서로 다른 소리들이 어떻게 발음되며 또 어디서 소리나는지를 일일이 알아 내려는 은밀한 음성학 공부였던 것이다. 최만리는 대를 이을 동궁이 성학(聖學)에 맘을 쏟지 않고 기예의 일종인 이러한 문자 익히기에 열심인 것을 크게 우려하였다. 더구나 최만리는 일찍이 세자의 스승으로서 장차 대를 이을 세자의 학문과 덕성에 누구보다도 깊이 관심을 가지고 있었던 것이다.

"무릇 사공(事功)을 세움에는 가깝고 빠른 것을 귀하게 여기지 않사온데, 국가가 근래에 조치하는 것이 모두 빨리 이루는 것을 힘쓰니, 두렵건대, 정치하는 체제가 아닌가 하옵니다. 만일에 언문은 할 수 없어서 만드는 것이라 한다면, 이것은 풍속을 변하여 바꾸는 큰 일이므로, 마땅히 재상으로부터 아래로는 백료(百僚)에 이르기까지 함께 의논하되, 나라 사람이 모두 옳다 하여도 오히려 선갑(先甲) 후경(後庚)하여 다시 세 번을 더 생각하고, 제왕(帝王)에 질정하여 어그러지지 않고 중국에 상고하여 부끄러움이 없으며, 백세(百世)라도 성인(聖人)을 기다려 의혹됨이 없은 연후라야 이에 시행할 수 있는 것이옵니다. 이제 넓게 여러 사람의 의논을 채택하지도 않고 갑자기 이배(吏輩) 10여 인으로 하여금 가르쳐 익히게 하며, 또 가볍게 옛사람이 이미 이룩한 운서(韻書)를 고치고 근거 없는 언문을 부회(附會)하여 공장(工匠) 수십 인을 모아 각본(刻本)하여서 급하게 널리 반포하려 하시니, 천하 후세의 공의(公議)에 어떠하겠습니까. 또한 이번 청주 초수리(椒水里)에 거동하시는 데도 특히 연사가 흉년인 것을 염려하시어 호종하는 모든 일을 힘써 간략하게 하셨으므로, 전일에 비교하오면 10에 8, 9는 줄어들었고, 계달하는 공무(公務)에 이르러도 또한 의정부(議政府)에 맡기시어, 언문 같은 것은 국가의 급하고 부득이하게 기한에 미쳐야 할 일도 아니온데, 어찌 이것만은 행재(行在)에서 급급하게 하시어 성궁(聖躬)을 조섭하시는 때에 번거롭게 하시나이까. 신 등은 더욱 그 옳음을 알지 못하겠나이다."

—《세종실록》4집 543면

최만리가 올린 언문 창제의 반대 상소를 통해 우리는 당시 조선의 신하와 임금의 관계가 어떠하였는지도 미루어 짐작할 수 있다. 무릇 나라에 새로운 제도와 문물을 도입하려면 아무리 임금이라고 하더라도 독단적으로 처리할 수 없었다. 반드시 신하에게 의견을 물어 동의를 얻은 후에야 시행할 수 있었다. 유교적 정치 이념을 가지고 있던 조선에서는 신하의 개념이 임금의 명령을 그대로 수행하고 따르기만 하는 존재가 아니라 임금이 옳은 일을 행하도록 권면할 수 있고 더 나아가 임금의 행보를 견제할 수 있는 압력을 넣을 수도 있는 존재들이었다. 《세종실록》의 곳곳에는 세종이 불교를 장려하는 데 대해 반대 상소가 끊이지 않고 이어지는데, 그 내용이 매우 강경할 뿐만 아니라 사뭇 공격적이기까지 하다. 오늘날처럼 사회가 자유롭고 평등 의식이 존재하는 사회에서 읽어 보아도 상소의 내용은 놀랍다. 물론 이런 상소들에 대해 임금이 모두 가납할 의무는 없었다. 어쨌든 마지막 결정자는 임금이었고 그는 절대적 권력을 행사하여 뜻에 어긋나는 신하들에게 죄를 줄 수도 있었다. 그러나 성리학적 질서 안에서 선비가 자신의 뜻을 펼치려다가 일신의 욕을 당하는 것은 오히려 명예스러운 일이었으므로 우직한 학자들 중에는 임금의 뜻에 끝까지 반대하다가 화를 당하는 원칙주의자들도 많았다. 최만리는 바로 그런 사람이었다. 한 걸음도 물러나지 않고 소신을 관철하려고 하였다.

세종은 왜 최만리를 배척했을까?

세종이 최만리를 문자 창제 사업에 참여시키지 않은 것은 결코 우연이 아닐 것이다. 집현전의 같은 부제학 자리에 있는 두 사람 중에 한 사람은 적극적으로 기용하고 다른 한 사람은 은근히 배제한 데는 세종의 면밀한 판단이 있었을 것이다. 기록에 세종은 천성이 매우 어질고 학구적인 왕이었다고 전한다. 그러나 그런 학구적인 성품에 비해 판단은 매우 단호하고 용의주도했던 것 같다. 특히 하고자 하는 일을 마음속에 둘 때는 어떠한 반대가 있더라도 반드시 실행하는 실천력 또한 갖추었던 것으로 보인다. 이는 도천법(道薦法)을 실시하고 장영실과 같은 천민 신분의 인물을 등용했던 데에서도 짐작할 수 있다. 도천제는 과거제도 외에 추천으로써 전국의 숨은 인재를 발굴하는 인재선발법으로, 세종은 인재를 선발하는 데 탁월했고 또 인재들을 적재적소에 활용하였다. 조정 신하들의 거센 반발에도 무릅쓰고 관노 신분의 기술자인 장영실을 발탁해 우리 역사에서 길이 남을 과학사를 이룬 것도 인재를 아끼는 세종의 업적이었다.

그런 세종과 최만리의 인연이 맺어진 것은 최만리가 1418년 증광문과에 급제하고 그 이듬해에 집현전의 박사로 발탁되면서부터다. 그후 최만리는 집현전 직제학을 거쳐 집현전의 실무 책임자인 부제학까지 오르게 되는데 이는 그의 학식과 재주를 높이 평가한 세종의 총애가 엿보이는 부분이다. 실제로 세종 초기 시절 최만리와 세종은 매우 긴밀한 사이였다. 실록에 특별히 세종과 최만리 사이의 갈등이 나타난 곳은 없다. 오히려 나라의 풍속이 어지러울 때 세종은 그 대책을 최만리에게 자문하였을 뿐만 아니라 세자의 교육에도 최만리를 등용하고 있다.

그런데 최만리가 매우 강직한 학자였음은 분명하다. 세종 말기에 오면 최만리와 임금의 갈등이 드러나는 상소가 여러 번 나타난다. 최만리는 부제학으로 봉직하면서 무려 14회에 걸쳐 세종에게 상소를 올린 기록이 남아 있다. 이 중 불교 배척에 관한 상소가 여섯 차례로 가장 많으며 그것 말고도 첨사원 설치 반대 상소, 진사시 출제법에 대한 잘못을 지적하는 상소, 사형 결정에 대한 잘못을 지적하는 상소, 그리고 언문 창제 반대 상소가 그것이다.

세종 때의 임금과 신하의 관계는 매우 안정적인 균형 관계를 이루고 있었다고 평가된다. 그래서 신하들의 상소나 언론, 간언, 탄핵 등의 언론 활동이 자유롭게 이루어졌으며, 그 자유를 누린 대표적인 사람이 최만리였다.

　최만리는 당시 유생들이 진사과 시험 과목인 시(詩)와 부(賦)를 짓는 방식이 진지하지 못하고 경박하게 흐르는 것을 경계하여 시험 출제 방식과 평가를 보완할 것을 주장하기도 했다. 모름지기 학자라면 학문에 대해 고래의 전통을 중시하고 그 격식을 준수하며 진지하고 성실한 태도로 임해야 한다고 생각했기 때문이다. 이러한 가치관은 비단 학문하는 자세에 국한한 자세가 아니라 최만리가 일생을 통해 사상의 기반으로 삼았던 성리학적 가르침에서 받은 영향이라고 해야 할 것이다. 유학자인 최만리에게 성리학은 명분과 격식의 중요성을 일깨우고 질서의 개념을 가르친 사상의 기반이라고 할 수 있다. 그러한 신념이 지금 임금의 정치 견제 세력으로서 언론권을 발휘하고 있는 셈이다.

　실록의 기록에 따르면 최만리는 부정과 타협을 모르는 정직한 관리였다. 그는 지독한 원칙주의자였고 성리학적 명분 외에는 다른 길을 걸을 줄 몰랐다. 최만리의 이러한 강직한 성품은 세종이 대궐 안에 불당을 지은 사건에 대해 무려 여섯 차례에 걸쳐 그 부당함을 아뢰는 상소를 올리고 마침내 세종의 노여움을 사서 귀향을 가게 되는 사건을 통해서 여실히 드러난다. 평소에 세종 임금의 어진 성품과 덕망을 흠모하고 섬기는 바 없지 않았으나 그렇다고 사사로운 감정에 기대어 왕이 그릇된 정치를 행하는 것을 가만히 보고 있을 수만은 없었던 것, 그것이 최만리의 유학자적 도리였을까?

　세종으로서는 그런 최만리의 충정을 긍정적으로 생각하면서도 한편으로는 괘씸하지 않을 수 없었다. 그는 너무도 타협을 모르는 지독한 원칙주의자였다. 이런 성격 탓이었을까? 최만리가 집현전 부제학의 위치에 있었음에도 불구하고, 세종은 일생일대의 숙원이었던 문자를 창제하는 일에 그를 참여시키지 않는다. 아마도 세종은 새로운 문자를 만드는 일을 하는 데 최만리의 그 원칙주의적인 성격이 어울리지 않을 것이라는 점을 깊이 인식하고 있었으리라. 최만리의 상소에 드러난 표현대로라면 언문 창제에 참여한 집현전 학자들은 한낱 이배(吏輩)에 지나지 않는 천박한 사람들일 뿐이었다.

　마침내 최만리는 언문 창제 반대 상소에 앞장섰던 도의적인 책임을 지고 스스로 집현전을 떠나 낙향하였다가 그 이듬해 세상을 떠나고 만다. 기록에 의하면 세종은 오랫동안 집현전 부제학 자리를 비워두고 최만리를 그리워했다고 한다.

　죽고 난 뒤 오히려 청백리의 반열에 오르기까지 했던 최만리. 서로 다른 정치 신념, 혹은 서로 다른 신분적 의무감이 세종과 최만리 사이에 가로 놓여 서로 그리워하면서도 멀리할 수밖에 없었던 운명을 만들지 않았을까.

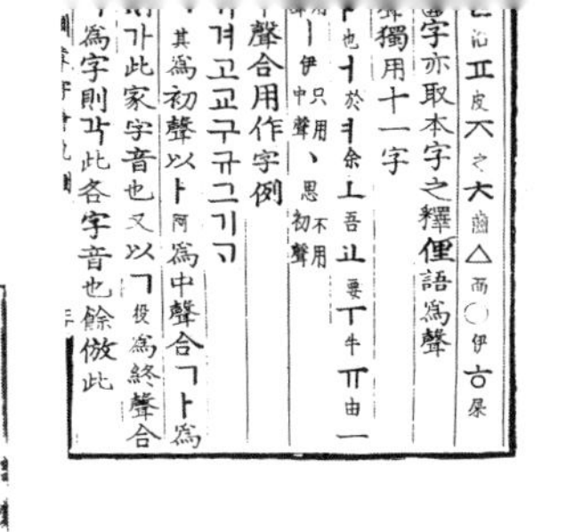

右字亦取本字之釋俚語爲聲

中聲獨用十一字

ㅏ阿 ㅑ也 ㅓ於 ㅕ余 ㅗ吾 ㅛ要 ㅜ牛 ㅠ由 ㅡ應不用終聲 ㅣ伊只用中聲 ㆍ思不用初聲

初中終三聲合用作字例

가갸거겨고교구규그기ㄱ

其爲初聲以ㅏ阿爲中聲合ㄱㅏ爲가此家字音也又以ㄱ役爲終聲合가ㄱ爲각此各字音也餘倣此

設學長聚誨幼穉釋勤施懲勸矣其成童升
補鄉校國學芝列則人皆樂學小子有造
矣

諺文字母 俗所謂反切二十七字

初聲終聲通用八字

ㄱ其役 ㄴ尼隱 ㄷ池末 ㄹ梨乙 ㅁ眉音 ㅂ非邑 ㅅ時衣 ㆁ異凝

兩字只取本字之釋俚語爲聲

其尼池梨眉非時異八音用於初聲
役隱乙音邑衣凝八音用於終聲

조선시대 사람들은 ㄱ을 어떻게 읽었을까? ‖ 제9장 ‖

— ㄱ에서 ㅎ까지, 한글의 순서 정하기

아이가 태어나면 부모는 아이의 이름을 뭐라 지어야 좋을지 골똘히 생각한다. 이름을 짓는 것은 부모가 아이에게 베푸는 최초의 사랑이자 아이 앞에서 세우는 최초의 절대적 권위이다. 이게 어찌 사람의 이름에만 국한될 것인가.

아이들이 말을 배우게 되면 어른들은 무척 귀찮아진다. 아이들은 아무리 하찮은 것이라도 뭔가 새로운 것이 나타나면 이름을 부르지 못해 안달을 한다. 어른들의 관심에서 벗어나 있던, 그래서 이름이 없는 하찮은 것들을 가리키며 아이들은 그것의 이름을 묻는다. 너른 들판에 피어 있는 형형색색의 들꽃 사이를 아이와 함께 걷는다. "이것은 뭐야?" "꽃." "이것은 뭐야?" "꽃." "이것은 뭐야?" "꽃." "이것은 뭐야?" "꽃." "이것은 뭐야?" "꽃." "이것은 뭐야?" "꽃." ….

이름은 어떤 것을 다른 것과 구별하여 가리키기 위한 수단이라는 점에서, 한 사물의 이름을 아는 것은 어떤 사물을 다른 사물과의 관계 속에서 이해할 수 있는 출발점이다. 사람들은 세상을 이해하는 과정에서 만물의 이름을 하나 둘 지어 왔으며, 인류가 축적한 지식은 이 만물의 이름 속에 녹아 있다. 그래서 어떤 것의 이름을 짓는다는 것은 그것의 개념이 우리의 사고 체계 속에 자리잡는다는 것을 의미할 뿐만 아니라, 이를 우리 생활 속에서 의식적으로 활용한다는 것을 의미한다.

조선 시대 사람들은 훈민정음 자모들을 어떻게 읽었을까? 이름이 없었다고? 그럴 리가 있겠는가. 자연 속의 수많은 사물에도 이름을 붙이는데, 사람이 의식적으로 만든 기호에 이름이 없을 리 있겠는가. 그렇다면 과연 지금과 똑같은 이름으로 불렀을까? 훈민정음을 처음 만들 때부터 지금의 이름과 똑같이 불렀다는 게 잘 믿어지지 않는다. 뭔가 달랐을 것만 같은 느낌이 든다. 그럼 지금부터 세종과 집현전 학자들이 훈민정음을 창제할 당시로 돌아가 보자. 그리고 당시에는 글자를 어떻게 불렀는지 알아보자.

잃어버린 글자 이름

아이들에게 한글을 가르칠 때, 선생님은 뭘 제일 먼저 가르칠까? '가, 나, 다, 라 …'를 먼저 가르칠 것이다. 아이들이 '가나다라'를 외우는 과정은 한글의 음가를 익히는 과정이다. 아이들이 여기에 익숙해진다 싶으면 선생님은 '기역, 니은, 디귿. 리을 …'을 가르친다. 글자의 이름을 가르쳐야만 "'가'에 'ㄱ(기역)'을 받치면 '각'이다"와 같이 문자의 합성법을 가르칠 수 있기 때문이다. 우리 옛 조상들도 이렇게 한글을 부르고 배웠을까?

세종은 새 글자의 명칭을 '훈민정음'이라 하면서 이를 그동안 사용하던 한자 및 이두 등과 구별지었다. 그런데 이상한 것은 문자 전체를 가리키는 '훈민정음'이란 이름을 지었다는 기록은 남아 있지만, 개별 글자의 이름을 지었다는 기록은 어디에도 보이지 않는다는 점이다. 새 글자에 대한 해설을 내용으로 한 책《훈민정음》이 남아 있지만 여기에도 개별 글자의 이름에 대한 설명은 어디에도 나와 있지 않다.《훈민정음》은 책이어서 글자의 이름이 없어도 글자의 운용에 대한 설명이 가능했겠지만, 이 책을 읽거나 글자의 운용 원리를 직접 말로 설명할 때는 어떻게 읽고 어떻게 말했을까?

집현전 학자들과 세종은 새로운 문자를 만들기 위해 밤새 연구하고 토론을 거듭했을 텐데, 토론 과정중에 집현전 학자들과 세종은 28개의 새 글자 하나하나를 뭐라고 부르며 구별했을까? 오늘날과 같이 '기역, 니은, 디귿 …'이라고 불렀을까? 그러나 국어사전 혹은 한글 맞춤법에 적힌 자모의 명칭을 500년 전의 조상들이 그대로 사용했다고 생각하기에는 왠지 꺼림칙하다. 뭔가 다른 게 있을 것만 같은데. 그렇게 부르지 않았다면 그럼 어떤 식으로 불렀을까? 만약 현재와 같은 이름으로 불렀다면 왜 하필이면 '기역, 니은, 디귿, 리을, 미음, 비읍 … 키읔, 티읕, 피읖, 히읗'이라는 이름을 붙였을까? 의문은 꼬리에 꼬리를 문다. 이 의문을 풀기 위해서는 500년 묵은 책 속에서 당시 집현전 학자들과 세종의 목소리를 끄집어 내야 한다. 하다못해

책 속 어딘가에 세종과 집현전 학자들의 목소리를 끄집어 낼 수 있는 열쇠라도 숨겨져 있을 터이다.

새로운 시작, 훈몽자회

훈민정음이 창제된 후 왕실에서는 훈민정음을 이용하여 많은 한문 경전을 번역하기 시작했다. 또한 민간에서는 주로 사대부 여인들이 훈민정음을 배워 편지글로 사용하거나 이야기를 기록하는 수단으로 활용하였다. 그러나 훈민정음의 사용 원리에 대한 해설이나 연구는 훈민정음이 창제되었던 15세기 당시를 제외하고는 거의 이루어지지 않았던 것으로 보인다.

그로부터 백 년이 채 못 된 시기, 최고의 역관이자 한학자였던 최세진이 《훈몽자회(訓蒙字會)》라는 책자를 편찬한다. 이 책은 15세기 이후에 나온 책으로는 최초로 훈민정음에 대한 내용을 싣고 있다는 점에서 주목된다.

중인 신분이면서도 뛰어난 능력을 갖추었던 당대 최고의 학자 최세진의 두 모습은 '언문(훈민정음)'을 통한 한자 어휘집의 발간과 절묘하게 대응된다. 당시 사대부들은 누구도 거들떠보지 않았던 미천한 글인 언문을 이용하여 지식 사회의 근본을 이루었던 한자의 학습서를 편찬한 역사적 사실이 최세진을 설명해 주고 있지 않은가?

그럼 《훈몽자회》는 어떤 책인가? 이 책은 한자 학습을 효율적으로 진행하기 위해 한자를 분류하여 수록한 '한자어휘집'의 성격을 띠고 있어 본격적인 훈민정음 연구서는 아니다. 그러나 책의 앞머리에 짧은 분량이나마 〈언문자모(諺文字母)〉란 제목 아래 훈민정음의 자모에 관한 설명을 하고 있어, 훈민정음 창제 당시의 글자 이름을 알고자 안달하는 우리를 흥분시키기에 충분하다.

〈언문자모〉 아래에는 '俗所謂反切二十七字(이른바 반절 27자)'라는 글귀가 있는데, 이는 훈민정음 자모가 27자로 구성되어 있음을 말해 주고 있다 (그렇다면 이는 세종 때 28자에서 한 자가 사라진 것으로, 그 사이에 문자 체계의 변화가 있었음을 말해 주고 있다). 그리고 27개 글자를 배열하여 보여 주고 있는데, 각 글자의 이름을 한자를 빌려 나타내고 있어 주목된다. 글자의 배열은 '초성종성통용팔자(初聲終聲通用八字 ; 초성과 종성에 통용되는 여덟 자)', '초성독용팔자(初聲獨用八字 ; 초성에만 홀로 쓰이는 여덟 자)', '중성독용십일자〔中聲獨用十一字 ; 중성(모음)에만 홀로 쓰이는 열한 자〕'의 순으로 이루어져 있다. 그 뒤로는 자모의 운용 원리에 대한 설명이 이어진다. 초중성합용작자례(初中聲合用作字例)는 초성과 중성을 합해 써 글자를 만드는 예를 보여주고 있고, 초중종삼성합용작자례(初中終三聲合用作字例)는 초성과 중성과 종성을 합해 글자를 만드는 예를 보여주고 있다. 또한 합용작자례(合用作字例)에서는 초성과 중성의 조합을 통해 176자(16×11)의 글자가 만들어짐을 밝히고, '가갸거겨고교구규그기'나 '간, 갇, 갈, 감, 갑, 갓, 강'과 같은 글자가 합용법에 의해 만들어짐을 보이고 있다. 이는 글자를 깨우치는 과정과 관련된 내용을 보이고 있다는 점에서 흥미롭다.

훈몽자회에 기록된 훈민정음 자모의 명칭 훈몽자회는 한자 교육서로 지어졌지만 서두에서 훈민정음 자모의 명칭 및 자음과 모음의 순서를 밝혀, 국어학사의 귀중한 자료가 되고 있다.

자음의 명칭을 한자의 음과 훈을 이용하여 밝힌 것과, 자음과 모음의 순서를 밝힌 것 등은 국어학사에서 《훈몽자회》가 중요하게 취급되는 이유이다. 물론 이러한 설명이 그의 독자적인 주장인지, 앞서부터 전해 온 것을 정리하여 밝힌 것인지는 뚜렷하지 않다. 단, 이 책이 한자 교육서라는 점에서 앞의 범례 부분은 이 책을 읽기 위한 일러두기였음이 분명하다. 그렇다면 훈민정음에 대한 이 책의 설명은 최세진의 독자적인 주장이라기보다는 훈민정음에 대한 보편적 지식을 정리했다고 봄이 타당할 것이다.

당시에는 새로운 문자인 훈민정음이 나오는 책자에 이에 대한 대략적인 설명을 첨부하는 게 관례였던 것으로 보인다. 불경 언해본인 《월인석보》 권두에 〈훈민정음 언해본〉이 실려 있었다는 사실은 이를 뒷받침하고 있다. 그리고 《훈몽자회》 이후에 나온 책에서도 《훈몽자회》에서와 똑같은 자모 설명이 첨부되어 있는 것을 볼 때, 이러한 훈민정음의 자모 설명은 훈민정음이 나오는 책에는 대부분 동일하게 첨부되었다고 생각할 수 있다.

하여튼 우리는 《훈몽자회》를 통해 훈민정음에 얽힌, 그리고 오늘날 우리가 쓰는 한글에 얽힌 많은 비밀들을 풀 수 있는 단서를 얻을 수 있을 것이다. 세종 당시의 글자 이름에서부터 오늘날 한글 자모의 배열 순서에 이르기까지, 이제 《훈몽자회》를 새로운 출발점으로 하여 수수께끼 여행을 시작해 보자.

세종대왕은 28자에 어떤 이름들을 붙였을까?

훈민정음 제정 당시의 문헌인 〈해례〉에서는 훈민정음 각 글자의 명칭에 대해 명시한 바가 없어 그 당시 각 글자를 어떻게 불렀는가는 수수께끼로 남아 있다. 그럼 이 수수께끼를 어떻게 풀어나가야 하나? 우리한테 주어진 실마리는 《훈민정음》과 《훈몽자회》이므로 먼저 《훈민정음》의 내용으로부터 당시의 이름을 추정해 나갈 수밖에 없다. 세종대왕은 28자에 어떤 이름들을 붙였을까? 지금부터 《훈민정음》의 설명을 살펴보면서 그 이름의 흔적을 찾아보자.

《훈민정음》에서 훈민정음의 자모를 설명하는 부분을 보면, 'ㄱ는 엄쏘리니 君군ㄷ字쭝 처엄 펴아 나는 소리 ㄱᄐ니'와 같은 내용을 찾을 수 있다. 이 부분은 'ㄱ'을 설명하는 부분으로, 먼저 'ㄱ'이 발성되는 위치(어금닛소리)를 설명하고, 다음으로 'ㄱ'의 소릿값이 '군(君)'이라는 음절의 처음 소리라는 사실을 설명하고 있다. 그런데 여기에는 'ㄱ'의 소리에 대해서는 나와 있어도 'ㄱ'의 이름은 나와 있지 않다. 그럼 〈훈민정음 해례〉에서 자모의 이름을 찾을 수 없는 것일까?

그런데 이곳에는 직접 써 있지는 않지만, 'ㄱ'의 이름을 알 수 있는 단서가 하나 있다. 그것은 'ㄱ' 뒤에 붙은 조사 '는'이다. 조사는 앞 단어의 소리에 따라 그 모습을 달리하는 경우가 많기 때문에, 조사의 모습은 앞의 소리를 유추하는 근거가 될 수 있다. "~가 왔다"와 "~이 왔다"라는 문장에서 앞에 올 수 있는 단어는 무엇일까? 무슨 단어인지는 말할 수 없지만 '가' 앞에 는 모음으로 끝나는 단어가, '이' 앞에는 자음으로 끝나는 단어가 와야 한다 는 것은 알 수 있지 않은가. 양성 모음과 음성 모음이 구분되어 쓰였던 옛말 에서는 조사의 형태에 따라(예를 들어 '눈'인지 '는'인지에 따라) 앞 단어의 형태를 유추할 수 있는 가능성은 더 높아질 것이다.

이 '눈'은 받침이 없는 음절 아래 연결되는 것이며, 또한 모음 연결법칙에 따라 위 음절이 양성 모음일 때 붙는다. 그렇다면 'ㄱ'의 이름은 받침이 없 이 양성 모음으로 끝남을 추정할 수 있다. 그렇다면 '가'일까? 세종 당시에 사람들은 위의 자모 설명을 '가눈 엄쏘리니 …'와 같이 읽었을까? 그런데 우 리는 바로 앞에서 《훈몽자회》라는 책을 만나 본 기억을 되살릴 필요가 있다. 훈민정음이 창제된 후 100년이 채 못 되는 시점에 나온 책인 《훈몽자회》에 훈민정음 자모의 명칭이 적혀 있지 않았던가. 그것과 비교해서 큰 차이가 없다면 세종 당시 자모의 명칭은 '가, 나, 다, 라, 마 …'였을 것이다.

그런데 《훈몽자회》 범례에 있는 명칭은 '기역, 니은, 디귿, …, 키, 티, 피, 지, 치, …'이다. 이 명칭을 통해 본다면 '기역'은 '기역눈'으로 쓰일 수 없는 것이다. 그럼 훈몽자회의 명칭과 훈민정음 창제 당시의 자모 명칭이 달랐다 는 뜻일까? 그런데 《훈몽자회》에 나타난 명칭 '키, 티, 피, 지, 치'가 해결의 실마리를 던져준다. 이들 명칭은 '키눈, 티눈 …'으로 쓰는 것이 자연스럽다. 'ㅣ'는 중성 모음으로 〈훈민정음 해례〉에서는 모두 '눈'과 연결되었기 때문

훈민정음 28자의 이름(추정)

순서는 〈훈민정음 해례〉의 자모 설명 순이다.

기, 키, ㆁ, 디, 티, 니, 비, 피, 미, 지, 치, 시, ㆆ, 히, 이, 리, ㅿ
ㆍ, 으, 이, 오, 아, 우, 어, 요, 야, 유, 여

이다. 그럼 이제 뭔가가 정리된다는 느낌이 들 것이다.

《훈몽자회》에서 초성종성통용팔자는 초성과 종성이 모두 같은 글자로 쓰인다는 것을 알기 쉽게 보이기 위해 두 자의 명칭으로 썼으며(기역, 니은, 디귿…) 초성독용팔자는 받침으로는 쓰이지 못하고 초성으로만 쓰이기 때문에 한 글자로 된 명칭을(키, 티, 피, 지…) 썼다. 반면 훈민정음 창제 당시에는 초성과 종성의 용례를 모두 보이기 위한 명칭을 사용하지 않았다는 사실을 알 수 있다. 어차피 모든 자음 자모를 다 합하면 초성에 쓰이는 글자의 합과 같기 때문이다. 그렇다면 훈민정음 창제 당시에 자음은 '기, 니, 디, 리…키, 티, 피…' 등과 같은 명칭으로 불렸으리라 짐작할 수 있다.

'기역, 니은…'이란 글자 이름은 언제 어떻게 만들어진 것일까?

한글 자모를 읽을 때 약간 긴장한 경험이 있을 것이다. 왜냐하면 '기역' 때문이다. 자신도 모르게 튀어 나오는 '기윽'이라는 말 때문에 초등학교 어디 나왔냐는 소리를 들을까 봐 힘을 주어 '기역'이라고 읽는다. 왜 '기윽'이라고 이름짓지 않고 하필이면 '기역'이라고 만들어서 사람을 힘들게 하는 것일까?

《훈몽자회》에서 훈민정음 자모의 명칭을 '其役, 尼隱, 池末, 梨乙…箕, 治…'으로 표시하였음을 앞에서 확인한 바 있다. 여기서 첫째 글자인 '其, 尼, 池, 梨, 箕, 治…'는 초성에 사용되는 자모의 용례를 보인 것이고, 둘째 글자인 '役, 隱, 末, 乙…'은 종성(받침)에 사용되는 자모의 용례를 보인 것이다. 따라서 자모의 명칭은 해당 자모가 초성과 종성에 함께 쓰이면 두 자로하고, 초성에만 쓰이면 '箕, 治…'와 같이 한 자로 한 것이다. 이 얼마나 세심한 계획인가. 우리가 지금 한글 자모의 명칭을 '기역, 니은, 디귿, …'으로 하는 것은 《훈몽자회》에 나타난 자모의 명칭을 한글로 적은 것뿐이다. 그러니 그 기원은 《훈몽자회》에서 비롯되었다고 말할 수 있다. 이처럼 세심하고 탁월한 계획을 따르지 않을 까닭이 없지 않은가. 《훈몽자회》에서 변한 게 있다면 '키, 티, 피, 지 …' 등이 '키읔, 티읕, 피읖, 지읒 …'으로 바뀐 것뿐이다. 왜냐하면 현행 표기법상으로 모든 자음이 받침에 다 쓰일 수 있기 때문이다.

설명을 듣다 보니 자모 명칭의 원리에 입이 벌어지며 고개가 끄덕여진다. 그렇다고 우리의 투덜거림이 곧바로 없어지는 것은 아니다. "참, 만들려면

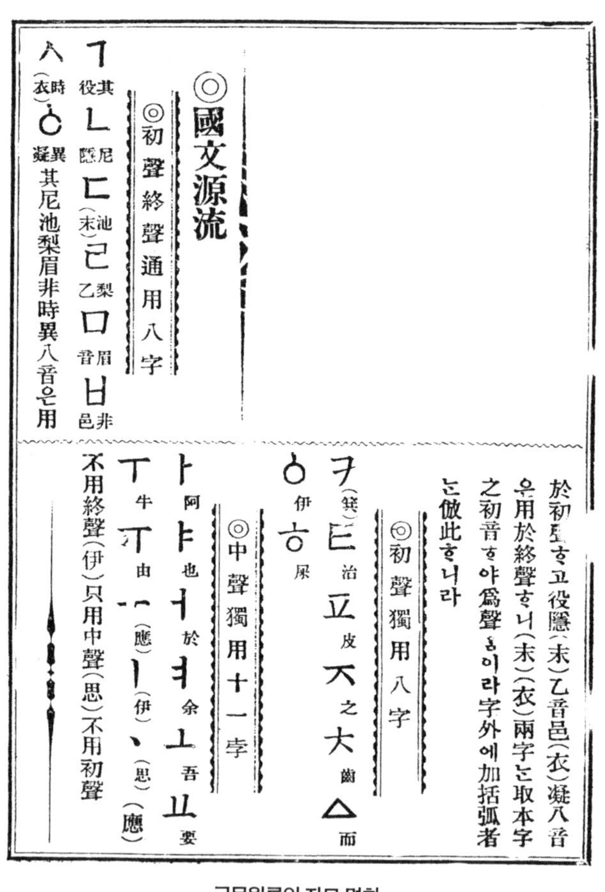

◎國文源流

◎初聲終聲通用八字

ㄱ（其役）
ㄴ（尼隱）
ㄷ（池末）
ㄹ（梨乙）
ㅁ（眉音）
ㅂ（非邑）
ㅅ（時衣）
ㆁ（異凝）

其尼池梨眉非時異八音은 用於初聲ᄒ고 役隱（末）乙音邑（衣）凝八音은 用於終聲ᄒ니 （末）（衣）兩字는 取本字之初音ᄒ야 爲聲ᄒ이라 字外에 加括弧者는 做此ᄒ니라

◎初聲獨用八字

ㅋ（箕）
ㅌ（治）
ㅍ（皮）
ㅈ（之）
ㅊ（齒）
ㅿ（而）

◎中聲獨用十一字

ㅏ（阿）ㅑ（也）ㅓ（於）ㅕ（余）ㅗ（吾）ㅛ（要）ㅜ（牛）ㅠ（由）ㅡ（應）ㅣ（伊）ㆍ（思）

（伊）不用終聲　（思）只用中聲　不用初聲

국문원류의 자모 명칭

다른 것과 똑같이 '기윽, 니은, 디귿 …'으로 해야지. 왜 유독 ㄱ만 '기역'이야?" 역시 날카롭고 이유 있는 항변에 고개가 끄덕여진다. "그래 맞아. 내가 왜 그렇게 헷갈렸나 했더니, 내가 잘못한 게 아니고 이름을 별나게 지었구만. 내가 그렇게 못 배운 건 아닌데." 그런데 생각해 보면 '기역'만 유별난 것도 아니다. 똑같이 통일하려면 '디귿'도 '디은'으로 바뀌어야 하고, '시옷'도 '시읏'이라고 해야 할텐데. 그럼 왜 이렇게 규칙없이 글자 이름을 지었을까. 그렇게 치밀하게 계획해 지은 이름인데, 왜 이런 일이 생긴 것일까?

이런 현상은 《훈몽자회》가 자모의 명칭을 한자의 음과 훈을 이용하여 표기한 데서 비롯되었다고 볼 수 있다. 앞서 살펴본 이두나 구결에서 한자의 음과 훈을 이용한 것과 같은 원리로 자모의 명칭을 표기한 것이다. 그러다 보니 음을 정확히 기술하기는 힘들었다. '윽'이라고 표기할 한자의 음이 마땅히 없으니 그와 비슷한 '役'을 취했고, '읃'이 없으니 그와 비슷한 '末'의 뜻을 빌려 이름을 삼았을 것이다. 또한 '읏'이 없으니 그와 비슷한 '衣'의 뜻을 빌려 이름을 삼았을 것이다. 이렇게 예외적으로 사용된 한자의 경우는 사진에서 볼 수 있는 것처럼 모두 동그라미 표시를 해 두어 그 속사정을 설명해 놓았으니, 최세진 자신은 자음의 명칭을 '기윽, 니은, 디은, 리을, 미음, 비읍, 시읏, 이응'이라고 읽었을 것이 분명하다. 다만 후대의 사람은 주어진 문헌 내용을 바탕으로 하여 한글로 옮길 수밖에 없었으니, '기역, 디귿, 시옷'이란 이름으로 굳어진 것이다.

참고로 북한에서 사용하고 있는 한글 자모의 이름은 남한과 약간 다르다. 북이 남과 다르게 사용하는 자모 명칭은 '기윽/ㄱ', '디읃/ㄷ', '시읏/ㅅ'이다. 이는 우리가 앞에서 의문을 제기했던 자모의 다른 명칭이어서 주의를 끈다. 남한이 《훈몽자회》에 기록된 한자 명칭을 있는 그대로 받아들인 반면, 북한은 동그라미로 표시된 한자의 경우 그 속뜻에 기대어 자모 명칭을 붙였다고 볼 수 있다.

'기역'에서 '히읗'까지, '아'에서 '이'까지, 글자 순서는 어떻게 정해진 것일까?

아무렇게나 어휘가 나열된 국어사전을 상상해 보라, 끔찍하지 않은가. 수십만 개의 어휘가 뒤죽박죽 섞여 있다고 한다면, 어휘 찾기는 악몽 그 자체일 것이다. 그러나 국어사전은 자모의 순서에 따라 어휘들을 일목요연하게 정리해 놓음으로써 우리들의 어휘 찾기를 수월하고 즐겁게 만든다. 모든 사전들은 같은 순서로 어휘를 정리해 놓았고, 사전을 찾는 사람 또한 그 자리에 그 단어가 있을 것으로 생각하고 사전을 찾는다. 이는 자모의 순서가 사회적 약속으로 자리잡고 있음을 말해 준다.

그럼 우리가 지금 약속하여 쓰고 있는 자모의 순서는 어떤 원칙으로 정한 것일까? 아무렇게나 정한 것이 아니라면 나름대로 뭔가 원칙이 있었을 텐데. 훈민정음 창제 당시에도 이러한 순서를 생각해 봤을까? 순서를 정했다면 어떻게 정했을까?

세종 때에 자모의 순서를 정했다고 한다면 그것은 어떤 근거에서일까? 세종 때의 자료 중 자모의 순서를 기록했다고 볼 수 있는 것은 《훈민정음》 해례가 유일하다. 세종 때 자모의 순서를 정했다고 본다면, 이는 《훈민정음》 해례에서의 자모 설명 순서를 정해진 자모 순서로 보았기 때문이다. 그러나 해례에서의 설명은 발음되는 위치와 글자의 관계나 기본자에서 획을 더해 글자를 만드는 원리를 설명하는 것이어서, 이 순서를 약속된 자모 순서라고 보기는 어렵다.

그런데 자모의 순서에 있어서 우리의 관심을 끄는 것은 《훈몽자회》에 나오는 '언문자모'에 관련된 내용이다. 이 또한 자모의 운용을 설명하는 것과 관련되어 있어, 이 순서가 설명의 편의만을 위한 것이었는지 아니면 그 나열 순서가 자모의 순서였는지는 알 수 없다. 그런데 오늘날 자모의 순서는 이를 바탕으로 한 것이어서 그 순서의 원칙을 알아 볼 필요가 있다. 그리고 보니 《훈몽자회》는 자모의 명칭뿐만이 아니라 자모의 순서에 있어서도 오늘날의 바탕이 되고 있지 않은가. 과연 《훈몽자회》는 《훈민정음》과 오늘을 이어주는 징검다리임을 알 수 있다.

《훈몽자회》의 설명은 초성과 종성에 두루 쓰이는 자모부터 시작하고 있다. 즉, ㄱ, ㄴ, ㄷ, ㄹ, ㅁ, ㅂ, ㅅ, ㆁ이 그에 해당된다. 그리고 다음은 초성에만 쓰이는 여덟 자를 보이고 있다. 즉, 'ㅋ, ㅌ, ㅍ, ㅈ, ㅊ, ㅿ, ㅇ, ㆆ'이 그에 해당한다.

'ㄱ～ㆁ'까지는 어떤 원칙으로 순서가 정해졌을까? 《훈몽자회》에는 특별한 설명이 나타나지 않지만, 이는 훈민정음에서 기본자 'ㄱ, ㄴ, ㅁ, ㅅ, ㅇ'에 가획된 것을 해당 기본자 뒤에 배치하여 순서를 정한 것으로 보인다. 기본자의 순서는 훈민정음 해례에서 조음 위치에 따른 배열 순서와 일치한다. 즉, '어금닛소리(ㄱ), 혓소리(ㄴ), 입술소리(ㅁ), 잇소리(ㅅ), 목소리(ㅇ)'의 순서로 배열된다. 이 중 'ㅇ'은 초성에만 사용되므로 가획자인 'ㆁ'이 그 자리를 차지하고, 나머지는 'ㄴ→ㄷ→ㄹ(가획의 단계)', 'ㅁ→ㅂ(가획의 단계)' 등과 같은 순서로 배열된다.

초성에만 쓰이는 여덟 글자의 순서는 어떻게 정해졌을까? 이 역시 'ㄱ～ㆁ'까지의 배열 순서와 같은 원리로 정해졌다. '(ㄱ)→ㅋ', '(ㄴ→ㄷ)→ㅌ', '(ㅁ)→ㅍ', '(ㅅ)→ㅈ→ㅊ ; →ㅿ(같은 계통의 이체자)', 'ㅇ→ㆆ' 등의 순서대로 배열된 것이다. 그래서 《훈몽자회》에서 보여주는 순서가 'ㅋ, ㅌ, ㅍ, ㅈ, ㅊ, ㅿ, ㅇ, ㆆ'와 같이 되었다.

이러한 배열 순서는 현대 우리말 자모의 배열 순서와 원칙이 같다. 단, 없어진 글자가 빠지고 'ㅈ'과 'ㅊ'이 'ㅇ' 뒤에 들어가, 현대의 자모 순서는 'ㄱ, ㄴ, ㄷ, ㄹ, ㅁ, ㅂ, ㅅ, ㅇ, ㅈ, ㅊ, ㅋ, ㅌ, ㅍ, ㅎ'으로 되었다. 그런데 여기서 한 가지 의문이 생긴다. 왜 'ㅈ'과 'ㅊ'이 'ㅅ' 뒤에 오지 않고 'ㅇ' 뒤에 왔을까? 그것은 초성종성통용팔자가 자음의 기본이요 중심이기 때문에, 이를 먼저 배열하고 'ㅈ'과 'ㅊ'을 나중에 배열한 것으로 해석할 수 있다.

그럼 모음 글자의 경우는 어떠한가? 먼저 가획자(ㅑ, ㅕ, ㅛ, ㅠ)를 빼고 나면 'ㅏ, ㅓ, ㅗ, ㅜ, ㅡ, ㅣ'가 남는다. 그런데 이들은 중립 모음(ㅡ, ㅣ)을 뒤로 배치하고 나머지 모음을 앞에 배치했는데, 'ㅏ, ㅓ'와 'ㅗ, ㅜ'는 모음의 성격이 '양성(ㅏ, ㅗ)'이냐 '음성(ㅓ, ㅜ)'이냐에 따라 앞뒤 순서를 정한다. 이에 따라 모음의 글자 순서는 'ㅏ, ㅑ, ㅓ, ㅕ, ㅗ, ㅛ, ㅜ, ㅠ, ㅡ, ㅣ'와 같이 되었다. 이는 현대의 모음 글자 배열 순서와 같다.

《훈몽자회》는 세종과 우리를 이어주는 징검다리의 역할을 충실히 하였다. 우리는 《훈몽자회》를 통해 세종 시대의 한글 모습을 유추할 수 있었고, 세종 당시 자모의 이름과 순서를 아는 데도 큰 도움을 받았다. 그러나 세종 때는 물론이고 《훈몽자회》에서도 글자의 순서는 크게 문제가 되지 않았을 것이다. 글자의 순서는 사전 편찬과 같은 국어 정보처리 과정에서나 중요한 의미를 갖기 때문이다. 글자의 순서를 약속으로 정하는 것과 우리말 사전의

북한의 자모 배열 순서와 이름

ㄱ	ㄴ	ㄷ	ㄹ	ㅁ	ㅂ	ㅅ
(기윽)	(니은)	(디읃)	(리을)	(미음)	(비읍)	(시읏)

ㅇ	ㅈ	ㅊ	ㅋ	ㅌ	ㅍ	ㅎ
(이응)	(지읒)	(치읓)	(키윽)	(티읕)	(피읖)	(히읗)

ㄲ	ㄸ	ㅃ	ㅆ	ㅉ
(된기윽)	(된디읃)	(된비읍)	(된시읏)	(된지읒)

ㅏ	ㅑ	ㅓ	ㅕ	ㅗ	ㅛ	ㅜ	ㅠ	ㅡ	ㅣ	ㅐ
(아)	(야)	(어)	(여)	(오)	(요)	(우)	(유)	(으)	(이)	(애)

ㅒ	ㅔ	ㅖ	ㅚ	ㅟ	ㅢ	ㅘ	ㅝ	ㅙ	ㅞ
(얘)	(에)	(예)	(외)	(위)	(의)	(와)	(워)	(왜)	(왜)

자음 글자의 이름은 각각 다음과 같이 부를 수도 있다.
(그) (느) (드) (르) (므) (브) (스) (응) (즈) (츠) (크) (트) (프) (흐) (끄) (뜨) (쁘) (쓰) (쯔)

—《조선말규범집》

편찬이 같이 이루어진 것은 이러한 이유 때문이다.

약속의 시대를 향하여

지금까지 우리는 한글 자모의 이름과 순서가 어떻게 정해졌는지 살펴보았다. 그냥 넘어갈 수도 있는 문제였지만, 그 이유를 찾아 들어가는 과정은 수수께끼를 풀어 나가는 과정과도 같았다. 오백 년의 시간을 넘나들며 그 비밀을 풀어 나갔지만, 오백 년의 시간을 뛰어넘지 못하고 남긴 문제가 하나둘이 아니다. 남긴 문제에 대한 궁금증이 더해지면서도 이런 질문을 던져 본다. 자모의 이름과 순서가 정해진 원인을 이렇게까지 찾아야 할 필요가 있을까?

자모의 이름과 순서가 정해진 원인을 아는 일과 한글을 잘 쓰는 일은 별 관계가 없을 것이다. 그러나 자모의 이름과 순서는 우리의 원활한 언어 생활을 위해서 상당히 중요한 요소임에는 틀림이 없다. 자모의 이름과 순서가 단정하게 정해짐으로써, 우리는 근대적인 언어 생활을 영위할 수 있는 토대를 마련한 것이다.

앞에서도 이야기했지만, 아무렇게나 어휘가 나열된 국어사전을 상상해 보라. 아니면 사전을 만든 사람 제각각 나름대로의 원칙을 정해 놓고 어휘를 나열해 놓았다고 해 보자. 첫 번째보다는 두 번째가 낫겠지만 수십만 개의 어휘 중 한 단어를 찾는 일은 무척이나 힘들고 짜증나는 미로 게임일 것이다.

신문을 읽다가 모르는 단어가 나왔을 때, 시중에 나와 있는 '분류 사전' 하나를 놓고 단어를 찾아 보라. 모르긴 몰라도 상당한 시간이 걸릴 수밖에 없다. '분류 사전'은 전통적인 어휘집으로 글쓰기를 위해서는 편리하지만, 편찬자의 분류 체계를 따라 주어진 어휘를 찾는다는 것은 남의 속을 들여다

보는 것만큼이나 어렵다. 그리고 자신이 평소 이용하는 사전과 다른 자모 순서로 편찬된 사전을 놓고 단어를 찾아 보라. 우왕좌왕하는 자신의 모습을 발견할 것이다. 직접 이를 확인하고 싶거든 북에서 출간된 국어사전에서 '꼬마'라는 단어와 '아이'라는 단어를 찾아 보라. 단순한 자모 차이가 얼마나 큰 혼란을 줄 수 있는지 이해할 수 있을 것이다. 이러한 경험을 하고 난다면 우리 모두 약속의 소중함을 새삼 느끼게 된다.

이제 우리의 수수께끼 풀이는 중세에서 근대로 마당을 바꾸어 다시 시작한다. '중세'가 왕과 지식인들의 권위에 의해 질서가 세워진 시기였다면, '근대'는 언중(言衆)들 사이의 약속에 의해 질서가 세워지는 약속의 시대라 볼 수 있다. 세월이 지날수록 수수께끼 같은 약속들은 늘어만 간다. 이제 그 수수께끼의 베일을 하나둘 벗겨 보자.

한글은 언제부터 대중의 문자로 사랑받게 되었는가 ‖ 제10장 ‖

— 한글 가치의 재발견

1536년 최초의 한글 비석이 세워졌는데, 460년 이상이 지난 뒤에야 신문 기사에 이 비석이 소개되면서 세상에 알려졌다.

이 묘비는 세종대왕이 '훈민정음'을 반포한 지 꼭 90년 후인 1536년에 세워진 것으로 추정되는데 창제 당시와 똑같은 글씨로 새겨 세워진, 현존하는 가장 오래된 '한글 빗돌'로 평가된다. 그 내용은 "영한 빗돌이라, 건드린 사람은 재앙을 입으리라. 이는 글 모르는 사람더러 알리는 것"이라고 되어 있다.

1536년 (중종 31년)에
만들어진 최초의 한글 비석
'한글 고비(古碑)'라는 최초의 한글 비석으로 유형문화재 제27호에 지정되었다. 서울 노원구 하계동 한 산기슭에 있다.

묘소의 주인공은 이윤탁이라는 별로 알려져 있지 않은 인물인데 아직 한글이 대중화되지 못했던 시기에 '과감하게' 한글 묘비를 세웠다는 점이 이 묘비의 가치를 더욱 돋보이게 한다. 그 내용만 봐도 여늬 비문과는 달리 단지 '영(靈)한 빗돌'이니 함부로 다루지 말 것을 당부해 매우 서민적이다.

— 중앙일보, 1997년 4월 28일

우리는 비석에 새긴 내용을 통해서 한글에 대한 당시 사람들 인식의 밑바탕을 엿볼 수 있다.

한글로 새긴 비석이기 때문에 한자로 새긴 비석과는 무언가 다른 언어 의식이 담겨 있을 것이라고 생각할 수도 있다. 그러나 우리는 한글을 문자로 인식하지도 않은 시대 풍경을 볼 수 있을 뿐이다. '이는 글 모르는 사람더러 알리는' 것이라는 대목이 바로 그러한 해석을 낳게 한다. 어리석은 백성이 한자로 쓰면 모를까봐, 글 모르는 사람들을 위하여 '글도 아닌' 한글로 쓴 것이다.

언어의 독립과 나라의 독립

아래로부터의 동학운동과 위로부터의 개화운동을 경험한 조선 민중은 민족과 국가에 대한 자각을 갖게 된다. 갑오경장 이후 조선은 근대적 사회로의 역사적 큰 걸음을 내디딜 단계에 이른다. 독립협회 운동이 전개되어 민중 의식을 높이려는 노력이 펼쳐진다.

그러나 한반도를 둘러싼 열강들은 조선의 역사적 발전을 원하지 않았다. 그중에서도 일본은 청일 전쟁과 노일 전쟁의 승리로 한반도 주변의 여러 강대국들을 제치고 조선 왕조에 절대적인 영향력을 갖게 된다.

우리 민족이 새로운 국가로 나아가기 위해 독립협회 운동이 전개된 시기를 중심으로 우리말은 어떤 대접을 받았을까? 독립협회의 독립정신은 인간의 정신세계를 지배한다는 언어에서는 어떤 모습으로 전개되었을까? 이러한 물음에 대한 답을 통하여 언어의 독립과 나라의 독립을 같이 생각해 보는 기회를 갖는 것도 좋을 듯하다.

독립관은 사대주의의 상징인 모화관(慕華館)을 고쳐서 부른 이름이다. 모화관은 조선 시대에 중국 사신을 영접하던 곳이다. 바로 이 건물을 독립협회 회관으로 사용하고, 모화관 옆에 세웠던 영은문 자리에 독립문을 세운다.

독립협회는 이러한 외형적 독립에서 더 나아가 내면적 독립을 꾀하기 위해서 《독립신문》을 발간한다. 《독립신문》이 발간되기 전의 시대적 상황을 이해하기 위해서는 《한성순보(漢城旬報)》의 발간 경위를 살펴볼 필요가 있다.

우리나라 최초의 근대신문은 《한성순보》인데, 1882년 수신사로 일본에 다녀온 박영효 일행이 국민들을 계몽시키고 개화운동을 전개하기 위해서 1883년 10월 30일에 창간된다. 이 신문은 정부 기관에서 순한문으로 발행한 것으로, 이 시대 지배층이 갖는 문자 의식의 단면을 엿볼 수 있다. 이름대로 열흘에 한 번씩 14개월간 간행되었으나, 갑신정변이 일어나자 중단되었다. 1886년 1월 1일부터 일주일에 한 번씩 《한성주보(漢城週報)》로 속간되었으

나 재정이 어려워 1888년 7월 폐간되는데, 《한성주보》는 국한문을 혼용해
발간되었다.

1894년 11월에 고종은 우리 문자사에 기록될 획기적인 칙령을 공포한다.
칙령 제1호인 공문식(公文式)은 다음과 같다. "법률 칙령은 다 국문을 본으
로 삼고 한문 번역을 붙이며, 또는 국한문을 혼용함(法律勅令 總以國文爲本
漢文附譯 或混用國漢文)." 드디어 우리 문자의 우월한 가치를 공식적으로
인정받게 된 것이다. 그러나 한자가 우리 문자 생활에서 완전히 사라지지는
않는다. 또한, 이 칙령에서 우리 문자에 대한 명칭을 기존의 언문으로 하대
하던 것을 '나랏글'이라는 뜻의 '국문'으로 격상시킨 점이 주목된다.

우리말에 대한 이와 같은 인식은 종전과 다른 개혁적 성향을 띠게 된다.
1894년 12월 1차 갑오개혁 후 추진된 개혁의 기본 방향을 제시한 14개 조항
의 국가 기본법인 홍범 14조가 작성된다. 1895년 1월 7일 고종은 종묘에 나
가 홍범 14조를 포함한 〈독립서고문(獨立誓告文)〉을 선포하고 다음날 전국
민에게 널리 알리고자 순국문체와 순한문체 및 국한문 혼용체로 작성된 세
가지 윤음(綸音)을 반포한다.

이러한 시대 상황에서 유길준은 1895년 미국과 유럽을 돌아본 소감을 적
은 《서유견문(西遊見聞)》을 국한문혼용체로 간행한다. 이 책의 머리말에 소
개된 친구와의 대화는 그 당시 지식인의 언어관을 그대로 보여준다. '나'는
유길준이다.

《서유견문》이 완성된 며칠 뒤에 친구에게 보이고 비평해 달라고 하자, 그 친구
가 이렇게 말하였다. "그대가 참으로 고생하기는 했지만, 우리글과 한자를 섞
어 쓴 것이 문장가의 궤도를 벗어났으니, 안목이 있는 사람들에게 비방과 웃음
을 면치 못할 것이다." 그래서 내가 이렇게 대답하였다. "우리나라의 글자는 우
리 선왕 세종께서 창조하신 글자요, 한자는 중국과 함께 쓰는 글자이니, 나는
오히려 우리 글자만을 순수하게 쓰지 못한 것을 불만스럽게 생각한다. 외국 사

람들과 국교를 이미 맺었으니, 온 나라 사람들이 상하 귀천이나 부인과 어린이를 가릴 것 없이 저들의 형편을 알아야 할 것이다. 그러니 서투르고도 껄끄러운 한자로 얼크러진 글을 지어서 실정을 전하는 데 어긋남이 있기보다는, 유창한 우리 글과 친근한 말을 통하여 사실 그대로의 상황을 힘써 나타내는 것이 올바르다고 생각한다."

이와 같은 척박한 풍토에서 《독립신문》이 순한글로 발행된 것은 획기적인 사건이라고 볼 수 있다. 세종대왕이 훈민정음을 만들고 나서 450년 만에야 비로소 전면적 표기 수단으로 사용된 것이다. 이제 한글은 일부 계층이 아닌 모든 계층에 걸쳐서 사용될 수 있는 계기를 마련하게 된다. 《독립신문》은 이런 면에서 우리 문자사에 크나큰 기여를 했다. 창간호 논설은 다음과 같이 쓰고 있다.

우리는 첫째 편벽 되지 아니하므로 무슨 당에도 상관이 없고 상하귀천을 달리 대접하지 않고 모두 조선 사람으로만 알고 조선만 위하며 공평이 인민에게 말할 터인데 우리가 서울 백성만 위할 게 아니라 조선 전국 인민을 위하여 무슨 일이든지 대신하여 말하여 주려고 함.(중략) 모두 언문으로 쓰기는 남녀 상하 귀천이 모두 보게 함이요 귀절을 떼여 쓰기는 알아보기 쉽도록 함이라.(중략) 조선 국문하고 한문하고 비교하여 보면 조선 국문이 한문보다 얼마가 나은 것이 무엇인고 하니 첫째는 배우기가 쉬우니 좋은 글이요 둘째는 이 글이 조선글이니 조선 인민들이 알아서 한문 대신 국문으로 써야 상하귀천이 모두 보고 알아 보기가 쉬울 터이라. 한문만 늘 써 버릇하고 국문은 폐한 까닭에 국문만 쓴 글을 조선 인민이 도리어 잘 알아보지 못하고 한문을 잘 알아보니 그게 어찌 한심치 아니하리요.

그러나 이 모든 영광을 차지하는 《독립신문》도 다음과 같은 의문점을 남

독립신문 1896년 4월 7일 독립 협회에서 발행한 신문으로 우리나라에서 처음으로 발행한 현대식 일간지.

독립신문 영문판 창간호

긴다. 과연 우리는 '홀로 선' 것일까? 사대주의는 완전히 청산되었던가?《독립신문》을 통해서 우리는 진정한 언어 독립을 이루었는지 따져 보기로 한다. 역사 이래 1,900년 가까이 지배층의 상징으로 여겨졌던 한자가 공용 문자로서의 자리를 내주게 된 것은 그야말로 우리 민족의 언어사적 전환으로 기록될 만한 대사건이다. 서재필의 공로를 인정하는 데 조금도 주저할 필요가 없는 부분이다. 그러나 이러한 언어사적 전환은 구악의 요소를 뿌리째 뽑지 못하고 만다. 한자 대신에 영문자와의 만남은 그렇게 시작된다.

우리는《독립신문》이 한글판과 영문판이 있음을 주목할 필요가 있다(1~3면은 순한글, 4면은 영문). 영문판을 낸 이유를 "외국사람이 조선의 사정을 자세히 모르기 때문에 혹 편벽된 말만 듣고 조선을 잘못 생각할까 보아 조선의 실상을 알리고자 영문으로 조금 기록한다"라고 밝히고 있다. 영어는 그렇게 우리 곁으로 다가오기 시작했다.

서재필(1866~1951)은 조선인 최초로 미국 시민권을 얻은 인물이다. 서재필은 전남 보성에서 태어나 7세 때 판서이던 외삼촌 밑에서 공부하여 과거에 장원으로 급제한 뒤, 김옥균 등과 갑신정변을 일으켜 18세의 나이로 병조 참판 겸 정령관이 되었으나, 갑신정변이 실패로 끝나자 미국으로 망명한다. 1889년에 워싱턴 대학 의과 대학을 졸업하고, 박사 학위를 받는다. 미국에서 받은 교육은 그에게 약소민족의 독립을 염원하는 마음을 키워 주었을 것이다.

그러나 그가 발간한 《독립신문》이 영문판으로도 나온 것은 한자 중심에서 영어 중심으로 축이 넘어가는 시대 풍경을 반영한 데 지나지 않는다. 사실 세계의 패권이 중국에서 서구로 넘어간 국제적 변화가 이러한 상황을 제공한 것이다. 이 시대의 세계를 로마 제국이 지배했다면, 서재필은 어떻게 했을까? 언어 기호를 통해 현실세계를 재현할 수 있듯이, 현실세계의 권력이 언어 사용을 강요할 수 있다. 우리 민족이 왜 그동안 한자를 숭상했겠는가. 이제 중국은 그 권력을 잃어가고 있다. 우리는 더 강한 권력을 가진 언어에 종속될 것을 예비하고 있었던 것이다.

우리는 이 부분에서 과연 완전히 사대주의를 극복했는지 묻지 않을 수 없다. 이 시기에 언어 독립이 진정 이루어졌을까? 이제 대한제국은 일본의 식민지로 전락할 운명에 놓이게 된다. 언어 독립이 제대로 되지 않은 민족에게 어찌 나라 독립을 기대할 수 있을까? 역사의 새 수레바퀴는 그렇게 굴러가고 있었다.

그런데도 한쪽에서는 삐걱거리는 헌 수레바퀴를 힘겹게 되돌리려고 한다. 순한글의 독립신문이 우리 민족의 문자 생활로 정착하지 못하고 순한문의 문자 생활이 여전히 일부 식자층에서 애용되고 있었다.

문자는 국한문 혼용이라고 하나 거의 한자에 한글로 토를 단 정도의 신문으로 한학식자층의 독자들에게 환영을 받았다. 1,900년 가까이 내려온 한자 생활이 몇 년 사이에 그렇게 바뀔 만큼 허약하지 않았던 모양이다.

일본에게 나라를 빼앗긴 후에 우리는 다시 주권 회복의 목소리를 낸다. 나라의 독립을 얻기 위해 우리의 민족 대표들은 1919년의 〈기미독립선언서(己未獨立宣言書)〉에 다음과 같이 외친다. "吾等은 茲에 我 朝鮮의 獨立國임과 朝鮮人의 自主民임을 宣言하노라."

'우리'와 '吾等', '우리 조선'과 '我 朝鮮', '이것이'와 '是ㅣ', '시작하도다'와 '始하도다' 등의 표현 차이는 민족과 민족 대표간의 뛰어넘을 수 없는 의식 차이를 반영한 것이다. 진정으로 33인은 전 계층을 대표했는가? 그들은 사상적으로 우리 민족을 대표했는지 몰라도 언어적으로는 전혀 그렇지 못했다. 언어를 제대로 반영하지 못한 사상의 허약함을 다시 한 번 느끼게 한다. 혹시나 지배층이 민중의 의식과 동떨어진 현학적 문자놀이에서 벗어나지 못하고 현실을 제대로 살펴보지 못하였기 때문에 나라가 송두리째 빼앗기게 된 것은 아닐까 하는 생각을 해본다.

한글 가치의 재발견, 주시경

우리 문자가 처음 만들어졌을 때 명칭은 '훈민정음(訓民正音)'이었다. '백성을 가르치는 바른 소리'라는 의미이다. 줄여서 '정음'이라고 한다. 한자를 진짜 글인 '진서(眞書)'로 부르던 이 시대에 정음은 상말 글인 '언문(諺文)', '언서(諺書)', '언어(諺語)' 등으로 격하된다. 한편, 사대부가 아닌 여자나 아이가 사용하여 '암클'이나 '아햇글', 유교에 의해서 밀려난 불교의 중들이 사용하는 글이라는 의미로 '중글' 또는 '절글' 등으로도 불린다.

서양에서도 이와 비슷한 경우가 있는데, 'the vulgar tongue'이란 말이 그것이다. 이 말은 모국어를 가리키는데, 중세 라틴어에 대해 상대적으로 저속하고 세속적인 언어를 뜻하는 것이었다. 'vulgar'는 말이 상류계급에 대해 '저속한, 세속적인'의 뜻으로 사용되는 이유도 바로 이와 같은 맥락에서 이해된다.

일본 문자를 '假名'이라고 표기하고 'かな(가나)'라 부르는데 반해서, 한자는 '眞名(마나)'로 부른다. 가나가 '가타가나'와 '히라가나'로 나뉘는데, 히라가나는 필기체의 우아한 모양으로 1,000년경 궁중의 여성들 사이에서

'온나데[女手 : 여자의 필체]'라는 이름으로 유행했다.

훈민정음은 심지어는 한자를 읽기 위한 보조 수단이라는 의미로 한자의 발음 표기법의 명칭인 '반절(反切)'로도 불린다. 이러한 많은 명칭 중에서 훈민정음이 만들어진 15세기부터 갑오경장까지 '언문'이라는 명칭이 일반적으로 널리 사용된다. 갑오경장 후에 고종 황제가 종묘에서 자주 독립을 선포한 뒤, 법적으로 나랏글이라는 의미로 '국가문자(國家文字)'로 명칭을 정하게 된다. 줄여서 '국문'이라고 한다. '국서(國書)', '조선글' 등도 이와 유사한 의미로 붙여졌다. '가갸글'은 한글 음절의 차례를 '가갸거겨고교구규그기'로 한 데서 비롯했다.

'한글'이라는 명칭은 주시경에게서 비롯되었다고 한다. 이에 대한 명확한 기록은 없으나, 1913년 간행된 《아이들 보이》라는 잡지의 끝에 제목으로 '한글'이라 한 것이 있다. 이 명칭은 조선어학회가 훈민정음 반포 8회갑이 되는 해(60×8=480)인 1926년 음력 9월 29일을 반포기념일로 정하여 '가갸날'로 부른 뒤, 1928년에는 가갸날을 한글날로 고쳐 부르게 되면서 일반인에게 널리 알려진다. '한글'은 '한(韓) 나라의 글', '큰 글', '세상에서 첫째 가는 글' 등으로 해석될 수 있다.

주시경은 자신의 호를 순수한 우리말인 '한힌샘'으로 지었을 뿐만 아니라 자녀들의 이름도 모두 순수한 우리말로 지었다. 지금까지 언문으로 낮추어 불러오던 우리글에 새로운 이름을 붙이고 싶었던 그는 우리 한민족의 글인 동시에 세계에서 가장 으뜸 간다는 뜻으로 우리글을 '한글'이라고 한 것이다.

우리글은 주시경의 새로운 명칭 부여로 그동안 일부 계층에서 사용된 위치에서 모든 계층에서 널리 이용되는 어엿한 문자로 인정받는 계기를 맞는다. 사실 백성을 가르치는 바른 소리라는 '훈민정음'은 온 백성을 염두에 둔 것이 아니라 피지배층인 어리석은 백성을 대상으로 한 문자였다. 문자 생활의 큰 흐름은 세 층위로 나누어 볼 수 있는데, 한자는 지배층, 이두는 중간 관리, 언문은 피지배층에 속한다고 볼 수 있다. 그러므로 훈민정음이 비록 임금, 왕비, 왕대비, 중간관리, 하급관리 등의 계층에게도 일부 사용되기는 했지만 그것은 여전히 피지배층의 문자였다. 이러한 구분은 19세기까지 이어진다. 이제 한글은 모든 계층이 다 함께 쓰는 문자로 새롭게 탄생한 것이다. 세종의 애민정신도 그 시대가 갖는 한계를 극복할 수 없었다. 비로소 19세기가 지나서야 한글은 어리석거나 유식하거나 관계 없이 모든 백성이 두루 쓸 수 있는 문자로 가치를 인정받게 된다.

"귀절을 떼여 쓰기는 알아보기 쉽도록 함이라"
: 최초의 띄어쓰기

우리는 글을 쓸 때, 종종 띄어쓰기를 어떻게 해야 할지 망설인다. 띄어쓰기의 어려움에 당황할 때마다 모두 다 붙여쓸 수는 없는 것일까라는 의문도 갖게 된다. 한문의 경우는 모두 붙여쓰기를 한다(한문도 어절별로 띄어쓴다면, 이해도를 더 높일 수 있을 것이다.).

한문으로 된 문장은 띄어쓰기를 하지 않고 붙여쓴다. 《훈민정음 해례본》은 한문으로 쓰인 것임에도 불구하고 조금 특이한 모습을 보여준다. '國之語音', '異乎中國' 다음에 오른쪽 동그라미점(中圈點)이 보이는데, 구절마다 경계를 표시한 것이다. 띄어쓰기에 상대되는 개념은 붙여쓰기이다. 실제로는 훈민정음이 만들어졌을 때부터 줄곧 우리는 붙여쓰기를 해 왔다.

우리말은 중국어와는 다른데도, 중국어처럼 붙여쓰기를 했을 뿐 아니라 훈민정음의 자모를 만들 때도 한자의 네모꼴과 유사한 모습을 갖추려 했다. 그런데 붙여쓰기는 쓰기에는 쉬울지 몰라도 읽기에는 너무나 불편하다.

이와 같은 불편을 최소화하기 위해서 띄어쓰기가 생겨났다. 《용비어천가》에서도 띄어쓰기에 대한 의식을 엿볼 수 있다. '海東 六龍이 나라샤', '古聖

석보상절 붙여쓰기를 했으며 한자의 네모꼴과 유사한 한글 모습을 확인할 수 있다.

이' 다음에 '중간 동그라미점(中圈點)'이 보이고, '일마다 天福이시니' 다음에 오른쪽 동그라미점(右圈點)이 바로 이러한 기능을 하고 있다. 우리글에 대한 명실상부한 띄어쓰기는 《독립신문》에서 최초로 시작된다.

귀절을 떼여 쓰기는 알아보기 쉽도록 함이라.(중략) 또 국문을 알아 보기가 어려운 건 다름이 아니라 첫째는 말마디를 떼이지 아니하고 그저 줄줄 내려 쓰는 까닭에 글자가 위에 붙었는지 아래 붙었는지 몰라서 몇 번 읽어본 후에야 글자가 어디 붙었는지 비로서 알고 읽으니 국문으로 쓴 편지 한 장을 보자 하면 한문으로 쓴 것보다 더디 보고 또 그나마 국문을 자조 아니 쓴 고로 서툴러서 잘못 봄이라.

띄어쓰기가 독립신문 이후 지속된 것은 아니다. 1897년에 이봉운이 지은 《국문정리》에서는 《훈민정음 해례본》이나 《용비어천가》에서 보았던 방식의 우권점이 여전히 사용되고 있다.

띄어쓰기를 제일 처음 주장한 사람이 누구냐에 대해서 학계의 의견이 나뉜다. 일반적으로 주시경이 띄어쓰기를 주장한 것으로 보는데, 그는 독립신문 창간 보름 전 서재필을 처음 만났고, 당시 배재학당 학생 신분으로 사설의 내용과 형식에 관여할 입장이 아닌 데다 서재필이 창간사설을 썼다는 이유로 주시경이 아니라 서재필이라는 주장도 있다. 이러한 주장은 아울러 주시경이 1906년에 쓴《대한국어문법》서문이 국한문혼용이고, 1914년에 나온 저서에도 띄어쓰기가 제대로 돼 있지 않음을 지적하고 있다. 이외에《독립신문》창간호의 사설을 서재필과 주시경 두 사람이 공동으로 썼다는 주장도 제기되고 있다. 앞으로 이 문제는 좀더 차분하게 검토할 필요가 있다.

제11장

한글맞춤법통일안은 왜 만들어지게 되었나

― 표기법의 혼란과 표준어의 필요성

국어학자들이 일본에 유학을 간 까닭

개화기에 우리말을 연구한 학자들이 대부분 일본에 유학을 갔었다고 하면 얼핏 의아하게 들릴지도 모르는 일이지만 틀림없는 사실이다. 그렇다면 당시 국어학자들이 일본으로 유학을 가야 했던 이유는 무엇일까?

지금으로부터 120여 년 전 조선에는 개화의 바람이 불고 있었다. 1876년의 강화도조약을 필두로 하여 개화의 물결은 걷잡을 수 없이 닥쳐왔으니, 당시 우리의 국내외 상황은 오늘날보다도 더 급박하였다. 개화와 함께 외래의 선진 문물이 들어오면서 이를 배우려는 배움의 물결 또한 이어진다. 수신사(修信使)와 신사유람단(紳士遊覽團)이라는 이름으로 사신들이 오고가고 많은 젊은이들이 일본에 파견되어 선진문물을 보고 배우게 된다.

이 즈음에 나온 대표적인 책이 바로 유길준의 《서유견문》이다. 이 책은 유길준이 일본, 미국 등에서 공부하는 과정과 1885년 미국에서 귀국하는 길에 유럽을 들러 오면서 얻은 견문을 묶어 낸 것으로 1889년에 완성해서 1895년에 간행되었다. 이 책은 서양의 신문화를 국내에 널리 소개하여 큰 영향을 주었을 뿐 아니라, 서양의 과학 사상과 모습을 국민에게 알리는 계몽적 역할을 하기도 하였다.

이처럼 당시 개화 사상의 창구는 주로 일본 쪽이어서, 새로운 문물과 문화를 접하고 배우고자 한 지식인들은 일본으로 건너갔다. 아편전쟁 이후 청나라가 영국에게 패한 뒤 일본이 서둘러 개화를 하고 서양문물을 받아들인 결과였다. 일본 유학의 물결은 물론 한일합방 이후 더했지만, 19세기 말에도 그 열기는 실로 대단하였다. 우리에게 낯익은 당시의 국어학자들 가운데 상당수가 일본에 유학을 갔다는 사실이 바로 이러한 점을 반영해 준다. 1907년 학부에 설치된 최초의 한글연구기관이던 국문연구소의 위원들 대부분이 일본 유학파이거나 신학문을 배운 사람들로 구성된 점은 결코 우연이 아니었다.

앞서 언급한《서유견문》의 저자 유길준도 1881년(고종 18) 일본에 건너가 약 1년여 동안 게이오의숙〔慶應義塾〕(게이오 대학의 전신)에서 수학하였고, '우두'나 '종두'하면 떠오르는 지석영 역시 일본 유학파이다. 그는 국어학자로서도 잘 알려져 있는데,《신정국문(新訂國文)》(1905)을 간행하고 1908년에는 국문연구소 위원으로 활동하기도 하였다. 지석영이 일본에 유학을 하게 된 데에는 스승의 영향이 절대적이었던 것으로 보인다. 지석영의 스승은 박영선이라는 사람으로, 1876년 수신사 김기수 일행의 통역관이었다. 1880년에는 수신사 김홍집의 수행원으로 일본에 건너가 일본 위생국에서 두묘의 제조법을 배운 뒤, 서울에서 우두를 실시하였던 것이다.

당시 학부 편집국장을 거쳐 관립 한성사범학교 교장과 한성고등여학교 교장을 역임하고 1907년 국문연구소 위원을 지냈던 어윤적 또한 게이오의숙에서 수학한 바 있다. 이 밖에도 우리에게 잘 알려진 국어학자 박승빈과 최현배 등 20세기 전반기 국어연구의 선봉장들도 한결같이 일본의 유학파였다. 유학 당시 박승빈은 법학을, 최현배는 교육학을 전공하였다는 것도 흥미로운 사실 중 하나다.

이들과는 달리 주시경은 당시 국내에 들어와 있던 서양 선교사를 통해 서양 문물을 배운 예라고 할 수 있다. 배재학당 재학시절 주시경은 영어를 위시한 다양한 신학문을 익히고 독립신문 발간과 독립협회 활동을 하는 등 당시의 개화 지식인의 전범이 되었으니, 우리말과 우리글에 대한 연구도 바로 이러한 배경의 연장선상에 놓여 있는 것이다. 주시경은 강화도조약이 체결된 1876년에 태어나 한일합방 직후인 1914년에 세상을 떠났으니 그야말로 개화의 시기를 처절하게 살았던 인물이 아닐 수 없다.

드디어 나랏글이 되다

개화 사상의 정점은 바로 1894년에 단행된 갑오개혁에서 구체적으로 드러난다. 갑오개혁은 서양의 신문물을 받아들이겠다는 선각자들이 펼친 개화운동의 결과로, 개화당은 대원군으로 하여금 신정부를 만들도록 하고 마침내 6월 24일에는 개혁기관인 군국기무처를 신설하여 개혁사업을 구체적으로 진행했다.

군국기무처에서 단행한 개혁 가운데, 가장 우리의 관심을 끄는 것이 있다면 '언문(諺文)'이라는 한글의 명칭을 '국문(國文)'으로 바꾸고, 공식문서에서 한문을 폐지하고 국문인 한글을 쓰게 한 일이다.《고종실록》권 31 고종 31년(1894) 6월 28일, 관제(官制), 학무아문(學務衙門)에는 다음과 같은 기록이 보인다.

"편집국에서는 국문철자와 국문의 번역, 그리고 교과서 편찬 등의 업무를 관장한다…"

(編輯局, 掌國文綴字 各國文繙繹及敎科書編輯等事…)

사회 전반의 개혁은 중국의 사대모화 사상으로부터 벗어나 조선의 자주와 독립을 획득하고자 하는 실천적 노력의 결과였고, 이러한 자주독립의 기운 속에서 당시 개화기 지식인들이 우리말과 우리글에 관심을 기울인 것은 어찌 보면 너무나 자연스러운 일이었다. 또한 방언, 언어(諺語), 속어(俗語)로 부르던 명칭을 '국어(國語)'로 바꾼 것도 이 때이다. 5백년 조선의 역사에서 공식문서에 표기하는 공식어로 한문이 폐지되고, 국문인 한글이 채택된 것은 최초의 일이었으니 이는 실로 엄청난 대사건이 아닐 수 없었다. 훈민정음을 창제한 세종대왕조차 한문이나 이두를 폐지하지 않았는데, 갑오경장에 이르러 한글이 공식적인 나랏글로 등장하게 된 것이다.

이는 과거에는 상상도 할 수 없는 대변혁이었다. 조선 후기에 와서도 여전히 한글은 공식적으로 인정받지 못했으며, 심지어는 금지되기도 했기 때문이다. 순조 때에는 사역원의 시험에서 언해(諺解)로 취재하는 것을 금하였다는 기록이 있고, 고종 2년, 즉 1865년에 간행된 《대전회통(大典會通)》에서도 사채(私債)에 대한 서류를 꾸밀 때 언문으로 쓴 것은 무효라는 대목이 있으니, 19세기 후반기까지도 한글의 지위가 어떠했는지를 가히 짐작할 수 있다. 그런데, 그렇게 천시하던 한글이 국문으로 인정받게 되었으니, 이 사건은 변혁 가운데 변혁이라고 하지 않을 수 있겠는가!

이러한 분위기는 2년 후 ‘건양(建陽)’이라는 개국연호를 사용하는 데까지 나아간다. 조선왕조 내내 사용되던 중국연호(年號)를 버리고 개국연호인 ‘건양’을 쓰기 시작한 것이다. 이것은 바로 조선이 중국의 울타리에서 벗어나 비로소 자주적인 나라로서의 체모를 갖추었음을 의미한다. 당시 조선의 ‘독립’은 하루아침에 찾아온 것은 아니었다. 19세기부터 싹트기 시작한 근대의식과 주위의 선진문물을 꾸준히 접하면서 선각자들이 근대화를 위해 각고의 노력을 다한 결실이었다. 같은 해에 독립문이 세워진 것은 결코 우연이 아니라 조선의 독립, 즉 중국으로부터의 독립을 대내외에 과시하기 위한 것이었다. 독립문이 세워진 자리가 바로 조선이 역대 중국 사신을 영접하던 영은문(迎恩門) 자리라는 점이 이러한 사실을 잘 말해 주고 있다.

1897년에 지어진 최초의 순한글 책인 리봉운의 《국문정리》 서문에서는 당시의 이러한 사회적 분위기를 엿볼 수 있다.

나라 위하기는 여항의 선비나 조정의 공경이나 충심은 한가지기로 진정을 말하느니 대저 각국 사람은 본국글을 숭상하여 학교를 설립하고 학습하여 국정과 민사를 못할 일이 없시하여 국부민강하것만 조선사람은 남의 나라글만 숭상하고 본국 글은 아주 이치를 알지 못하니 절통한지라.

세종조께옵서 언문을 만드셨 것만은 자고로 국문학교와 선생이 없어 이치와 규범을 가르치며 배우지 못하고 입만 놀려 가갸거겨 하여 음만 입에 올려 안다 하되, 음도 분명히 모르니 한심한지라. 금자에 문명진보하려 하는 때요, 또 태서 각국 사람과 일, 청 사람들이 조선에 오면 우선 선생을 구하여 국문을 배우기로, 반절 이치를 물으면 대답지 못한 즉, 각국 사람들이 말하되, "너희 나라말이 장단이 있으니 언문에도 그 구별이 있어야 옳을 것인데, 글과 말이 같지 못하니 가히 우습도다" 하고 멸시하니 그러한 수치가 어디 있으리오.

총독부에서도 철자법 통일안을 만들었다는데

'한글맞춤법통일안' 하면 1933년 조선어학회에서 나온 것을 떠올리게 마련이다. 그러나 그 이전에는 과연 맞춤법 통일안이라는 것이 없었을까? 그리고 정부의 공식기관도 아닌 하나의 학회에서 만든 맞춤법안이 어떻게 그렇게 절대적인 공신력을 가질 수 있었을까?

한글맞춤법통일안은 그 이전에도 있었다. 1910년 한일합방이 일어난 이후인 1912년 4월 조선총독부에서는 《보통학교용 언문철자법(普通學校用 諺文綴字法)》이라는 책을 발간한 적이 있다. 일제는 합방 후에 보통학교에 쓰이는 《조선어독본》의 언문철자법을 평이하게 할 목적으로 여덟 명의 조사 촉탁원에게 지시하여 철자법을 결정하게 한 것이다. 조사원 가운데 일본인이 네 명, 한국인이 네 명이었는데, 현은, 유길준, 강화석, 어윤적이 그들이다. 이들은 1911년 7월부터 11월까지 다섯 차례의 회의를 거듭한 끝에 1912년 4월에 언문철자법을 확정하였는데, 비록 총독부에서 주도한 것이지만 우리 나라 최초의 철자법이라고 할 수 있다.

《언문철자법》의 서문에는 책의 출간 목적을 다음과 같이 밝히고 있다.

본 언문철자법은 종래의 언문철자법이 구구하여 교수(敎授)상 불편이 적지 않

으므로 보통교육상에 사용하게 할 목적으로 특히 이를 일정(一定)하여 보통학
교용 교과서에 채용(採用)한 것이다.

이 서문의 내용에서 우리는 두 가지 사실에 주목할 필요가 있다. 하나는
이미 이전에 언문철자법이 있었다는 사실과 다른 하나는 철자법이 통일되
지 않아 혼란이 많았다는 사실이다. 그렇다면 과연 종래의 철자법이란 무엇
일까? 그것은 바로 세종대왕이 훈민정음을 만들어 사용할 때 시행되었던 철
자법을 말한다. 즉, 소리나는 대로 쓰고, 받침은 여덟 자(ㄱ, ㅇ, ㄷ, ㄴ, ㅂ,
ㅁ, ㅅ, ㄹ)로만 표시한다는 원칙이 바로 그것인데, 이를 세종 당시는 '8종성
가족용(八終聲可足用)'이라고 불렀다. 여덟 글자만으로도 받침을 표기하기
에 충분하다는 뜻이었다.

그런데 이 8종성가족용의 원칙이 항상 유지되어 온 것은 아니다. 알다시
피 세종대왕 당시에 '종성부용초성(終聲復用初聲)'이라는 원칙이 또 있었
기 때문이다. 이 원칙은 '종성에는 초성글자를 다시 쓴다'는 것으로 초성에
올 수 있는 모든 글자는 받침에도 쓸 수 있다는 것이므로, 여덟 자만 받침으
로 쓸 수 있다는 주장과 늘 대립할 수밖에 없었다. 그러나 17세기에는 8종성
이 7종성으로 바뀐 것으로 보아 대세는 8종성가족용 원칙을 지키는 쪽이었
다고 볼 수 있으므로, 19세기에도 이 원칙이 어느 정도 유지되었다고 할 수
있다. 따라서 총독부의 《언문철자법》에서 말하고 있는 종래의 철자법이란 8
종성만을 받침으로 사용하는 표기법을 말한 것이다.

《언문철자법》의 서문에는 당시 표기법이 매우 혼란스러웠다는 내용이 있
다. 표기가 얼마나 혼란스러웠기에 이러한 표현이 나왔을까? 이에 대한 자
료는 1906년 주시경이 지은 《대한국어문법》에서 찾아볼 수 있다. 이 책의 내
용에 따르면 당시에 같은 뜻을 가진 형태를 매우 다양하게 표기해, 당시 표
기법의 혼란이 얼마나 심각했는지를 미루어 짐작할 수 있다.

<table>
<tr><td>현재 표기</td><td></td><td>당시 사용 예</td></tr>
<tr><td>씻어도</td><td>—</td><td>씨서도, 씻서도</td></tr>
<tr><td>씻으면</td><td>—</td><td>씨스면, 씻스면</td></tr>
<tr><td>믿어도</td><td>—</td><td>미더도, 밋더도, 밋어도</td></tr>
<tr><td>믿으면</td><td>—</td><td>미드면, 밋드면, 밋으면</td></tr>
<tr><td>맡아도</td><td>—</td><td>마타도, 맛하도, 맛타도</td></tr>
<tr><td>맡으면</td><td>—</td><td>마트면, 맛흐면, 맛트면</td></tr>
<tr><td>덮어도</td><td>—</td><td>더퍼도, 덥허도, 덥퍼도</td></tr>
<tr><td>덮으면</td><td>—</td><td>더프면, 덥흐면, 덥프면</td></tr>
</table>

　그렇다면 당시에 8종성가족용이라는 표기법을 따랐음에도 불구하고 왜 이와 같이 여러 표기가 생겨난 것일까? 이 의문의 실마리는 다름 아닌 연철과 분철이라는 표기방식에서 찾아 볼 수 있다. 연철표기란 말 그대로 받침을 조사나 어미에 연달아 쓰는 것으로, 그 전통은 훈민정음 창제 때까지 거슬러 올라간다. 당시에는 잘 지켜지던 연철표기가 16세기부터 조금씩 무너져 갔고 이에 따라 명사와 조사, 용언과 어미를 분리하여 표기하는 분철표기의 방식이 생겨나게 되었다(지금 우리가 쓰고 있는 방식이다.). 그리고 그 이후에는 연철과 분철을 혼합해서 사용하는 혼철표기가 등장하기에 이르렀다. 주시경이 받침이 있는 단어의 활용형은 보통 세 가지로 나타난다고 지적하였는데, 그 원인이 바로 여기에 있었다. 주시경의 입장에서는 이러한 표기 방식에 문제가 있으며, 이를 통일하기 위해서는 새로운 국문의 철자법이 필요하다고 생각했을 것이다. 이러한 세 가지 표기 방식의 혼란을 해소하기 위한 방책으로 주시경은 어간의 형태를 고정시키는 형태주의 표기를 주장했다. 지금 우리가 사용하고 있는 표기 방식이 바로 주시경의 견해를 따른 것임을 상기한다면 당시의 상황을 좀더 쉽게 이해할 수 있으리라.

　그렇다면 한일합방 이전에는 이러한 표기의 혼란에 대해 정부에서는 아무런 대책이 없었단 말인가? 1894년의 갑오개혁으로 한글이 국문으로 인정되고, 공식문서에 한글이 쓰이게 되면서 표기법의 통일은 당시에도 절박한 문제였을 것이다. 더욱이 당시 교과서 편찬 문제와 맞물려서 철자법의 통일은 매우 시급한 문제였음이 틀림없다.

그러나 갑오개혁은 그야말로 개혁이어서 이를 시행하는 데 있어서는 적지 않은 어려움이 있었다. 그것은 개혁 자체가 준비된 것이 아니었기 때문이다. 한글의 처지도 이와 비슷해서, 하루아침에 국문으로 격상되었으나 이를 체계적으로 정리하고 철자법을 통일할 만한 시간적 여유가 없었다. 따라서 당시의 표기법은 혼란스러울 수밖에 없었고, 또 이를 해결하기 위해 통일된 철자법을 마련하려는 움직임이 거세게 일어난 것도 자연스러운 수순이었던 셈이다.

1896년에 창간된 최초의 순국문신문인 《독립신문》은 이러한 분위기를 이끌어가는 중요한 역할을 하게 된다. 신문 사설란에는 '국문론'이 빈번하게 실렸는데, 하나같이 국문의 소중함과 사전편찬의 당위성, 그리고 철자법 통일의 필요성을 역설하고 있다. 다음은 《독립신문》 제1호의 사설 가운데 일부분이다.

우리 신문이 한문은 아니쓰고 다만 국문토로만 쓰는 거슨 샹하귀쳔이 다 보게 홈이라 또 국문을 이러케 귀졀을 쩨여 쓴즉 아모라도 이 신문 보기가 쉽고 신문 속에 잇는 말을 자셰이 알어 보게 홈이라 각국에셔는 사람들이 남녀 무론ᄒ고 본국 국문을 몬저 비화 능통훈 후에야 외국 글을 비오는 법인디 죠션셔는 죠션 국문은 아니 비오드리도 한문만 공부ᄒ는 까둙에 국문을 잘 아는 사람이 드물미라.

또 국문을 알아 보기가 어려운 건 다름이 아니라 첫지는 말마디을 쩨이지 아니ᄒ고 그져 줄줄니려 쓰는 까둙에 글즈가 우회 붓터는지 아리 붓터는지 몰나셔 몃번 일거 본 후에야 글즈가 어디 붓터는지 비로소 알고 일그니 국문으로 쓴 편

지 훈장을 보자 하면 한문으로 쓴 것보다 더듸 보고 또 그나마 국문을 자조 아니
쓴는고로 셔툴어셔 잘못 봄이라.

위 사설에서는 국문의 중요함과 당시 표음주의 철자법의 문제를 지적하
고 주시경이 주장하던 표의주의(형태주의) 분철표기를 역설하고 있다. 당시
주시경이 《독립신문》의 교정원으로 있었고, 사내에 국문동식회(國文同式
會)를 결성하여 한글 기사체의 통일과 연구에 힘쓰고 있었다는 점을 상기해
볼 때, 《독립신문》에 나타난 문자관은 주시경의 문자관을 그대로 반영한 것
임을 쉽게 짐작할 수 있다. 이 밖에도 국문론을 역설한 당시의 신문 사설에
는 다음과 같은 것들이 있었으니, 당시에 국문과 철자법에 대한 관심이 얼
마나 컸는지를 짐작할 수 있다.

이러한 철자법 통일의 움직임을 최초로 정리한 사람은 바로 지석영이었

개화기에 국문과 철자법의 필요성을 제기한 글들

1896 지석영 "국문론" 《대조선독립협회회보》 1호

1897 주상호 "국문론" 《독립신문》 47 · 48호

1897 신해영 "한문자와 국문자의 손익여하" 《대조선독립협회회보》 15–16호

1897 주상호 "국문론" 《독립신문》 114 · 115호

1898 "국문한문론" 《황성신문》 1권 20호

1899 "국문원류" 《황성신문》 2권 96 · 97호

1899 "타국 글 아니다" 《독립신문》

1899 "두 가지 힘" 《독립신문》 4권 202호

다. 그는 '신정국문(新訂國文)'이라는 통일안을 만들어 1905년에 고종 임금
에게 상소문 형식으로 제출하였고, 마침내 고종의 재가를 얻어 이를 공포하
기에 이르게 된다. 이는 여섯 개 항목으로 된 최초의 한글 맞춤법통일안이
라고 할 수 있다. 철자법과 관련한 내용으로는 받침으로 여덟 개의 자음만

을 쓰자는 종래의 표음주의를 채택했다는 점과 아래아(·) 자를 없애고, 된소리는 겹자음(ㄲ, ㄸ, ㅃ, ㅆ, ㅉ)으로 표기하자는 것 등이다.

그러나 갑작스럽게 통일안이 발표되자 이에 대한 논란이 거세지고 반대의견도 만만치 않았다. 특히 아래아(·) 대신에 새로운 글자 '='을 쓰자는 지석영의 의견은 사회적으로 큰 저항을 일으켜, 결국 이 최초의 통일안은 시행되지 못하고 만다. 이후 사회적으로 이러한 철자법 통일의 요구가 거세지고 논란이 확대되자 정부에서도 이 문제를 본격적으로 다룰 수밖에 없었다. 이를 위해 정부에서 만든 것이 바로 '국문연구소'이다. 이는 세종 때 설치된 정음청 이후 한글을 연구하는 최초의 국가기관인 셈이다. 위원장에는 학부 학무국장 윤치오가 임명되고, 위원에는 장헌식, 이능화, 권보상, 일본인 우에무라〔上村正己〕, 주시경 등이 임명되었다. 이후 어윤적, 이종일, 지석영, 이민응 등이 발탁되어, 1907년 9월 제1차 회의가 열린 뒤 1909년 12월까지 스물 세 차례 회의를 열어 논의를 한 결과, 1909년 12월 〈국문연구의정안(國文硏究議定案)〉이라는 이름으로 최종보고서를 학부대신에게 제출하였다.

그 주요내용은 국문의 연원과 국문 자체(字體) 및 발음의 연혁, 초성 8자의 사용 여부, 초성 중 ㄱ · ㄷ · ㅂ · ㅅ · ㅈ 다섯 자의 병서법의 통일작업, 중성 '='자의 창제와 ' · '자의 폐지 여부, 종성 ㄷ · ㅅ 2자의 용법과 ㅈ · ㅊ · ㅋ · ㅌ · ㅍ · ㅎ 6자의 초성 종성 통용 여부, 자모 7음과 청탁(淸濁)의 여부, 사성표의 사용 여부와 국어 음의 고저, 자모 음독일정(音讀一定), 자순과 행순의 일정, 철자법 등이다. 그러나 정부가 이 보고서에 대한 조처를 취할 겨를도 없이 한일합방이 되어 내용을 세상에 공포하지 못했다. 비록 세상에 공포되지는 못했지만 의정안의 내용은 매우 훌륭한 것이었다. 문자체계와 표기법면에서 볼 때, 오늘날 사용하는 맞춤법의 원리가 바로 이 의정안에 기초하였기 때문이다. 따라서 이 〈국문연구의정안〉이야말로 현대 맞춤법통일안의 뿌리이며 원조인 셈이다.

한일합방 이후 총독부는 이 〈국문연구의정안〉을 바탕으로 〈보통학교용언문철자법〉이라는 맞춤법통일안을 만들어서 1912년 4월에 공포했다. 이 철자법의 기본방침을 보면 다음과 같다.

본 철자법은 다음의 방침에 의한다.

1) 경성어를 표준으로 한다.

2) 표기법은 표음주의에 의하고 발음과 거리가 먼 역사적 철자법 등은 피한다.

3) 한자음으로 된 말을 언문으로 표기하는 경우에는 특히 종래의 철자법을 쓴다.

이 표기법은 받침으로는 'ㄱ, ㄴ, ㄹ, ㅁ, ㅂ, ㅅ, ㅇ, ㄺ, ㄻ, ㄼ'만 허용하고 된소리 표기를 'ㅆㅓ, ㅆㅏ'처럼 하여 ㅅ계로 통일하고, 'ㆍ'를 폐기하며 좌편 1점의 장음표시(ㆍ고)를 하는 등을 주요 내용으로 한다. 이 철자법은 이후 1921년 〈보통학교용 언문철자법대요〉라는 이름으로, 30년 2월에는 〈언문철자법〉이라는 이름으로 개정되었는데, 주된 내용은 된소리는 'ㄲ, ㄸ, ㅃ, ㅆ, ㅉ'의 병서로 하고, 받침은 'ㄷ, ㅌ, ㅈ, ㅊ, ㅍ, ㄲ, ㄳ, ㄵ, ㄾ, ㄿ, ㅄ'을 더 쓰며 어간과 어미, 체언과 토는 구분하여 적도록 한다는 것이었다.

총독부가 세 차례에 걸쳐 작성한 철자법통일안의 특징은 처음에는 표음주의를 택했다가 중간에는 표음주의를 원칙으로 하되, 표의주의를 어느 정도 인정하게 되고, 나중에 가서는 표음주의를 버리고 표의주의를 택했다는 점이다. 이러한 결과는 3년 뒤 만들어지는 한글맞춤법통일안과 매우 유사한 형태를 띠게 된다. 맞춤법의 기본원리가 표음주의에서 표의주의로 돌아서게 된 것은 무엇보다도 주시경 학파의 활발한 한글 운동에 영향을 받은 것이다. 더군다나 총독부의 언문철자법 심의 과정에 주시경의 제자들인 조선어학회 회원들이 대거 위원으로 발탁된 점도 맞춤법의 내용을 결정하는 데 큰 영향을 미쳤다. 심의위원 열네 명 중 일곱 명(장지영, 이세정, 권덕규, 정열모, 최현배, 신명균, 심의린)이 조선어학회 사람이었으니 말이다. 이로써

조선어학회 주도의 한글맞춤법통일안이 당시 다른 통일안 규정을 주장하였
던 박승빈 학파의 안을 누르고 채택되게 된 것이다. 이후 조선어학회에서는
심의에 참석한 일곱 명이 주축이 되어 1933년《한글 마춤법 통일안》을 만들
게 된다. 주시경은 비록 세상을 떠났지만, 그 철자법 정신이 후학들에 의해
계승되고 발전되어 마침내 꽃을 피우게 된 것이다.

표준어는 왜 필요한가?

군대를 다녀온 사람이라면 매일 달라지는 그날의 암호라는 것에 대해 모
르는 사람이 없을 것이다. '화랑-담배' '멸공-통일'과 같이 한쌍을 이루어
정해지는 암호는 밤에 초소를 지키는 병사들에게는 생명과도 같은 것이다.
만약 교대시간에 암호를 잊고 어물어물하다가는 적으로 오인되어 목숨이
위태로울 수 있기 때문이다.

장교들이 암호의 소중함을 설명할 때, 주로 드는 예가 전라도 사병의 사
투리에 대한 일화이다. 그날의 암호는 '창고-열쇠'였는데, 밤중에 교대 시
간이 되어 전라도 출신 사병이 교대를 하려고 초소에 올라갔다. 초소에 다
가가자 보초병이 '창고!' 하는 암호를 대자 전라도 출신의 병사는 무심결에
'쇳대'라고 대답했고, 이어 총소리가 들렸다. 그리고 병사는 바닥에 쓰러져
숨을 거두면서 한 마디를 남겼는데, '쇳대도 긴디…'라는 말이었다고 한다.
이 우스갯소리는 표준어의 중요성을 부각시키는 한편, 되도록 중요한 일에
사투리를 쓰지 말라는 암시로도 보인다.

그렇다면 사투리(방언이라고도 한다)는 마냥 나쁘고 사용해서는 안 되는
말이며 표준어는 좋은 말일까? 어느 시인의 말처럼 사투리에는 그 지방 사
람들의 삶의 체취가 고스란히 배어 있어 거부감보다는 정겨움과 애착이 느
껴지는 경우가 많다. 경상도 사투리에는 '아침 잡샀니껴?'와 같은 '~니껴

체'가 정겹게 남아 있어, 그런 억양을 내비치는 사람을 우연히 만나기라도 하면 마치 고향의 이웃집 '아재'를 만난 듯 마음이 푸근해진다. 전라도 사투리에서 쉽게 만날 수 있는 '징하게', '겁나게', '솔찮이', '새똥빠지게' 등과 같은 부사어 또한 얼마나 정겨운 말들인가.

사투리를 쓰지 말고 표준어를 써야 한다지만, 표준어로 사투리의 미묘한 맛을 제대로 표현하기가 어려운 경우도 많다. 전라도에서 활동 중인 작가라면 종종 사투리 때문에 애를 먹는 경우가 있다고 한다. 예를 들어, 전라도 말 중에 '뜬금없이'라는 말이 있는데, 간혹 원고를 쓸 때, '뜬금없이'라는 말을 쓰면 서울의 신문사에서는 어김없이 '느닷없이'라는 표준어로 바꾸어 버린다는 것이다. 사실 '뜬금없이'와 '느닷없이'의 뜻이 정확히 일치하는지는 더 생각해 보아야 한다. 전라도 사투리의 '뜬금없이'는 '갑자기', '느닷없이'라는 의미도 되지만, 그보다는 '엉뚱하게'라는 뜻을 더 많이 갖고 있는 것 같다. 이 밖에도 경상도 사투리에 '속 닥하게'라는 표현도 표준어로 바꾸었을 때 그 말맛을 적절히 표현해 주기 어려운 예라고 할 수 있다.

그러나 한글맞춤법과 표준어를 떠올려 보면, 그 즉시 사투리나 방언은 푸대접을 받을 수밖에 없으며, 사투리를 쓰는 사람들은 이내

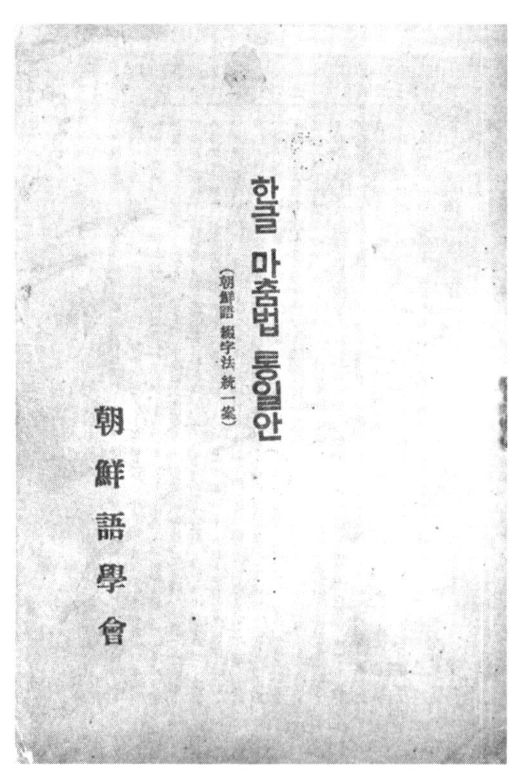

1933년에 제정된 《한글 마춤법 통일안》 표지

‘교양 없는’ 사람이 되고 만다. 한글맞춤법의 표준어 규정은 ‘교양 있는 사람들이 두루 쓰는 현대 서울말’로 정의하고 있기 때문이다.

그렇다면 우리나라에서 표준어라는 말이 처음 등장한 것은 언제부터일까? 표준어에 대한 본격적인 언급이 있었던 것은 아마도 1933년《한글 마춤법 통일안》부터라고 보아야 한다. 통일안의 총론에는 다음과 같은 내용이 있다.

한글 마춤법 통일안(1933) 총론
一, 한글 마춤법(철자법)은 표준말을 그 소리대로 적되, 어법에 맞도록 함으로써 원칙을 삼는다.
二, 표준말은 대체로 현재 중류 사회에서 쓰는 서울말로 한다.
三, 문장의 각 단어는 띄어 쓰되, 토는 그 웃 말에 붙여 쓴다.

맞춤법은 표준말을 대상으로 하며, 표준말은 서울의 중류 사회 사람들이 쓰는 말이라는 것이다. 그러나 이에 앞서 1912년에 총독부에서 제정한 〈보통학교용 언문철자법〉에도 현대 경성어(서울말)를 표준으로 삼는다는 말이 나온다. (총론 1항에 ‘현대 경성어를 표준으로 함’으로 되어 있다). 그러나 표준어에 대한 인식은 그보다 더 이른 시기인 19세기 말로 거슬러 올라갈 수 있다. 갑오경장 이후 근대화를 위한 개혁 작업 가운데 가장 먼저 변화를 가져온 것이 교육제도였으므로, 교원 양성을 위하여 제일 먼저 한성 사범 학교가 1895년 4월에 설립된 것은 우연이 아니었다. 이와 더불어 학교에서 필요한 교과서가 편찬되기 시작했으므로 교과서에 실린 내용은 어느 정도 표준어의 성격을 띠고 있었다고 보아야 할 것이다. 그렇다면 맞춤법에서 표준어를 강조하는 이유는 무엇일까? 방언을 가지고는 맞춤법을 만들 수가 없었던 것일까? 당시 맞춤법 통일안 작성에 참여했던 국어학자 이희승은 다음과 같이 표준어의 필요성을 말하고 있다.

맞춤법 통일의 필요를 절실히 느끼어 가지고, 정작 각개 단어의 맞춤법을 규정하려는 실제 문제에 들어가서 보니, 같은 내용 즉 같은 뜻을 가진 말이라도 여러 가지 발음이 있다. 뜻은 같은데 발음이 다르다. 지방에 따라서 다르고, 시대에 따라서 다르다. 지방에는 각각 사투리가 있고, 시대의 선후에 따라서는 옛말 현댓말의 다름이 생긴다.

즉, 맞춤법을 규정하려 해도 어떤 단어를 대상으로 해야 하는가 하는 문제에서 표준어 제정의 필요성이 부각되었다는 말이다. 그 예로는 중부 이북에서 '벼'라 하는 말을, 남도지방에서는 '나락'이라 하며, 거의 우리나라 전체에서 '파리'라고 하는 말을 어느 지역에서는 '포리'라고 한다든지, '팥, 팥'이라 이르는 말을, 일부 방언에서는 '폴, 퐅'이라고 불러 어떤 것을 대상으로 삼아야 할지 문제가 되었다. 실제로 '여우'란 말은 지방에 따라서는 '여시, 여수, 여스, 여호, 여깽이, 예끼' 등으로 일컬어지고, '무우'는 '무유, 무수, 무시, 무끼, 무꾸' 등으로 불리고, '어머니'란 말은 '어매, 어미, 에미, 어머이, 오마이, 오매' 등으로 발음하는 실정이었으니 표준이 되는 대상을 선정해야 할 필요가 있었던 것이다.

이 밖에도 발음이 혼동되어 어느 하나를 표준어를 설정해야 할 경우도 있었는데 다음과 같은 예들이었다.

전부터 기록하던 습관에 의하여 실제 발음대로 적지 못하는 예

아침을 "ᄋᆞ춤, 아참"으로 적기 쉽고,

가슴을 "가슴, 가삼"으로 적기 쉽고,

하늘을 "하늘, 하날"로 적기 쉽고,

토끼를 "톳기"로 적기 쉽고,

어깨를 "엇개"로 적기 쉽다.

한자음을 기록할 때에, 실제 발음과 어그러지는 예

   기차를 "긔챠"로 적으며,

   여자를 "녀즈, 녀자"로 적으며,

   정중을 "졍즁, 뎡듕"으로 적으며,

   낙원을 "락원"으로 적는다.

따라서 이와 같은 말 중에서 어느 것을 표준으로 하여 맞춤법을 규정할 것인가 하는 문제가 맞춤법 제정 당시 매우 중요한 문제였기 때문에 표준어 사정에 대한 관심 또한 컸다고 말할 수 있겠다.

그렇다면 표준말이 '현재 중류 사회에서 쓰는 서울말'이어야 하는 까닭은 무엇일까? 먼저 '현재'라는 시대적 조건을 명시한 것은 너무도 당연한 말인 듯하지만, 조금 더 들어가 보면 그리 간단하지는 않다. 현재를 살아가는 사람들의 맞춤법이므로 말은 자연히 현재 사용되는 말이어야 한다. 이 말에는 옛말은 표준어가 될 수 없다는 것을 뜻하는데, 옛말이란 그 말뜻을 아주 잊어버린 말, 곧 완전한 사어나, 그 뜻을 아주 잊어버리지는 않았으나 현실적으로 별로 사용되지 않는 말, 즉 세상에서 흔히 문어라고 하는 말 등을 포함한다. 이러한 말은 표준어가 될 수 없다는 의미다. 여기서 한가지 고려해야 할 것은 현재 사용되고 있는 말이라고 해도 너무 첨단을 걷는 새 말 혹은 시쳇말 등도 표준어에서 제외한다는 점이다. 우리가 요즘 유행하고 있는 말이나 새로 만들어진 말을 사전에서 찾으려 할 때 이러한 말들이 사전에 나와 있지 않은 이유도 사전의 표제어가 대부분 표준어를 대상으로 하기 때문이다.

표준어를 중류사회로 규정한 것도 계급적으로 가장 무난한 중간 계급의 말을 표준어로 삼고자 하는 뜻이 담겨 있다. 사회에는 각양각색의 집단이 있고 여러 계급이 있다. 학자, 농민, 상인, 노동자 등 참으로 여러 계급이 있고, 그 계급이 각각 특수한 말을 사용하고 있는데, 그 중에서 가장 일반성·보편성을 가진 말은 중등 교육의 상식을 가진 사람들과 그들의 가족이 사용하는 말, 즉 중류 계급의 말이라는 철학이 담겨 있다.

그렇다면 왜 서울말, 그것도 '교양 있는' 서울말을 표준어로 삼아야 하는가? 표준어란 일반적으로 한 나라의 공용어로 쓰이는 규범적 언어를 말한다. 어느 나라건 그 나라에는 대개 많은 방언이 있으므로 교육·정치·문화 등의 공용어로서는 그 가운데 가장 규격이 바른 방언을 택하여 대표적인 국어로 인정할 필요가 있는 것이다.

표준어는 자연히 발생하여 성립되는 경우도 있지만 인위적으로 제정하는 것이 원칙이며, 이런 경우 수도나 문화중심지의 교양 있는 사람들이 쓰는 언어가 표준어의 기반이 되는 일이 많다. 이런 까닭에 세계 각국에서는 자기 나라 수도에서 쓰는 말을 표준어로 삼는 것이 일반적이다. 한국의 서울말을 비롯하여 영국의 런던어, 프랑스의 파리어, 일본의 도쿄어 등이 모두 이런 예에 속한다. 그러나 반드시 수도의 말이 표준어가 되는 것은 아니다. 여러 방언 가운데 가장 큰 세력을 가진 문자나 언어가 표준어가 되는 일도 있기 때문이다. 예를 들면 독일에서는 종교개혁으로 유명한 루터의 독일어가, 그리고 이탈리아에서는 단테, 페트라르카, 보카치오 등의 작품에서 사용한 피렌체라는 도시의 상류사회 언어가 표준어의 위치를 점유하고 있다고 하니 표준어의 종류와 역사도 그리 간단하지는 않다.

맞춤법이 먼저인가 사전이 먼저인가?

"1896년 차갑고 안개 낀 어느 가을 오후, 영국 버크셔 주 크로손이라는 작은 마을에서 현대 문학사상 가장 주목할 만한 만남이 이루어졌다고 한다. 이 기인한 만남의 주인공 중 한 사람은 나중에 《옥스퍼드 영어 사전》이라고 불리게 된 위대한 사전의 편집인인 닥터 제임스 머레이였다. 그날 그는 옥스퍼드에서 기차를 타고 90킬로미터나 달려온 참이었다. 그가 이 마을에 온 목적은 《옥스퍼드 영어 사전》을 만드는 데 핵심적인 역할을 한 수천명의 자원봉사자 중에서도 가장 크게 기여한 닥터 W.C. 마이너라는 비밀에 싸인 인물을 만나기 위해서였다. 거의 20년에 달하는 세월 동안 닥터 머리와 닥터 마이너는 사전을 좀더 잘 만들기 위해 정기적으로 편지를 주고 받았다. 하지만 두 사람이 직접 만난 적은 지금까지 한번도 없었다. (중략) 머레이가 기차역에 도착하니 번쩍번쩍 빛나는 2인승 마차와 제복을 입은 마부가 기다리고 있었다. 그가 마차에 오르자 마차는 버크셔의 시골길을 덜커덩거리며 달렸다. 한 20분쯤 지났을까, 마차는 양쪽에 백양목이 쭉쭉 뻗은 길로 접어들었다. 그리고 그 긴 길 끝에 좀 무시무시한 붉은 색 벽돌 저택이 나타났다. (중략) 머레이는 정중하게 머리를 숙이면서 인사말을 건넸다. (중략) 잠시 침묵이 흘렀다. 바로 그때 책상 앞에 서 있던 남자가 헛기침을 하더니 드디어 입을 열었다."

이것은 《교수와 광인(The Professor and the Madman)》이라는 책의 도입 부분에 나오는 이야기다. 위의 다음 이야기는 이렇게 이어진다. 머레이 박사의 인사를 받은 이는 그가 만나고자 했던 마이너 박사가 아니라 브로드무어 수용소의 원장이었다. 그곳은 다름 아닌 범죄를 저지른 정신병자를 수용하는 곳이었고, 마이너 박사는 20년 넘게 그곳에 갇혀 있던 수용자였던 것이다. 이 사건과 관련된 서류는 영국정부로부터 100년 넘게 비밀문건으로 분류되었다가 최근에 공개되어 세상에 알려지게 되었다. 100여 년 전 사전을 만들기 위해 두 사람이 겪은 감동의 드라마가 100여 년이 지난 지금에서야 그 모습을 하나씩 드러내기 시작한 것이다.

흥미롭게도 머레이와 마이너가 심혈을 기울여 옥스퍼드 영어 사전을 만들던 때 동방의 한 나라인 한국에서도 사전을 만들기 위한 각고의 노력들이 싹트게 된다. 물론 그 이전에도 우리 나라에 사전이라는 것이 없었던 것은 아니지만, 그것은 단순히 한국어와 중국어의 단어를 대역한 사전이었거나 몇 종류의 어휘를 모아 놓은 어휘집의 성격을 띠고 있었으므로 오늘날의 사전에 비해서는 여러 가지로 부족했다. 19세기에 들어와서는 서양의 선교사들이 포교를 위해 만든 한영대역사전이 등장했지만, 모두 우리말을 위한 본격적인 사전이 아니었다.

그러다가 갑오경장 이후 근대화의 물결에 따라 우리말과 우리글이 제대로 대접을 받게 되자 한글이 국문으로 격상되고, 철자법의 통일 문제가 대두하면서 우리말의 어휘를 정리하여 한데 모아야겠다는 생각이 싹텄다. 국어사전의 편찬작업이 대두된 것이다. 이러한 분위기는 당시의 여러 책과 글에 나타나 있는데, 1897년 리봉운은 그의 저서 《국문정리》 서문에 "반절이치를 알 사람이 적기로 이치를 궁구하여 언문옥편을 만드러"라고 주장하면서 사전편찬의 중요성을 밝히었고, 또한 주시경도 1897년 《독립신문》의 '국문론'에서 "국문으로 옥편을 믄드러야 홀지라"라고 하여 국어사전의 편찬을 강조하였다.

그렇다면 그렇게 애타게 부르짖던 우리말 사전은 왜 해방 이후에야 만들어지게 되었을까? 우리말 사전은 생각만큼 일찍 만들어지지 못했다. 아니 일제의 탄압을 받지 않았더라면 맞춤법통일안과 함께 좀더 이른 시기에 등장했을지도 모른다.

사전 편찬은 '광문회(光文會)'의 창설과 깊은 관련을 맺는다. 광문회는 1910년에 창설된 한국고전 간행기관으로 을사조약이 체결된 이후 학자들이 일으킨 국민계몽운동의 일환이었다. 그들은 애국적인 견지에서 독립정신을 불러일으키며 새로운 지식을 널리 전하고자 하였고, 이러한 분위기 속에서 자연히 국어사전 편찬의 계획이 세워지게 되었다. 광문회에서 주시경과 그의 제자들인 김두봉, 권덕규, 이규영 등의 국어학자들이 민족주의적인 애국계몽의 수단으로 사전편찬 작업에 착수한 것이다. 1911년부터 편찬 작업이 시작되어 원고 집필은 거의 마무리되었고, 이 때 만들어진 것이 최초의 국

주시경의 《말모이》 원고

어사전 《말모이》다.

　현재 남아 있는 원고로는 그 첫째권으로 보이는 '가~갈죽'까지의 자료인데, 그 분량은 240자 원고지로 153매이며, 고본의 표지는 'ㅁㅏㄹㅁㅗㅣ'로 가로 풀어쓰기로 되어 있다. 그러나 이 《말모이》는 세상에 나오지 못했다. 편찬에 참여한 주시경이 갑작스레 사망하고, 김두봉도 중국으로 망명하면서 출판을 미루다가 1927년 원고를 계명구락부에 넘겨 주었으며, 여기서 다시 박승빈을 중심으로 최남선, 정인보, 변영로 등을 편찬위원으로 하여 《말모이》의 남은 원고를 받아 사전편찬 작업을 이어갔다. 이 때 총독부에서 《조선어사전》이 나왔지만 이는 일본인을 위한 사전이었으므로 엄밀한 국어사전은 아니었다.

　그러다가 1929년 10월 31일 사회 각계 인사 108인의 발기로 '조선어사전편찬회'를 조직하였고, 1930년 1월 6일부터 5인의 편찬위원회를 두고, 사전

편찬의 역사적 사업을 착수한 결과 첫째권은 1947년 10월 9일, 둘째권은 1949년 5월 5일, 셋째권은 1950년 6월 1일, 넷째권은 1957년 8월 30일, 다섯째권은 1957년 10월 9일에 이르러 완간하게 되었으니 실로 50여 년에 걸쳐 이루어진 선인들의 위대한 걸작이었다. 옥스퍼드 영어 사전을 만들기 위해 20여 년 동안 머레이와 마이너가 보여준 감동적인 이야기보다도 더 감동적이고 극적인 이야기가 아닐 수 없다. 무엇보다도 사전 편찬을 위해 일제의 탄압에 맞서고 감옥에서 순직한 학자들도 여럿 있었으니, 목숨을 바쳐 일구어 낸 우리 겨레의 유산이 아니고 무엇이겠는가.

이렇게 우여곡절 끝에 세상에 나온 국어사전은 이후 한글맞춤법통일안이 바뀔 때마다 계속해서 수정되고 개정되어야 하는 진통을 겪는다. 이는 사전보다도 맞춤법통일안이 먼저 나왔기 때문에 벌어지는 어쩌면 기이한 일인지도 모른다. 사전이란 언어생활의 결과가 녹아들어 정리된 것이므로, 서양의 문자 생활은 사전을 중심으로 이루어진다고 할 수 있다. 그러나 우리의 형편은 언어생활에서 사전보다는 맞춤법통일안이 더 중심적인 위치에 놓여 있는 것 같다. 사실 우리나라처럼 맞춤법통일안을 가지고 있는 나라가 세계에 그리 흔치는 않을 것이다(얼마전 독일에서 철자법통일안을 내놓은 적이 있다). 우리가 영어나 불어 등의 외국어를 배울 때, 그 나라의 맞춤법통일안을 공부한 적은 결코 없다. 그 나라 사전만 있으면 외국어 공부에 아무런 문제가 없으나, 우리의 경우는 사전보다는 맞춤법통일안으로 철자법과 표준어, 표준발음의 규칙을 공부하게 된다.

이것이 바로 국어사전과 한글맞춤법통일안의 운명인지도 모르며, 한국어의 특징이 바로 이러한 이원체제를 낳았는지도 모를 일이다. 사실 서양의 언어는 우리처럼 받침이 없고 띄어쓰기가 일찍이 발달했기 때문에 맞춤법에 대한 고민이 그리 많지 않았을 것이고, 따라서 맞춤법통일안과 같은 규범이 그다지 필요가 없었을지도 모른다. 철자와 발음, 그리고 문법적인 사항까지도 모두 사전 속에 담겨 있기 때문이다.

또 하나 우리에게 맞춤법통일안이 필요했던 이유는 19세기 말에 들어와서야 한글이 국문으로 인정받았기 때문일 수도 있다. 보다 이른 시기부터 제대로 한글을 쓰고 갈고 닦았다면 우리에게도 훌륭한 국어사전이 일찌감치 생겨났을지도 모르며, 맞춤법통일안과 같은 규범이 생겨나지 않았을지도 모른다. 그러나 갑오경장 이후에 본격적으로 사용되기 시작한 한글표기로 인해 그동안 묻혀 왔던 많은 오류와 시행착오들이 한꺼번에 쏟아졌고, 이를 어떻게든 바로 잡아야 할 필요가 절실했던 것이다.

오늘날 한국 사람들은 사전을 장식품처럼 여기는 경우가 많다. 가죽정장으로 된 멋진 국어사전이 집집마다 서재의 한구석에 고이 간직되어 있는 경우가 대부분이다. 영어사전은 닳고 닳게 들여다보지만, 국어사전만은 깨끗한 채로 2대 3대째 대물림 하는 경우도 많다. 어느 조사에 따르면 한국 사람들은 모르는 단어가 나올 때만 사전을 찾는다고 한다. 이에 반해 서양사람들은 일상의 언어생활에서 궁금한 표현이 나오거나 좀더 정확한 용법을 알고 싶을 때 사전을 찾는다고 한다. 사전을 늘 곁에 두고 생활화한다는 이야기다. 이렇게 사전의 용도에 차이가 나는 것도 어쩌면 서양의 사전 역사와 우리의 사전 역사가 다르기 때문인지 모른다. 그리고 국어사전에 앞서 한글맞춤법이 등장할 수밖에 없었고, 맞춤법통일안이 언어생활의 중심이 되어버린 우리의 형편 때문인지도 모른다.

지난 1999년 한글날을 즈음하여 세 권짜리 방대한 국어사전이 새로 발간되었다. 국립국어연구원이 8년에 걸쳐 총 92억 원을 투입하여 만든 《표준국어대사전》(1~3권)이 바로 그것인데, 여기에는 모두 50만 개 어휘와 1만 개 가까운 삽화를 수록해 국민 언어생활의 표준을 제공하는 데 역점을 두고 있다. 특히 북한말을 체계적으로 반영함으로써 남북한 언어의 동질성 회복을 위한 토대를 구축한 점도 빠뜨릴 수 없는 대목이다. 또한 디지털 시대를 맞이하여 방대한 전자사전을 구축중에 있으므로, 인터넷상에서 보다 효과적인 언어생활을 누릴 수 있는 날이 머지 않았다. 여기서 한 가지 잊어서는 안

되는 것은 이처럼 방대한 국어사전과 전자사전의 등장이 다름 아닌 선인들의 피와 땀의 소산이라는 사실이다. 우리말 사전이 만들어지기까지 얼마나 많은 인고의 노력이 필요했는가를 되새겨 볼 때다. 그리고 우리 사전을 더욱 발전시키기 위해 우리는 어떤 노력을 기울여야 할지도 진지하게 음미해 볼 때가 아닐까.

— 풀어쓰기를 실천한 사람들

"ㄴㅏ ㄴㅓㄹㅡㄹ ㅅㅏㄹㅏㅇㅎㅏㄱㅗㅣ ㅆㄴㅡㄴ ㄱㅓㅅ ㄱㅏㅌㅏ."

같은 반 친구에게 사랑을 느껴 버린 어느 소년이 창가에 앉아 있는 소녀의 책상 위에 이런 쪽지가 든 책 한 권을 슬며시 놓고 나갔다. 소년은 사랑한다고 쓰는 게 부끄러웠을까 아니면 갑자기 찾아 온 새로운 감정을 사랑이라고 하는 게 맞는지 몰라 혼란스러워 하고 있을까. 퍼즐처럼 풀어진 문자들이 소녀의 마음속에서 모아져 '사랑'을 그려 놓을 수 있다면 좋으련만.

내 일기장을 누군가 보지 않을까 하는 걱정으로 글자를 풀어 쓴 경험은 없는가? 사춘기 시절 유치하지만 나만의 이야기를 적고 싶은 마음에 "ㅗㄴ ㅡㄹㅡㄴ …"이라고 시작하는 일기를 썼던 사람도 있을 것이다. 우리 글자를 비밀을 담은 암호처럼 썼던 기억이 남아 있는 사람들은 파스텔 톤으로 떠오르는 추억에 눈을 감고 있을지도 모를 일이다.

그런데 실제로 이런 글자로 우리말을 담아 내고자 시도한 적이 있었다. 한글을 만들었을 때는 'ㄱ, ㄴ, ㄷ, ㄹ, …'와 'ㅏ, ㅑ, ㅓ, ㅕ, …'를 따로 만들었으니, 이를 풀어 써 우리말을 담아 내고자 한 시도는 당연한 것이었다. 훈민정음 창제에 영향을 끼쳤다고 거론되는 아시아의 인도계 문자들도 알파벳과 같이 풀어 쓰지 않았는가. 그러나 어찌된 일인지 우리 나라에서 풀어 쓰는 일은 이상(理想)일 뿐이었다.

한글을 창제한 세종 때부터 우리 글자는 모아 써 왔으니 풀어 쓰는 일은 생소한 실험이 될 수밖에 없었다. 왜 모아 썼느냐고 물을 기회도 없이 모아 쓴 글자는 그 글자 그대로 자연스러운 것이 되었다. 어떻게 풀어쓰기를 할 수 있느냐고 두 눈이 둥그렇게 된 사람들은 지금까지 써 온 방법만 생각할 수밖에 없었다. 지금까지 쓰여 온 대로 관습화되었으니까 여기에 무슨 반론이 있을 수 있겠는가. 그럼에도 불구하고 어떻게 풀어 쓰지 않을 수 있느냐고 되물으며 이를 관철시키고자 하는 사람들도 있었다. 육십여 년이 넘는 기간 동안 풀어 쓰고자 하는 노력은 계속되었고, 뜨거운 논쟁이 뒤를 따랐다. 팽팽한 논쟁 속에 의문은 다시 500년 전으로 거슬러 올라간다. 왜 세종은 풀어 만든 글자를 모아 썼을까?

꽃과 노란 어린이 종이에 유채로 그린 이중섭의 1955년 작품. 이중섭이 자신의 이름을 풀어쓰기로 적은 것이 흥미롭다. 이중섭은 오산학교 시절 이후 죽을 때까지 자신의 그림에 'ㅈㅜㅇㅅㅓㅂ'이라는 풀어쓰기 한글 외에 영문이나 다른 글로 사인을 한 적이 없었다. 우리말과 글을 빼앗기고 이름조차 일본 이름으로 바꿔야 하는 그 시대에 한글로 이름을 표기한다는 것은 대단한 용기였다.

풀어 만든 글자를 모아 쓴 까닭

한글의 우수성에 대해 설명했던 국어 선생님들은 한글이 알파벳과 같은 '음소 문자'로 가장 발전된 문자 형태라고 했다. 이 사실을 머릿속에 기억하고 있는 사람들이 영어를 배우게 되면 의문이 하나 생길 수도 있다. 영어 알파벳을 쓰는 방법과 한글을 쓰는 방법이 다른 것 같은데 선생님은 왜 이들을 같은 음소 문자라고 했을까? 음절이라는 개념을 아는 사람은 이런 의문 섞인 답을 내 보일 수도 있을 것이다. "한 음절 단위로 글자를 모아 쓰니까 음절 문자라고 하는 게 옳지 않을까?"라고.

그런데 확실한 것은 한글이 음소 문자라는 사실이다. 단지 한 음절 단위로 음소 문자를 모아 써 온 것이 특이할 뿐이다. 그럼 왜 음소 문자인 한글을 이렇게 모아 쓰게 되었을까? 음절 문자에서 음소 문자로의 변천이 발전이라고 한다면 우리는 퇴보일까 아니면 어정쩡한 중립일까? 여기에도 우리 조상들의 지혜가 숨어 있었다고 말한다면 지나친 쇼비니즘일까? 그러나 음소 문자를 만들어 음절 단위로 모아 쓴 세종과 집현전 학자들은 우리말의 특성을 생각하며 새로운 문자의 사용법을 만들었을 것이다. 풀어 만든 글자를 모아 쓰게 한 우리말의 특성이란 것은 무엇일까?

우리가 말소리를 들을 때 우리 머릿속에서는 그 소리를 어떻게 받아들일까? 말소리는 자음과 모음이라는 각각의 소리로 이루어져 있지만 우리는 그것을 한데 합하여 듣는다. 말소리를 들을 때 이를 자음과 모음으로 나누어 듣는 사람은 없을 것이다. 발음을 할 때도 마찬가지이다. 우리는 항상 자음과 모음이 합쳐져서 이루어지는 음절을 발음한다고 생각하며 말한다. '음절'에서 '절(節)'이 '마디'란 뜻이니, 이는 사람들이 음절을 소리의 단위로 보고 있다는 말이다. 소리 문자가 처음 만들어졌을 때 그것이 음절 문자의 형식을 띤 것은 어찌 보면 자연스러운 현상이다. 동서양 할 것 없이 사람들은 기본적으로 이 음절을 소리의 한 단위로 생각하고 있었으니 말이다. 그것이 오랜 세월 관습화된 의식이든 물리적인 특성이든 말소리의 실제 단위는 음절이고, 세종은 말소리의 실제 단위를 표현하고자 했다.

그러나 말소리는 자음과 모음으로 나뉘어 있으니, 자음을 표현하는 문자와 모음을 표현하는 문자를 각각 만들어 이용하는 것이 말소리의 표기를 위해서는 합리적이다. 보다 적은 수로 보다 많은 소리를 나타낼 수 있을테니까. 모든 소리 문자가 음절 문자에서 시작해 음소 문자로 귀결된 것은, 그리고 음절 구조가 단순한 일본어가 음절 문자로 표기되는 것은 말소리와 문자의 관계에 있어서 자연스러운 결과라 할 수 있다. 결국 세종과 집현전 학자들은 소리를 이루는 단위인 음절을 생각하고, 소리가 분석되는 최소의 단위인 음소를 동시에 고려한 문자와 문자 사용법을 고안해 냈다. 음소 문자를 만들어서 모아쓰기 규정을 만들고 이를 음절 문자처럼 쓰도록 한 것은 이러한 통찰의 결과가 아닐까.

그런데 여기에 의문이 하나 생긴다. 음절을 소리의 단위로 인식하는 사람들이 우리 나라 사람만은 아닐텐데, 음소 문자를 음절 단위로 모아 쓴 문자는 한글뿐이라는 게 이상하지 않은가. 과연 세종과 집현전 학자들의 절묘한 결정은 말소리의 특성만을 고려해서 내린 것일까? 여기에 시대적 필요성 같은 다른 요인은 없었을까? 있었다면 음소 문자를 음절 단위로 모아쓰게 한 시대적 요구란 무엇이었을까? 우리는 여기서 다시 한번 훈민정음의 창제 목적에 대한 이야기를 할 수밖에 없다. 훈민정음의 창제 목적은 여러 가지가 있었지만, 그중 가장 실질적이면서도 중요한 목적은 조선 한자음의 정리였다. 한자음의 정리라는 시대적 과제는 풀어 만든 글자를 모아 쓰게 만드는 데 결정적인 역할을 했다. 한자음의 정리와 문자 사용법이 도대체 어떤 관련이 있다는 말인가?

한자가 처음 중국에서 들어올 때는 그 당시의 중국음과 거의 비슷했지만 세월이 지나면서 우리의 한자음과 중국음은 점점 차이가 날 수밖에 없었다. 외국 원음이 세월의 흐름에 따라 혹은 받아들이는 사람들의 발음 구조에 따라 변한다는 것은 우리 생활 속에서도 알 수 있다. 'radio'가 들어와서 '라디오'가 되고 심지어는 '나지오'가 되지 않는가. 세종은 한자의 중국음과 조선음의 차이를 실감하여, 이를 각각 달리 표기하는 방안을 생각해 보았을 것이다. 새로운 소리 문자는 이들 한자음의 정확한 표기를 위해 필요한 것

이었다. 이런 의미에서 훈민정음은 말의 소리를 기록하는 발음기호의 역할
을 했다고 할 수 있다. 닭의 울음소리도 표기할 수 있다고 한 집현전 학자
정인지의 말은 이런 특성을 설명한 것이며, 오늘날 한글을 국제 음성 기호
로 만들고자 하는 것 또한 발음기호로 만들어진 훈민정음의 특성을 고려한
시도라 볼 수 있다.

　결국 새로운 문자가 표기하고자 한 한자(漢字)가 음절과 대응되는 사실은
훈민정음의 운용법을 결정 짓는 요인이 되었다. 즉 한자 한 자가 한 음절로
표현되는 관계로, 새로운 소리 문자는 운용상 음절을 표현하는 음절 문자의
모습을 띠게 된 것이다.

풀어쓰기의 원조, 주시경의 실험

　풀어쓰기에 대한 논의가 언제부터 시작되었을까? 훈민정음을 창제했을
때부터였을까? 아니면 우리 나라 사람들이 알파벳을 알게 되면서부터였을

까? 아니면 특별한 시점이 없이 드문드문 제기되어 오는 그냥 그런 의견이었을까? 풀어쓰기에 대한 제언이 언제부터 시작되었는지 정확한 시점을 잡기는 어렵지만 표기법 문제가 생길 때마다 자주 거론되던 문제였다.

풀어쓰기에 대한 공식적인 논의로 지금 확인할 수 있는 것은 1908년 12월에 제출된 국문연구소의 〈국문연구안〉에 나타난 논의이다. 그러나 이러한 논의 속에 '풀어쓰자는 주장이 있음'을 증언하는 말이 나오는 것으로 보아, 풀어쓰기 문제가 공론화된 것은 이보다 훨씬 이전이었음을 알 수 있다. 하여튼 이 때부터 풀어쓰기는 찬성과 반대 의견이 팽팽히 맞선 채 이후로 60여 년 정도 논란의 대상이 되었다. 그런데 풀어쓰기는 논란의 대상이었을 뿐만 아니라 실천의 문제이기도 했다. 실제 풀어 쓴 글이 공식 문서나 출판물에 나타나기도 하였는데, 이러한 시도의 중심에 주시경이 있었다.

주시경은 〈국문연구안〉의 논의 과정에서는 원칙상 횡서(橫書 : 풀어쓰기)가 정당하나 훈민정음 이래로 내려오는 전통을 따르자는 현실안을 내놓은 바 있어 그의 시도는 실험 정신의 발로였음을 알 수 있다. 그러나 그는 1908년부터 작고하던 1914년까지 7년 사이에 풀어쓰기에 대한 주장을 발전시켜 나갔다. 초기에는 단순한 방안의 제시에 머물렀지만, 횡서라는 말을 '가로글'로 바꿔 부르면서부터는 적극적인 실천 운동을 벌여 나갔다. 조선어 강습원의 수료 증명서에 풀어 쓴 글들을 사용한 것이나 《말의 소리》와 같은 문법서에서 풀어쓰기에 대한 소신을 밝힌 것은 그가 풀어쓰기를 우리 정서법이 나가야 할 길이라고 믿었음을 나타낸다.

이러한 그의 생각은 어디서부터 온 것일까? 이는 현대 정서법의 출발점이 되었던 독립신문과 관련지어 생각할 필요가 있다. 당시에 한글전용의 신문을 발간하겠다고 생각한 자체가 혁명적이었는데, 진보적 지식인이자 '님의 침묵' 등의 시로 우리에게 널리 알려진 만해 한용운조차도 논설의 경우는 국한문혼용을 벗어나지 못했던 상황을 생각해 보면 그 전환이 얼마나 급진적이었는지 짐작할 수 있다. 그럼 이러한 발상의 전환은 어떻게 가능했던 것일까?

　이는 독립신문의 발간 주체가 서양의 학문을 받아들인 기독교 계열의 신지식인들이었기 때문이다. 그들은 로마자와 이를 표기 수단으로 하는 언어를 접하게 되면서 우리 말과 글의 문제에 눈을 뜨기 시작했다. 최초의 한글 성경인《예수셩교 누가복음젼셔》가 1882년 3월 24일 만주의 봉천(지금의 선양)에서 인쇄되어 나온 것은 기독교 전파와 근대적인 표기법 정립 과정이 깊숙히 관련되어 있음을 나타낸다. 성서를 순한글로 번역하는 과정에서 당연히 맞춤법과 띄어쓰기 등이 문제시될 수밖에 없었기 때문이다. 여기에 관여했던 기독교 계열의 신지식인 사이에서 한글은 로마자와 같은 음소 문자라는 사실이 다시금 강조되었을 것이고, 이 과정에서 풀어쓰기 문제는 자연스럽게 제기되었을 것이다. 한글에 대한 근대 언어학적 접근이 이루어진 것도 이러한 역사적 사실과 무관하지 않으며, 주시경의 언어관 또한 이를 배경으로 이루어졌다.

　주시경은 배재학당에서 신학문을 배웠고, 아펜젤러가 설립한 삼문출판사('천로역정' '신학월보' '독립신문' '협성회보' 등을 인쇄하던 곳)에서 아르바이트 직공으로 일한 적이 있다. 또한 서재필이 지도하는 학생운동단체인 협성회 창립 멤버로 들어가《협성회보》, 《독립신문》의 교정을 맡아 보기도 하였다. 이 속에서 체득했을 서양의 문자관과 표기법 등은 근대적 국어학의 선구자였던 그의 문자 의식을 성립시킨 배경이 되었을 것이다.

　주시경이 풀어쓰기를 이상으로 삼은 이유는, 음소 문자로서 한글의 특성을 최대한 발휘할 수 있는 방식이 바로 풀어쓰기였기 때문이다. 기독교 문화 속에서 서양 학문을 익히고 이 속에서 새로운 문화적 도약을 꿈꾸었던 주시경을 이해할 때, 이상과 현실의 괴리를 인정하면서도 풀어쓰기를 어문 정책의 한 목표로 삼은 그의 생각을 자연스럽게 이해할 수 있을 것이다.

모아 쓴 글자를 풀어 쓰고자 했던 사람들

주시경은 풀어쓰기가 쓰기와 읽기와 인쇄에 가장 간편하다는 이유를 들어 이를 전수하기 위해 온 힘을 다했다. 그리하여 주시경의 주장은 그의 제자들이 계승했고, 주시경 당대보다 후대에 오히려 활발히 전개되었으며 한때는 공식적인 언어 정책의 일환으로 채택되기도 하였다.

이 중 김두봉의 풀어쓰기안과 조선어학회의 가로글씨안은 풀어쓰기를 남북의 어문 정책에 반영시키고자 노력한 결과라는 점에서 주목의 대상이 된다. 김두봉의 풀어쓰기안은 이후 북한 문자개혁의 이론적 기반이 되었으며, 조선어학회의 가로글씨안은 정책에 반영되지는 못했지만 남한에서의 문자개혁 운동의 이론적 기반이 되었다는 점에서 의의를 갖는다.

조선어학회의 가로글씨안은 1936년 11월 28일 학회임시총회에서 임시안으로 채택되었으며, 같은 해《사정한 조선어 표준말 모음》의 색인에 사용되기도 했다.《한글》지에서는 계속해서 풀어쓰기 운동을 전개함으로써 풀어쓰기에 대한 이론적 기반을 다질 수 있었다. 특히, 풀어쓰기 운동은 해방 이후 한자 폐지 운동과 관련을 맺으면서 더욱 확대되었고, 철자법의 간소화 문제와도 관련되어 있었다. 이 과정에서 풀어쓰기안은 더욱 구체화되었는데, 이는 보기 좋은 문자의 개발로 이어졌다. 이 시기에는 대문자 · 소문자 · 초서체 · 인쇄체 등 글자 모양에 대한 논의까지 자세히 전개되기에 이르렀다. 이는 한글 풀어쓰기가 로마자화를 목표로 진행되었음을 말해 주고 있다.

주시경의 가로글씨안을 이어 받고 조선어학회 가로글씨안의 기초를 형성한 것은 최현배다. 특히, 1947년 한자 폐지와 풀어쓰기를 내용으로 한 최현배의《글자의 혁명》이 군정청 문교부의 '문교 연구 총서 첫째 책'으로 간행된 사실은 최현배가 추진한 풀어쓰기가 정책적으로도 반영될 수준에 이르렀음을 말해 주고 있다.

차례	박음글씨		흘림글씨		이름
	큰글씨	작은글씨	큰글씨	작은글씨	
1	ㄱ	ㄱ	ㄱ	ㄱ	기역
2	ㄴ	ㄴ	ㄴ	ㄴ	니은
3	ㄷ	ㄷ	ㄷ	ㄷ	디귿
4	ㄹ	ㄹ	ㄹ	ㄹ	리을
5	ㅁ	ㅁ	ㅁ	ㅁ	미음
6	ㅂ	ㅂ	ㅂ	ㅂ	비읍

【II】 시조와 시。

(1) 시조

이몸이 죽어 죽어
골잘번 다시 죽어
백두귀 흙이 되나
넋이라도 잇고 없고
넘께둔 한갈마음이야
가실 줄이 잇으랴。　　　　　——정몽주。

동아일보(1932. 6. 14.~7. 20.)에 연재된 金碩坤의 '한글 가로 쓰기'

주시경

최현배

김두봉

풀어쓰기에 얽힌 이야기들

시행되었다면 파격적인 실험이었을 풀어쓰기 문제는 수많은 논란을 불러일으킬 수밖에 없었다. 그 논란 속에 숨은 이야기를 들어보는 것도 흥미로울 것이다. 풀어쓰기와 관련된 사건과 고민의 흔적들을 쫓아가 보자(이에 대한 이야기는 김민수의 《국어정책론》을 참조하였음을 밝힌다.).

풀어쓰기는 철자법을 쉽게 하거나 한자 폐지를 앞당기려는 시도와 맞물리면서 실천적 운동으로 바뀌어 갔다. 그리고 한글의 기계화 문제와 관련되어서는 타자기의 개발 등과 관련되어 논의되기도 하였다. 특히 복잡한《한글 마춤법 통일안》(1933)을 간소화할 필요성이 대두하면서부터는 한글의 풀어쓰기가 그 대안으로 거론되기도 하였다.

한글 파동 당시에는 풀어쓰기 문제가 정책적으로도 관심의 초점이었다. 이승만 정부에서는 《한글 마춤법 통일안》이 복잡하고 불편하다고 하여 이를 시정하고자 하였다. 이 과정에서《한글 마춤법 통일안》의 기본 원칙이었던 형태주의 표기법은 음소주의 표기법으로 전환, 즉 소리대로 적는다는 원칙이 맞춤법의 기본 원칙으로 자리잡게 된 것이다. 이승만 정부는 1953년 4월 국무총리훈령 제8호에 모든 표기를 소리대로 적는다는 원칙을 공식화하였다.

소리대로 적는다는 원칙은 편리성도 있지만 그로 인해 빚어지게 되는 혼란 또한 무시할 수 없는 일이었다. 국어심의회 한글분과위원회는 이러한 문제점들을 최소화할 수 있는 대안을 검토하게 되었다. 그럼 그 대안이란 무엇이었을까? 그것은 이제까지의 표기 전통을 바꾸는 데 있었다. 이런 점에서 표기에 있어서 소리대로 적는다는 표기법의 채택이 풀어쓰기 문제의 공론화로 이어진 것은 당연한 결과였다. 현실적인 문제가 지적되기도 하였지만 풀어쓰기를 하자는 견해가 주류를 형성하게 되었다. 결국 1953년 12월 29일 제9차 회의에서 박종화 위원은 '한글간이화방안은 한글을 가로 풀어

쓰는 데 있다고 인정함'이라는 제안을 하였고, 이에 대한 표결 결과 찬성 10, 반대 1, 기권 3으로 이를 결정했다. 개화기 서양 학문과의 접촉을 통해 시작되어 주시경이 연구했으며 조선어학회의 안이기도 했던 풀어쓰기 안이 국가 정책으로 채택되기에 이른 것이다.

그러나 혁명은 쉽게 성공하지 못했다. 국어심의회 한글분과위원회의 최종 결정은 심한 반대에 부딪쳤고, 결국 실현되지 않았다. 풀어쓰기의 이상은 좋을지 모르나 현실과의 거리가 너무 멀기 때문에 실현하기가 어렵다는 것이 그 이유였다. 이는 1908년 국문연구소의 논의 결과와 같은 내용이었다. 현실론이 이상론을 누른 것이다. 그럼 현실론의 힘은 어디서부터 나온 것일까?

수백 년을 이어 온 모아쓰기 전통을 통해 형성된 우리 나라 사람들의 문자 의식을 일시에 바꾸는 것이 가장 큰 어려움이었다. 문자의 개혁은 지금까지 지속되어 온 한글 문화와의 단절을 의미했다. 기존의 한글 문화와의 단절이 가져올 문화적 공백 상태에 대한 두려움은 예상 외로 컸으며, 이는 풀어쓰기 안을 받아들일 수 없게 만든 결정적인 힘이 되었다. 그동안 풀어쓰기로 대표되는 문자 개혁안이 학자들의 논의거리로만 머물고, 대중적인 지지를 얻지 못한 것도 결국은 한글 문화의 단절에 대한 두려움 때문이었을 것이다.

당시 문교부 장관은 이러한 현실을 인정하여 다른 방향으로 한글 간이화 방안을 모색하였다. 이 과정에서 국어심의회는 배제되었고, 이와는 별도로 새로운 방안이 모색되었다. 그리고 반 년 만에 모아쓰기의 한글간이화 방안을 작성하여 1954년 7월 3일에 발표하게 된다. 처음으로 국가의 주도하에 실시될 뻔했던 한글 풀어쓰기는 이 사건을 계기로 급격하게 논의가 위축되었으며, 60년대 이후에는 사실상 논의가 중단된다. 풀어쓰기는 이제 함께 공유할 수 없는 공간 속으로 밀려나 버렸다. 일기장이나 연인들의 은밀한 고백 속에서나 그 흔적을 볼 수 있을 뿐.

북한의 풀어쓰기, 김두봉의 이상과 좌절

북한은 어떠했을까?

남한에서 일어난 일들을 평가할 때 우리가 습관처럼 내뱉는 말이다. 정말 북한에서도 풀어쓰기에 대한 논의가 있었을까? 목숨을 건 엄청난 격론이 있었다면 믿겠는가?

북한에서의 문자 개혁 논의는 단순한 언어 정책으로 끝나지 않고 정치적 쟁점으로까지 확대되었다. 그러나 연안파의 우두머리이자 북한 내무국 부수상이었던 김두봉의 몰락과 함께 문자 개혁 논의도 역사의 한 흔적으로 남아 있을 뿐이다. 그 몰락의 시점이 1958년이었으니, 남한과 거의 비슷한 시기였다.

북한의 풀어쓰기에 대해서는 김두봉을 빼 놓고서 이야기할 수 없다. 그는 스승이었던 주시경의 유지를 받들어 풀어쓰기로의 문자 개혁을 주장하였을 뿐만 아니라, 이를 문자 정책의 목표로 삼고 추진한 인물이었다. 당시 김두봉의 정치적·학문적 위치를 생각할 때 해방 이후 북한에서 단행한 어문정책은 문자 개혁을 전제로 추진했다고 해도 과언이 아니다.

김두봉은 이미 《깁더 조선말본》에서 문자개혁안을 제시하였는데, 해방 이후 그는 자신의 문자개혁안을 어문정책에 반영하기 위해 힘썼다. 북한의 《신철자법》은 이러한 그의 의지를 반영한 일차적인 결과물이었다. 문자 개혁을 제대로 진행하기 위해서는 철자법의 전면적인 쇄신이 먼저 필요했는데, 그는 문자 개혁을 위한 철자법 개정은 철저하게 형태주의 원칙에 충실해야 한다고 생각했다. 이는 그의 스승인 주시경의 생각이기도 했다.

김두봉은 1947년 12월 26일 북조선 로동당 중앙위원회에서, 그리고 1948년 1월 9일 김일성 대학에서 '조선어 신철자법'에 관한 이론을 발표하였고, 같은 해 1월 15일 조선 어문연구회의 '조선어 신철자법' 정식 발표시에는 각계 인사들 앞에서 자신의 문자개혁안에 관하여 보고하는 등 어문정책의 개혁을 위해 활발히 활동했다. 그러나 신철자법은 실행되지 못하였고 1954년 문법서부터는 조선어 신철자법이 사라지게 되었다.

그러나 1956년 문자 개혁과 관련한 움직임이 다시 활성화되면서 문자개혁연구위원회가 조직되기도 하였다. 다양한 문자개혁안들이 이 시기에 간행된 《조선어문》과 《말과 글》이란 잡지를 통해 발표되었다. 그러나 문자 개혁은 개혁자들의 의도대로 진행되지 않았다. 이 때는 현실론이 이미 고개를 들고 있는 상황이었다. 1956년 3월 조선노동당 3차대회 이후 나온 〈력사적 조선노동당 제3차 대회와 조선 어문학도들의 과업〉이란 논문에서는 어문학도의 교조성과 형식주의에 대한 비판이 제기되었다. 이는 다름 아닌 풀어쓰기 문자 개혁에 대한 비판이었다.

이 시기는 1956년 8월 연안파 숙청의 계기가 되었던 '종파 사건'이 일어난 때와 거의 같은 시기란 점에서 주목할 만하다. 첨예한 정치적 대립과 맞물리면서 문자 개혁 논의가 정치성을 강하게 띠게 된 것이다. 그리고 1958년을 기점으로 해서 문자개혁안에 대한 언어학자들의 비판적 논문이 본격적으로 발표되기 시작했다. 김두봉의 정치적 몰락과 함께 문자개혁론도 몰락의 길을 걷게 된 것이다. 그러나 이걸 어찌 정치적 이유로만 해석할 수 있겠는가. 이 또한 이상론에 대한 현실론의 반격이라 할 수 있다. 1964년의 김일성 교시는 문자개혁론에 대한 현실론자들의 최종적인 입장으로 볼 수도 있다.

"지난 날 언어학 문제, 특히 문자 개혁 문제에 대하여 여러 번 론쟁이 있었습니다. 어떤 사람들은 문자 개혁을 곧 하자고 하였으나 우리는 그것을 결정적으로 반대하였습니다. 그런데 만일 우리가 그들의 주장대로 문자 개혁을 한다면 어떻게 되겠습니까? 남북 조선 사람들이 서로 다른 글자를 쓰게 되면 편지를 써 보내도 모르게 되고 신문, 잡지를 비롯한 출판물들도 서로 알아볼 수 없게 될 것입니다. 이것은 조선 인민의 민족적 공통성을 없애며 결국은 민족을 갈라놓는 엄중한 후과를 가져오게 될 것입니다. 그들은 자기의 문자개혁안만을 보고 민족이 달라지는 것을 보지 못하였습니다.

우리는 문자 개혁 자체를 반대하는 것은 아닙니다. 우리의 글이 일정한 결함이 있으니 만큼 앞으로 그것을 고칠 데 대하여 연구하는 것도 필요한 일입니다.

그러나 문자 개혁을 하더라도 남북이 통일된 다음에 우리의 과학 기술이 세계적 수준에 오른 다음에 하여야 합니다 …."

김두봉이 품고 있었던 문자 개혁의 이상은 물거품이 되었고, 그와 함께 북한의 문자 개혁도 막을 내리게 된다. 문자 개혁이 남한에서 좌절된 지 5년 후의 일이다. 그리고 남북한 모두 60년대 들어서는 문자 개혁과 관련된 논의조차도 자취를 감추게 된다.

지금 풀어쓰기를 한다면

풀어쓰기가 지금 필요할까? 어느 시절엔가 풀어쓰기가 필요하다고 주장했던 사람들의 지금 생각은 어떨까? 최현배와 김두봉이 지금 이 자리에 있다면 뭐라고 자기 입장을 이야기할까? 모든 게 이상이었다고 말할까? 아니면 아직도 풀어쓰기 운동은 유효하다고 말할까?

60여 년의 오랜 시간 동안 다듬어 온 풀어쓰기 주창자들의 주장을 한번 되씹어 보자. 실제적으로 거둔 성과가 없다고 하여 그 시도 자체가 무의미해지지는 않기 때문이다. 무엇이 그들을 문자개혁론자로 만들었을까? 그동안 풀어쓰기 주창자들이 한글 풀어쓰기의 효과로 언급한 내용들을 모아보면 그 수수께끼가 어느 정도는 풀릴 수 있다.

첫째는 모아쓴 글자에 비해 읽기와 쓰기가 쉽다는 것이다. 이는 알파벳의 장점과 함께 거론되는 것으로, 알파벳처럼 단어를 한 덩이로 읽어 가기 때문에 읽기는 그만큼 능률적으로 되며, 알파벳처럼 필기체를 만들어 쓸 수 있기 때문에 필기가 매우 빨라진다는 것이다. 지식과 정보가 대중화되기 시작하면서, 보다 많은 정보를 더 많은 사람과 빨리 공유하는 게 지상 과제였던 시대에 풀어쓰기 방식은 많은 사람을 매료시키는 표기 방식이었다.

둘째는 기계화가 용이해진다는 것이다. 먼저 인쇄가 간편해지는 점을 들수 있는데, 모아쓰기에는 2,500~3,000개의 활자가 필요한 데 비해 풀어쓰기로 바꾸면 60개 정도의 활자로 충분하다는 것이다. 그리고 타자기의 개발과 사용에 편리함을 준다는 점도 풀어쓰기의 장점으로 거론되었다. 이는 알파벳식 타자기가 직접 이용되던 50년대의 현실에서 볼 때 대단한 장점이었다.

셋째는 단어를 한 덩이로 표기하게 되면서 철자법이 간편해진다는 점이다. 모아쓰기의 받침이 풀어쓰기에서는 없어지게 되므로 어려운 받침은 소리대로 바뀌며 철자법이 단순화된다는 것이다. 단어 단위로 표기가 결정되는 영어에서 맞춤법은 무의미해진다는 사실 또한 풀어쓰기의 장점을 보여주는 증거였다.

넷째는 한자 폐지를 앞당기는 계기가 된다는 것이다. 풀어쓰기를 시행하면 자연스럽게 한자를 안 쓰게 되므로 한자 문제를 일거에 해결할 수 있다는 것이다. 그 시대의 많은 국어운동가들이 풀어쓰기 운동에 동참한 것은 한자폐지와 모국어 전통의 수립이라는 시대적 과제를 완수하기 위해서였다.

50년대는 정보 교류가 빈번해지고 정보량이 늘어나기 시작한 시대였으며, 동시에 독립 국가로서의 문화적 기틀을 새롭게 마련해야 하는 시대였다. 그런 의미에서 풀어쓰기는 당시의 시대적 요구였다고 할 수 있다. 위의 네 가지 주장은 그 당시의 시대적 요구를 그대로 반영한 것이었다. 그러나 오늘날은 어떠한가?

알파벳식의 타자기가 주류인 시절 풀어쓰기가 불가피했겠으나 점차 훌륭한 모아쓰기 타자기가 개발되면서 이 논의도 주춤하게 되었다. 더구나 한글워드프로그램을 갖춘 컴퓨터가 보편화되면서 타자기는 자취를 감추게 되었으며, 이로 인해 한글 기계화를 위한 풀어쓰기는 사실상 무의미해졌다고 볼 수 있다.

언어나 문자는 어떤 개인이나 한 단체의 독점물이 아니고 우리 사회 구성원 공동의 소유물이라는 점에서, 개인이나 단체나 정부기관의 힘으로 일시에 바꾸어 놓기는 어려울 뿐만 아니라 바람직하지도 않다. 이런 점에서 풀어쓰기로의 문자 개혁을 추진하고자 했던 그때의 이상과 열정은 이상과 열정으로 머물 수밖에 없는 한계를 지니고 있었다.

단순 비교는 불가능하지만, 일본에서 로마자 운동이 일어났다가 사그러들어 버린 사실이나 우리 나라에서 로마자식으로 한글을 풀어 쓰고자 한 운동이 일어났다가 사그러들어 버린 사실은 일맥 상통하는 측면이 있다. 관습에 바탕을 둔 현실은 이러한 혁명적 발상을 실현시키는 장이 되지는 못한 것이다.

또한 풀어쓰기로의 문자 개혁은 이를 실현할 수 있는 역사적 계기를 놓쳐 버림으로써 사실상 물거품이 되어 버렸다. 개화기 이후나 해방 직후 새로운 사회적 틀을 짜는 시점을 놓침으로써 한글 풀어쓰기는 더 이상 실현될 수 없는 일이 되고 만 것이다. 단지 언어 정책의 반면교사로서 의의를 가질 뿐.

제13장

외국인을 생각할 것인가 우리를 생각할 것인가

— 외국인을 위한 우리말 표기, 로마자 표기법

생전 처음 가 본 나라의 도로 표지판에 내가 찾고자 하는 곳의 지명이 한글로 쓰여져 있다면 얼마나 반가울까. 워싱턴시에서 '백악관'으로 가는 길의 도로 표지판을 'White House'와 '화이트 하우스'로 함께 쓰기로 했다면, 영어를 모르는 한국 사람이 백악관을 찾아가기가 얼마나 편리할까. 이처럼 모든 상가의 간판이 영어와 그 영어음을 소리대로 쓴 한글로 되어 있다면 생소한 워싱턴의 밤거리가 그리 두렵지만은 않을 것이다.

그런 점에서 우리말과 로마자가 함께 적힌 서울의 도로 표지판은 한국을 찾는 서양인들에게 크나큰 위안이 될 것이다. 다른 나라 사람들을 위해 어떤 특정한 문자를 정해 자기 나라의 고유명사를 표기하는 것은 여러 가지로 편리한 점이 있다. 서구 중심의 국제 현실을 감안할 때, '로마자'를 통해 우리 고유명사를 표기하는 방법은 남을 배려하는 동시에 우리를 알리는 일이다. 그럼 이러한 시도는 오늘날에만 있는 일일까?

외국인을 위한 우리말 표기, 고대에서 현대까지

어느 시대고 다른 나라와 접촉이 없는 고립된 나라가 있을 수 있을까? 폐쇄된 사회였던 중세에도 나라와 나라 간의 접촉은 계속되었다. 끊임없는 접촉을 통해 새로운 문화가 들어오고, 우리의 문화가 다른 곳으로 퍼져 나가기도 했다. 그 과정에서 우리의 고유 문물을 다른 나라 사람들에게 알리거나 표현해야 할 일이 생기기도 했을 것이다.

중국과 무역을 하는 개성상인이 개성에서만 나는 약초의 이름들을 중국인에게 적어 줄 일이 생겼다면 어떻게 했을까? 중국인이 읽는 데 불편이 없을 뿐만 아니라 우리의 약초 이름도 제대로 표현할 수 있는 문자가 필요했을 것이다. 나도 읽을 수 있고 남도 읽을 수 있는 문자는 그 시대적 환경에 따라 결정되어야 했고, 우리 조상들은 시대 환경에 걸맞는 문자를 통해 우리의 고유한 것들을 표현하였다.

그렇다면 외국인에게 보여주기 위한 우리말 표기에는 어떤 문자가 사용되었을까? 그건 물론 한자였다. 중국과 우리의 관계를 볼 때 이는 당연한 일이었다. 동아시아 문화권에서 중심은 중국이었고, 한자는 그들의 문자였을 뿐만 아니라 동아시아 지역의 보편 문자였다. 한자로 써 놓으면 일본에서도 베트남에서도 몽고에서도 그것을 읽을 수 있었고, 그 내용까지 파악할 수 있었다. 한자의 음을 이용한 자기 말의 표현은 이런 환경에서 체계화되어 갔다. 이런 점에서 로마자와 한자, 이 둘은 글자의 성격과 관계없이 우리들이 사용한 국제 통용 문자였다는 공통점을 가지고 있다.

사실 한자의 음을 이용해 다른 언어의 음을 표기하는 전통은 한자의 발전 과정에서 나타났다. 따라서 중국인들에게는 한자의 음을 이용해 외국어를 표기하는 것은 자연스러운 일이었다. 특히 산스크리트어로 되어 있는 불경이 중국으로 들어오면서 한역될 때는, 많은 수의 산스크리트어를 한자의 음을 이용해 표기하게 되었다. '샤키아무니(Śākyamuni)'는 '석가모니(釋迦牟尼)'로 기록되고, '나마스(Namas)'는 '나무(南無)'로 기록되었다. 이는 음절 문자로서 한자의 가능성을 확인하는 기회였을 뿐만 아니라, 한자를 통한 음역(音譯) 전통을 수립하는 계기가 되었다. 우리말을 한자의 음을 이용해 표기한 것도 이러한 전통의 연장 선상에 있다고 말할 수 있다.

송나라의 손목이 쓴 《계림유사》는 한자의 음을 사용하여 당시 고

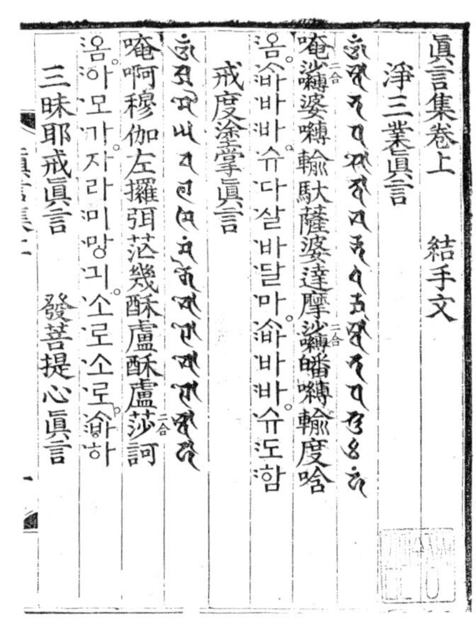

진언집 진언집은 산스크리트 불경 원문의 한자 음역과 훈민정음 음역을 동시에 볼 수 있는 자료다.

易以海東重寶二韓通寶爲記

方言

天曰漢捺　　　日曰姮
月曰契（黑隘切）　雲曰屈林
風曰孛纜　　　雪曰嫩
雨曰霏微　　　雪下曰嫩恥凡下皆曰恥
雷曰天動　　　雹曰霍
電曰閃　　　　霜露皆曰率
霧曰蒙　　　　虹曰陸橋

계림유사

한자의 음을 이용해 당시 고려어를 기록한 책. 위의
사진에서 '하늘'을 한날(漢捺), '구름'을 굴림(屈林),
'바람'을 패람(孛纜) 등으로 기록한 것은 무척 흥미롭다.
여기에서 '해'와 '달'의 기록은 서로 뒤바뀐 것으로
보인다. '달'은 계(契)로 기록하고 그 음을 흑애절
(黑隘切)이라고 했는데, 흑애절이라는 것은 반절로
'흑'의 처음 소리 'ㅎ'과 '애'의 나중 소리가 결합하여
契의 실제음이 된다는 말이니, 이게 '해'가 아닌가.

朝鮮館譯語
天文門

天　日　月　星　風　雲　霞　雨　霜　雪
哈嫩　害　別論　把　故剌　必　別　色　嫩文
　　　得二　二　　嫩二
添　恩　卧　肖　捧　穗　憂　五　裏　楂

조선관역어

명나라에서 편찬한 대역 어휘집. 한자를 표음 문자처럼
이용하여 우리말을 전사했다. '하늘'을 합눈(哈嫩),
'해'를 해(害), '바람'을 파론(把論), '구름'을 고론
(故論) 등으로 기록하여 계림유사처럼 한자를 음성 표기
수단으로 사용했다. 그 발음이 현대 한자음으로 읽었을
때도 거의 비슷한 결과를 얻을 수 있어 흥미롭다.

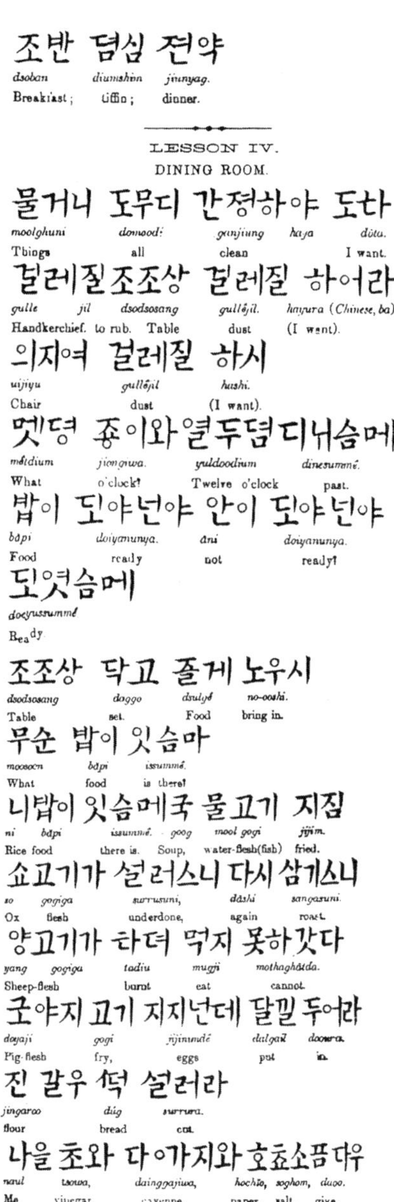

조반 뎜심 젼약
dsoban   diumshin   jiunyag.
Breakfast ;   tiffin ;   dinner.

LESSON IV.
DINING ROOM.

물거니 도무디 간졍하야 도타
moolghuni   domood: ganjiung   haya   döta.
Things   all   clean   I want.

걸레질조조상 걸레질 하어라
gulle   jil   dsodsosang   gullöjil.   hayura (Chinese, ba)
Handkerchief.   to rub.   Table   dust   (I want).

의지여 걸레질 하시
uijiyu   gullöjil   hashi.
Chair   dust   (I want).

멋뎡 죵이와 열두뎜디너슴메
mötdium   jiongiwa.   yuldoodium   dinesummé.
What   o'clock?   Twelve o'clock   past.

밥이 되야넌야 안이 되야넌야
bápi   doiyanunya.   áni   doiyanunya.
Food   ready   not   ready?

되엿슴메
docyussummé
Ready.

조조상 닥고 졸게 노우시
dsodsosang   daggo   dsulyé   no-ooshi.
Table   set.   Food   bring in.

무순 밥이 잇슴마
moosorn   bápi   issummé.
What   food   is there?

니밥이 잇슴메국 물고기 지짐
ni   bápi   issummé.   goog   mool gogi   jíjim.
Rice food   there is.   Soup,   water-flesh(fish)   fried.

쇼교기가 설러스니 다시 삼기스니
so   gogiga   surrusuni,   dáshi   sangasuni.
Ox   flesh   underdone,   again   roast.

양고기가 타뎌 먹지 못하갓다
yang   gogiga   tadiu   mugji   mothaghátda.
Sheep-flesh   burnt   eat   cannot.

굿야지 고기 지지넌데 달밀 두어라
doyaji   gogi   jijinmdé   dalgaïl   dooura.
Pig-flesh   fry,   eggs   put   in.

진 갈우 떡 설러라
jingaroo   diig   surrura.
flour   bread   cut.

나을 초와 다아가지와 호쵸소픔다우
naul   tsowa,   dainggajiwa,   hochio,   soghom,   duoo.
Me   vinegar,   cayenne,   paper,   salt,   give.

조선어초보(Corea Primer) 1877년 영국의 선교사 John Ross가 쓴 서양인들을 위한 한국어 회화서. 그 당시 영어로 번역된 한국어 교육서로는 한국어 어휘집밖에 없었는데, 이 책은 본격적인 회화 중심의 한국어 교육서이다. 모든 한국어 문장의 바로 아래에 로마자 표기를 해 놓은 것이 눈에 띈다.

려어를 기록한 자료이다. 《조선관역어》 또한 명나라 때에 명나라 쪽에서 관심을 가지고 편찬한 대역 어휘집으로, 한자를 표음 문자처럼 이용하여 우리말을 전사한 책이다. 이 두 자료는 중국인이 우리말을 자신의 문자로 기록했지만 한자의 음을 이용한 우리말의 기록이라는 점에서 그 원리는 로마자 표기법과 같다.

근대 이전까지 동아시아 지역에서의 국제 통용 문자는 한자였지만, 서양의 세력권에 편입되면서부터 국제 통용 문자는 로마자가 되었다. 로마자 표기는 선교사에 의해 시작되었는데, 각 언어의 음운적 특성에 따라 문자의 운용 방식은 약간씩 차이를 보이게 되었다. 로마자(Roma字)는 그리스 문자에서 유래한 26개의 음소 문자로 라틴어를 표기하는 라틴 문자를 로마자로 부르게 된 것은 라틴 문화가 로마제국으로부터 시작한다는 역사적 사실과 관련된다.

외국인을 생각한다는 것은?

얼마 전 로마자 표기법을 개정한다는 논의가 있었을 때, 외국인을 상대하는 직업의 사람들이 상당히 예민하게 반응했던 것 같다. 개정안대로 외국인이 발음해 보면 한국어의 발음과 근접하는 발음을 기대할 수 없다는 것이 큰 문제점으로 지적되었다. 개정안대로 '거북선'을 로마자로 표기하면 'Geobukseon'이 되는데, 서양인들은 이를 '게오북세온(혹은 제오북세온)'으로 읽을 수 있다는 주장이었다. 외국인의 음운 인식을 중시하여 표기법을 정해야 한다는 주장은 이러한 문제 의식에 뿌리를 두고 있다.

외국인을 위한 표기의 대표적인 방안은 전사법의 방식을 채택하고 있는 매큔-라이샤워 안(1939)으로, 1984년 문교부 안 로마자 표기법의 근간이 되어 얼마 전까지 우리의 로마자 표기법으로 사용되었다. 자음의 유·무성을

A MANUAL

OF

KOREAN GEOGRAPHICAL

AND OTHER PROPER NAMES

ROMANIZED.

Part I.—Index to the Map of Korea.
Part II.—Index of Chinese characters arranged according to the radicals.

PRINTED FOR H.B.M. LEGATION.

YOKOHAMA:
"JAPAN MAIL" OFFICE.
1883.

LIST OF KOREAN GEOGRAPHICAL NAMES.

THE LATITUDES AND LONGITUDES ARE TAKEN FROM THE MAP PUBLISHED BY THE JAPANESE GENERAL STAFF.

Chinese Char.	Spelling.	Description.	Province.	Lat.	Long.
嵯 嵳 山	A-chha-san	mtn.	Kyŏng-kwi-do	37.35	127.22
阿 山	A-chhŏn	p. s.	Kyŏng-kwi-do		
阿 火	A-hwa	p. s.	Kyŏng-sang-do		
牙 限 城	A-han-sŏng	p. s.	Chhung-chhŏng-do	36.44	127.09
阿 耳	A-i	fort	Phyŏng-an-do		
阿 珍 山	A-jin-san	mtn.	Kyŏng-sang-do	36.49	128.16
牙 州	A-ju	n. s.	On Kŏ-jé island	34.54	128.42
阿 甘	A-kam	p. s.	Phyŏng-an-do	40.37	125.34
阿 晋 池	A-o-ji	fort	Ham-gyŏng-do	42.19	130.19
阿 耶 浦	A-rang-pho	n. s.	Hwang-hai-do	38.02	125.17
阿 山	A-san	4th cl. pre.	Chhung-chŏng-do	37.00	126.49
牙 山	A-san	p. s.	Ham-gyŏng-do	42.31	130.18
隘 守	Ai-su	p. s.	Ham-gyŏng-do	34.54	128.42
岳 陽	Ak-yang		Kyŏng-sang-do	34.57	127.49
安 林	Al-lim	vill.	Kyŏng-sang-do		
鴨 綠 江	Am-nok-gang	river	N.W. frontier (Chin. Ya-lu-kiang)		
押 梁	Am-nyang	p. s.	Kyŏng-sang-do		
安 岳	An-ak	3d. cl. pre.	Hwang-hai-do	38.33	125.32
安 邊	An-byŏn	2d. cl. pre.	Ham-gyŏng-do	38.51	127.32
安 昌	An-chhang	p. s.	Kang-wŏn-do	38.33	128.15
安 昌	An-chhang	p. s.	Chhung-chhŏng-do	36.51	127.51

A Manual of Korea Geographical and Other Proper Names Romanized
1883년 E.Satow, W.G.Aston, B.H.Chamberlain 3인이 저술한, 로마자로 표기된 한국 지명 안내.

구별하여 표기한 것이 이 표기법의 특징이라고 할 수 있는데, 자음의 유·무성을 구별하여 적도록 하는 규정은 우리 나라 사람의 편리보다는 이를 구분하여 사용하는 외국인의 편의를 위한 것으로 볼 수 있다. 사실 우리는 유·무성을 구별하여 사용하지 않는다. '바보'의 음성 기호를 〔pabo〕로 적지만, 우리가 앞의 〔p〕와 뒤의 〔b〕를 구분해서 말하지는 않기 때문이다.

또한 매쿤-라이샤워 안에서는 적절하게 대응되는 로마자가 없는 한국어 음의 표기에 있어서 보다 외국인의 문자 의식에 근접하려고 노력하였다. 이

로마자 표기 방법 : 전자법과 전사법

우리말의 로마자 표기 방법은 60여 가지가 제안되었으나 크게 두 가지 유형으로 나눌 수 있다. 첫째는 전자법(Transliteration)이고, 둘째는 전사법(Transcription)이다. 전자법은 우리말을 철자대로 로마자에 맞춰 적는 방법으로, 발음보다는 우리의 글자와 로마자와의 대응에 초점을 두었다. 이에 반해 전사법은 나타난 발음의 표기에 초점을 두었다.

를 위해서 한국어의 특별한 모음을 특수 문자를 이용하여 표기하게 되었다. 한국어 모음 'ㅓ'를 표기하기 위해 'ŏ'를 사용하거나, 'ㅡ'를 표기하기 위해 'ŭ'를 사용하는 방안이 그것이다. 그러나 적절하게 대응되는 로마자가 없기 때문에 문제는 언제나 남아 있다.

우리를 생각한다는 것은?

우리를 생각한다니? 로마자가 외국인에게 우리의 것을 알리기 위한 표기 수단이라면, 외국인이 우선되는 게 당연하지 않은가? 대부분의 사람들은 이렇게 생각할 것이다. 그리고 지금까지의 로마자 표기법도 이러한 우리의 생각과 같아지기 위해 부단히 노력해 왔다. 그런데 우리를 생각해야 한다니. 이 말이 의미하는 바가 도대체 무엇일까?

서양의 여러 나라들이 자국어의 표기 수단으로 로마자 알파벳을 이용할 때, 개개의 로마자가 나타내는 음이 서양 여러 나라의 언어에 따라 달라지는 현상이 나타났다. 로마자가 함축하는 음은 옛 라틴어에 뿌리를 두고 있음에 비해, 각 나라의 표기법은 자국어의 발음에 근거하고 있기 때문에 이는 자연스러운 현상이라 볼 수 있다. 따라서 어느 소리가 어느 로마자와 일대일로 대응된다고 잘라 말하기에는 어려운 면이 있다. 그렇다면 마찬가지로 우리말의 소리 특성에 따라 로마자 표기도 달라지는 게 순리일 터이다. 서양의 모든 나라가 다 그랬듯이 말이다.

또한 나타내야 할 소리에 비해 로마자의 수가 부족하다는 문자상의 문제(26개 문자 중 겹치는 문자 'q, c, x' 따위를 빼고 나면 하나의 문자가 적어도 1.6개의 음소를 표기해야 함)를 덧붙인다면, 영어 표기를 기준으로 하는 한 누구도 우리말의 로마자 표기를 일관성 있게 할 수 없다는 사실이 명확해진다.

그렇다면 로마자 표기에 있어서는 우리말의 특성과 우리들의 소리 의식을 기준으로 삼는 것은 당연하다는 생각이 들지 않는가? '제주'라고 할 때 앞 음절과 둘째 음절의 'ㅈ'이 'Cheju'처럼 'ch'와 'j'로 달리 표기되는 까닭을 이해하지 못하는 한국인의 의식에 맞춰 'ㄱ, ㄷ, ㅂ, ㅈ'을 항상 'g, d, b, j'로 표기해야 한다는 주장을 국수주의적 발상이라고 할 수는 없지 않은가.

KOREA일까, COREA일까?

"The PanUniverse Corea

Welcome to the World of Tourism & Leisure Development"

관광 정보를 제공하는 어느 홈페이지의 첫 화면에 나타난 영문 표기이다. 여기서 흥미로운 것은 'Corea'라는 국명 표기이다. 우리의 기본적인 상식에 비춰 본다면 문제가 있는 표기이다. 우리 나라 국명에 대한 우리의 공식적인 로마자 표기가 'Korea'이니 문제가 있는 건 확실하다. 그런데 그 관광사에서는 왜 'Corea'라고 썼을까? 관광사에서 의도했건 의도하지 않았건 역사 속에 그 답이 있다.

우리가 서양에 알려진 것은 언제일까? 모르긴 몰라도 고려 시대쯤일 것이다. 물론 그전에 서양 사람이 다녀갔을 수도 있지만, 서양에 알려진 우리의 국명이 'Corea'로 굳어졌다는 것은 고려를 기점으로 서양과의 교류가 시작되었음을 알려주는 증거다. 유럽의 여러 나라에서 아직도 우리 나라를 'Corea'로 적어 부르는 것은 이러한 역사적 사실과 관계가 있다.

그런데 왜 우리는 이미 굳어진 'Corea'로 쓰지 않고 'Korea'로 썼을까? 이는 영어식(독일어식) 표기 체계와 불어식 표기 체계의 차이에서 비롯되었다고 볼 수 있다. 그리고 미국과의 관계가 긴밀해지면서 영어식 철자 체계에 근거한 로마자 표기가 일반화되었고, 이 외중에 'Corea'가 'Korea'로 된 것이다.

'Corea'에 얽힌 또 하나의 재미있는 이야기가 있다. 'Corea'가 'Korea'

로 된 데는 일본의 입김이 작용했다는 것이다. 내용인 즉, 일제 시대에 일본이 자기 나라를 뜻하는 'Japan'보다 한국을 뜻하는 'Corea'가 알파벳 순서상 먼저 오는 꼴을 보지 못해, 한국의 국제적 표기를 'Korea'로 하도록 유도했다는 웃기는 이야기이다. 그러나 이 이야기가 웃기는 이야기로만 들리지 않는 것은 왜일까? 우리와 일본 사이에 남아 있는 감정의 앙금이 빚어낸 이야기이며, 서로에 대한 우월 의식과 피해 의식이 빚어낸 서글픈 이야기이기 때문이다.

한일 월드컵이 얼마 남지 않은 시기에 일본내의 경기에 한해 '일한 월드컵이라 부르겠다고 한 일본 축구협회의 입장 표명으로 시끄러웠던 기억이 있다. 일한 월드컵이든 한일 월드컵이든 그것이 그렇게 중요한 문제인가? 타인을 혹은 타인의 것을 앞에 세워 주는 것은 상대에 대한 배려에서 나온다. 먼저 앞서겠다고 하여 앞에 나간다고 뭐가 달라질 것인가. 바닥까지 드러난 추한 자신의 모습을 보였다는 사실만 남을 뿐이다.

Kimchi 와 Gimchi, 달라진 표기법

정서법 중에서 로마자 표기법처럼 많이 뒤바뀐 것이 또 있을까? 글자는 같은 로마자인데 우리말을 어떤 원칙하에서 어떻게 표기하느냐로 논란을 빚었고, 아직도 그 논란은 끝나지 않았다. 아마 로마자 표기법이라는 게 존재하는 한 계속될 것이다. 그동안에 우리는 표기법을 어떻게 바꾸어 왔으며, 오늘날의 표기법은 어떤 특징이 있을까?

우리 나라의 로마자 표기는 선교사들에 의해 시작되었다. 그리고 이러한 출발은 일본과 중국도 마찬가지였다. 그러나 공식적인 표기는 해방 이후부터 시작되었다고 볼 수 있는데, 우리 나라의 로마자 표기법은 네 가지의 안이 번갈아 사용되었다.

1948년 문교부에서는 〈한글을 로마자로 적는 법〉을 제정·고시하였는데, 이것이 최초의 정부안이었다. 여기에 대해 1959년의 안은 우리말 철자에 로마자를 배당하는 전자법을 채택했다는 특성을 가지고 있는데, 이 안은 〈한글의 로마자 표기법〉으로 제정·고시되었다. 여기에 1984년의 〈국어의 로마자 표기법〉이 제정·고시되었는데 이는 우리말의 발음을 로마자화하는 전사법을 채택한 특성이 있다. 1999년에는 전사법을 기본으로 하되 이전의 매큔-라이샤워 안을 수정하여, 우리식 음운 구조에 충실한 새로운 안을 만들어 2000년에 고시하였다. 이들 표기법의 특징을 간추려 제시하면 아래와 같다.

---

1. 매큔-라이샤워 안(1939)

- 방식 : 전사법, 자음의 유·무성 구별
- 자음 : k/g, k', kk(ㄱ, ㅋ, ㄲ)
- 모음 : ŏ, ŭ(어, 으)

예) Han'guk(한국), Chŏnju(전주), Kŭmsan(금산)

2. 한글을 로마자로 적는 법(1948. 문교부 고시)

- 방식 : 절충식, 자음의 유·무성 부분적 구별
- 자음 : k/g, kh(k' 허용), gg(ㄱ, ㅋ, ㄲ)
- 모음 : ŏ, ŭ(어, 으)

예) Han-guk(한국), Chŏnju(전주), Kŭmsan(금산)

3. 한글의 로마자 표기법(1959. 문교부 고시)

- 방식 : 전자법
- 자음 : g, k, gg(ㄱ, ㅋ, ㄲ)
- 모음 : eo, eu(어, 으)

예) Han-gug(한국), Jeonju(전주), Geumsan(금산)

4. 국어의 로마자 표기법(1984. 문교부 고시)

- 방식 : 전사법(매큔-라이샤워 안을 수용), 자음의 유·무성 구별
- 자음 : k/g, k', kk(ㄱ, ㅋ, ㄲ)
- 모음 : ŏ, ŭ(어, 으)

예) Han-guk(한국), Chŏnju(전주), Kŭmsan(금산)

5. 1999년 개정안

- 방식 : 전사법
- 자음 : g/k(자음 앞, 어말에서 g가 k로), k, kk(ㄱ, ㅋ, ㄲ)
- 모음 : eo, eu(어, 으)

예) Han-guk(한국), Jeonju(전주), Geumsan(금산)

1959년의 안을 제외하고는 모음 'ㅓ'와 'ㅡ'를 위하여 o, u 위에 반달표(˘)를, 자음의 거센소리 'ㅋ, ㅌ, ㅍ, ㅊ'을 위하여 k, t, p, ch 오른쪽 윗부분에 어깻점(')을 사용한 것을 볼 수 있다. 이렇게 사용된 특수 부호의 의미는 알기 어려울 뿐만 아니라 컴퓨터 자판에 없는 부호라서 정보화 시대에는 걸맞지 않는 문제가 있다. 그리고 많은 사람들이 특수 부호를 생략하거나 무시하고 있어 표기 혼란을 일으키는 가장 큰 원인이 된 것도 사실이다. 또한 자음의 유·무성을 구별함으로써 우리 나라 사람에게는 낯선 표기법이 될 수밖에 없었다.

이에 반해 1999년에 제시된 개정안은 특수 부호를 삭제하고 자음 표기를 단순화했다. 로마자로 표현할 수 없는 모음이 많은 우리로서는 특수 부호를 쓰지 않는 대신 이를 'ㅓ/eo'나 'ㅡ/eu'와 같은 식으로 표기하게 되었다. 자음 표기의 단순화는 유무성 구분을 없앤 문제가 대표적이며, '시'를 'shi'에서 'si'로 바꾼 데에서도 나타난다. 즉, 한국어에서 'ㅅ'이 'ㅣ' 모음 앞에서 구개음으로 변하지만, 이 구별이 한국인에게는 매우 어려운 것이어서 개정 시안에서는 모두 's'로 적기로 한 것이다.

남북한의 로마자 표기법은 어떻게 다른가?

중국과 대만이 한자어 발음 표기법을 놓고 신경전을 벌이고 있다.

중국은 기존의 '한어병음' 표기법(로마자 표기법)을 주장하는 반면, 대만은 천수이볜 당선 이후 독자적 표기법인 '통용병음(대만식 로마자 표기)'을 채택했다.

대만 교육부는 7일 기존의 '주음부호(주음부호 : 한자 획을 따서 만든 표기법)' 대신 천수이볜이 제창한 '통용병음' 표기법을 공식 표기로 채택, 내년부터 초등학교에서 이를 교육할 것이라고 발표했다. '통용병음'은 지난 98년 천수이볜이 타이베이 시장 재임 중 제창한 표기법. 영어 알파벳으로 한자 발음을 표기하는 것은 대륙의 '한어병음'과 유사하지만, 몇 가지 차이가 있다. '흥'의 경우, 중국은 'Xing'으로 표기하지만, 대만은 'Sing'으로 표기한다. 통용병음 채택 배경과 관련, 대만 교육부는 "대륙의 한어병음과 큰 차이가 없는 반면, 민남어 (대만 및 복건성 방언) 등 향토 언어 표현이 쉽다"고 밝혔다.

그러나 중국은 한어병음이 지난 86년 유엔이 채택한 중국어 표기법이며, 외국에서도 중국어를 배우는 학생의 90%가 이를 선택한다며 대만을 비판했다. 일부 인사는 "대만 표기법의 본지화는 대만 독립 움직임과 상통한다"고 비난했다. 대만 내부에도 비판이 많다. 마잉쥬 타이베이 시장은 "중국어 표기법은 정치적으로 결정되어선 안 된다"며 천수이볜이 바꾼 도로 표지판을 다시 뜯어고치고 있다. 현지 지명을 '통용병음' 표기법으로 표기하면, 일부 대만 사람들이 알아보기 어렵다는 것. 타이베이 다룽가의 경우, 중국식 한어병음 표기법으로는 'Dalong'이지만, 대만식 통용병음에 따른 표기법은 'Dairung'이다.

— 조선일보, 2000년 10월 26일

단모음	(남)	(북)	이중모음	(남)	(북)
ㅏ	a	동	ㅑ	ya	동
ㅓ	eo	o	ㅕ	yeo	yo
ㅗ	o	o	ㅛ	yo	동
ㅜ	u	동	ㅠ	yu	동
ㅡ	eu	u	ㅒ	yae	yai
ㅣ	i	동	ㅖ	ye	동
ㅐ	ae	ai	ㅘ	wa	동
ㅔ	e	동	ㅙ	wae	wai
ㅚ	oe	oi	ㅝ	wo	동
ㅟ	wi	동	ㅞ	we	동
			ㅢ	ui	ui

파열	(남)	(북)	파찰	(남)	(북)	비음	(남)	(북)
ㄱ	g, k	k, g	ㅈ	j	ts,dz	ㄴ	n	동
ㄲ	kk	동	ㅉ	jj	tss	ㅁ	m	동
ㅋ	k	kh	ㅊ	ch	tsh	ㅇ	ng	동
ㄷ	d, t	t, d	마찰	(남)	(북)	유음	(남)	(북)
ㄸ	tt	동	ㅅ	s	동	ㄹ	r,l	동
ㅌ	t	th	ㅆ	ss	동			
ㅂ	b, p	p, b	ㅎ	h	동			
ㅃ	pp	동						
ㅍ	p	ph						

남·북 로마자 표기법

앞의 기사는 중국과 대만의 로마자 표기 갈등에 대한 내용이다. 그러나 이 문제를 남의 일이라고 할 수만은 없다.

남과 북의 로마자 표기법의 차이는 그리 크다고 볼 수 없지만, 그 표기가 각각 우리의 것을 외국에 알리는 대표형으로 자리잡는다는 점에서 단 하나의 차이라도 가벼이 넘길 일은 아니다. 중국과 대만의 로마자 표기 갈등도 이런 차원에서 이해해야 할 것이다. 그렇다면 현행 남북한 로마자 표기법은 어떻게 다른가.

앞의 표에서 남북한이 같은 표기를 쓰는 경우에는 '동'이라고 표기하였다. 'ㄱ, ㄷ, ㅂ'의 경우에는 앞선 표기가 원칙이고, 뒤의 것이 특별한 경우에 쓰이는 예들이다. 남북한은 그 순서에 있어서 차이를 보인다. 이러한 정도의 차이라면, 실제 표기에서는 많은 차이를 갖게 될 것이다. 미국에서 스포츠 스타로 자리잡고 있는, 박찬호와 박세리의 일화는 많은 것을 느끼게 해 준다.

이 두 선수는 박 씨라는 점에서 공통된다. 그런데 이 두 선수의 여권은 'Park'와 'Pak'로 각각 다르게 표기되어 있다고 한다. 이 두 선수가 활약하는 경기를 중계하는 텔레비전의 화면을 자세히 보면, 이 두 선수의 성이 달리 표기되었음을 확인할 수 있다. 그래서 미국인들은 이 두 선수가 다른 성을 가진 것으로 생각한다고 한다. 처음에는 박세리를 '팩세리'라고 불렀다고 하지 않은가. 같은 성을 가진 두 선수가 졸지에 서로 다른 성을 가진 사람으로 느껴지게 된 것은 순전히 로마자 표기 때문이다. 그러니 남북한의 이 차이는 얼마나 큰 차이로 느껴지겠는가. 백두산이 'Baekdusan'이 되기도 하고 'Paiktusan'이 되기도 한다면 우리의 백두산은 어디에 있는가.

통일 시대의 로마자 표기법

남북한은 1987년 5월 모스크바에서 열린 국제 표준 기구(ISO) 기술분과

음의 표기를 놓고 이견을 보였다. 남한은 ㄱ, ㄷ, ㅂ, ㅈ을 각각 g, d, b, j 로 표기하자고 제안했으나, 북한은 k, t, p, c로 표기하자고 주장해 왔다. 남북한은 이견이 좁혀지지 않자 잠정적으로 자음은 북쪽안을 모음은 남쪽 안을 택하되, 다음 3년 동안은 양쪽안의 모음을 모두 혼용해 본 다음 단일 안을 만들기로 합의했다.

1995년 5월 12일 캐나다 오타와에서 열린 국제표준기구 로마자 표기 관련 총회에서 남북한의 자음 표기 방법을 표준안에 모두 수용해 혼용하기로 합 의했다. 이에 따라 회원국들은 남북한이 합의한 공용표기법을 한글 로마자 표기에 관한 기술 보고서로 채택했다. 이 기술 보고서는 기술적 이견으로 국제규격의 공식채택이 지연될 때 사용되는 준국제규격으로 3년간 시범적 으로 사용한 뒤 정식 국제규격으로 제정되며, 그 전에도 사실상 국제규격으 로 인정돼 국제표준화기구 규격 목록에도 등록되었다. 이 표기법을 보면, 모음 표기의 경우에 있어 현행 남한 표기법과 거의 일치함을 알 수 있다.

로마자 표기법 국제 표준 기구(ISO) 남북 단일안(1992년)

ㄱk, ㄲkk, ㅋkh, ㄷt, ㄸtt, ㅌth, ㅂp, ㅃpp, ㅍph, ㅈc, ㅉcc, ㅊch, ㅅs, ㅆss, ㅎh, ㅇng, ㄴn, ㄹr/l, ㅁm

ㅏa, ㅓeo, ㅗo, ㅜu, ㅡeu, ㅣi, ㅐae, ㅔe, ㅚoe, ㅑya, ㅕyeo, ㅛyo, ㅠyo, ㅒyae, ㅖye, ㅘwa, ㅝweo, ㅟwi, ㅙwae, ㅞwe, ㅢui

---

앞으로 남북한이 통일이 되면 로마자 표기법은 다시 개정될 수밖에 없다고 말 하는 이들이 있다. 이 점에 대해서 지금 단정적으로 말하기는 어렵지만 로마자 표기법은 남북 통일이 되더라도 다시 개정되어서는 안 된다는 것이 문화관광부 와 국립국어연구원의 입장이다. 다시 말해 이번 로마자 표기법은 통일될 때까 지 한시적으로 사용하기 위해 만든 것이 아니다. 왜 그런가? 한국어 로마자 표 기법에서 논란의 대상이 되어온 것은 크게 세 가지이다. 하나는 표음법으로 할

것인가, 전자법으로 할 것인가의 문제이다. 둘째는 자음 'ㄱ, ㄷ, ㅂ, ㅈ'을 k, t, p, ch로 적을 것인가, g, d, b, j로 적을 것인가이다. 셋째는 모음 '어, 으'를 어떻게 적을 것인가이다.

이미 1959년 문교부 표기법에서 경험했듯이 전자법은 외국인들의 거부감 때문에 성공할 수 없다는 것이 드러났다. 따라서 새 로마자 표기법의 표음법 원칙은 더 이상 재론될 수 있는 성질이 아니다. 둘째로 자음 'ㄱ, ㄷ, ㅂ, ㅈ'은 k, t, p, ch로 하는 한 'ㅋ, ㅌ, ㅍ, ㅊ'과 구별될 수 없기 때문에 g, d, b, j로 할 수밖에 없음이 드러났다. 셋째, 모음 '어, 으'의 표기는 로마자의 모음 글자가 a, e, i, o, u밖에 없기 때문에 '어'를 eo로 적는 것이 아니고서는 달리 묘책을 찾기 어려움이 숱한 토론과 오랜 연구, 검토 끝에 드러났다. 물론 '어'를 e로 적는 방법이 있기는 하지만 '에'를 ei로 적는 문제를 낳는데다가 워낙 생소하게 생각하기 때문에 새로 검토될 여지가 희박하다.

이상의 세 가지 주요 논점에 대해서 더 이상의 논의 가능성은 없기 때문에 남북이 통일을 맞아 로마자 표기법을 원점부터 새로 논의할 까닭이 없다.

이상은 통일이 되면 로마자 표기법이 다시 개정되어야 하니까 지금 개정하는 것은 의미가 없다는 일부의 반대에 대한 국립국어연구원의 공식 입장을 옮긴 것이다. 국립국어연구원의 이러한 입장에 수긍할 수 없는 것은 필자의 좁은 소견 때문일까? 그러나 더 이상 개정될 것이 없다는 국립국어연구원의 입장은 통일에 대한 패권적 발상이라는 비판을 면할 수 없을 것이다.

앞에서 우리는 남북한의 합의안이 국제적인 공인을 받았음을 알아보았다. 그러나 이는 현재 국립국어연구원의 개정안과 차이가 있다. 그렇다면 기존의 남북한 합의는 어떻게 된 것인가. 남북한 합의는 남한의 개정으로 인해 없던 일이 되어야 하는가? 국립국어연구원의 논리대로 우리 안은 완벽하니까? 그러나 이 얼마나 자기 중심적인 생각인가. 남북한의 합의안이 완벽하지 않다는 사실은 인정하지만, 언어 기호의 완벽성이란 이론과 논리로 얻을 수 있는 게 아니다. 언어 기호가 사회적 약속의 산물이라면, 남북한의 합의는 완벽한 로마자 표기법의 전제 조건이 되어야 할 것이다. 북한을 우리말 공동체의 한 구성원으로 인정한다면, 그리고 이 시대를 통일의 시대로 만들어야 한다는 생각을 가지고 있다면 말이다. 작은 합의를 살려 나가면서 보다 큰 합의점을 도출하는 안목이 절실히 필요한 시대이다.

남한의 지명을 적는 표기와 북한의 지명을 적는 표기가 다르고, 남한의 인물을 표기하는 방식과 북한의 인물을 표기하는 방식이 다르다면 어떻게 될까? 북한의 학자가 한국을 소개하는 표기와 남한의 학자가 한국을 소개하는 표기가 다르다면 어떻게 될까? 통일 시대를 앞두고 다시 한 번 생각해 봐야 할 문제이다.

다른 나라의 로마자 표기법

같은 로마자라고 하더라도 어느 나라의 말을 표기하는 데 쓰이느냐에 따라 그 표기법은 변할 수밖에 없다. 로마자를 자신들의 말을 표기하는 데 이용하고 있는 유럽의 각 나라들도 저마다 다른 방식으로 로마자를 이용하고 있지 않은가. 그래서 각 소리와 글자가 대체로 대응된다고 말할 수는 있지만, 이 소리는 반드시 이 글자와 대응되어야만 한다고 말할 수는 없는 것이다. 나라마다 그들 모국어의 소리 특성에 따라 로마자를 운용하는 방식은 다를 수밖에 없는 것이 현실이다. 그래서 외국을 여행할 때는 그 나라 로마자 표기의 특성을 잘 파악하는 것이 우선 필요하다.

서양과 달리 동양의 나라들은 로마자와는 동떨어진 문자를 사용하였기 때문에 자신들의 말을 로마자로 표기하는 문제가 심각한 논란의 대상이 되어 왔다. 동양의 모든 나라에서 최초의 로마자 표기법은 주로 서양 선교사들에 의해 만들어져 그 나라 말의 언어 특성을 우선적으로 고려하지 못하였다. 그러나 이후 각 나라의 언어 특성에 맞는 로마자 표기법을 마련하는 과정에서 동양의 나라들은 치열한 논란 과정을 거치게 되었다. 논란의 핵심은 언제나 외국인을 생각할 것인가 아니면 우리를 생각할 것인가의 문제였고, 결론은 자기 나라 말의 음운 구조에 맞는 로마자 표기법을 수립하자는 쪽으로 모아졌다. 로마자 표기란 어떤 특정 언어의 음운 구조를 기준으로 만들어진 게 아니었기 때문이다. 그럼 일본과 중국의 로마자 표기 역사를 살펴보고, 그들의 고민을 함께 들어 보기로 하자.

일본의 로마자 표기법은 50음도(五十音圖)를 기초로 하여 글자를 옮겨 적는 전자법이 기본이 되고 있으나, 소리를 표기하는 전사법 또한 추가로 인정하는 복합적인 체계를 띠고 있다. 일본어의 경우는 한국어와 달리 동화

영문 해석과 로마자 표기를 곁들인 일본의 한 광고문구

로마자로 표기된 일본 지명

현상이 없어 전자법과 전사법의 차이가 매우 적은 것이 특성이지만, 아직까지 표음법과 전자법의 갈등은 여전히 남아 있다. 이 또한 외국인을 생각할 것인가, 아니면 우리를 생각할 것인가의 갈등이라고 볼 수 있다. 전자법은 일본인에게 편리한 방법일 것이고, 전사법은 발음 자체를 중시한다는 점에서 외국인을 우선적으로 생각하는 방법이기 때문이다.

일본에서는 로마자 교육에 비중을 두는 편인데, 초·중등학교에서 로마자 교육을 실시하며 현재 소학교 4학년에서 로마자 표기 음절표를 교육하고 있다. 이는 일본내에서 로마자가 상호, 상품명 등 실생활에 매우 가깝게 쓰이고 있는 현실과 관련된다.

중국의 로마자 표기법이 공식적으로 마련된 것은 1926년 제정된 〈국어로마자(國語羅馬字)〉 이후이다. 그리고 이는 1958년에 〈한어병음방안(漢語拼音方案)〉으로 대체되어 현재에 이르고 있다.

중국에서는 23개 로마자에 반모음 y, w를 더하여 25개 로마자를 사용하고 있다. 그리고 2중결합모음 및 3중결합모음은 로마자를 중복 사용하고 있다. 중국 로마자 표기에서는 부호 사용이 빈번한 편인데, 이는 중국어의 특성인 성조를 표시하기 위해서이다.

로마자 교육은 중국어 교육에서 중요하게 다루고 있는 사항이다. 초등교육에서 한자와 로마자를 병기한 교재를 사용하고 있으며, 현재 10여 개 성(省) 300여 초등학교는 한자 없이 로마자만으로 중국어를 교육하고 있는 데에서도 그 정도를 확인할 수 있다. 이는 중국 문자의 복잡성을 극복하기 위한 대안으로 로마자 표기를 인정해 온 역사적 경험과 관련된다.

— 함께 갈 수 없는 길 : 박승빈과 최현배

철자법 논쟁은 우리들만의 이야기일까?

2000년 8월 1일부터 독일어 철자법이 바뀐다. 지금까지 통용되어 오던 공식적인 독일어 맞춤법은 1901년에 제정한 것인데 수많은 규칙 때문에 너무 복잡하여 맞춤법의 단순성을 기하려는 노력이 끊임없이 이어졌다.

새 철자법은 8월부터 학교 관공서 등에 우선 도입되지만, 혼란을 막기 위해 2005년까지 유예기간을 둬, 현행 표기방식을 허용한다고 DPA AFP 통신은 전했다. 독일의 새 철자법에 대한 개정안은 지난 1996년 7월 독일어를 사용하는 독일 · 오스트리아 · 스위스 · 벨기에 · 헝가리 · 이탈리아 · 리히텐슈타인 · 루마니아 등 8개국 대표들이 모여 결의한 것으로서 기존의 맞춤법을 극도로 단순화하려는 것이다.

독일어 새 철자법의 주요 내용은 ß(에스체트) 사용을 제한해서 단모음 뒤에선 'ss' 로 표기하고, 쉼표 규칙을 52개에서 9개로 줄이는 것, 또 'Bibliograph' (도서학자)같은 낱말의 'ph' 는 발음 대로 'f' 로 바꾸고, 'potential' (가능한)같은 단어는 'potenzial' 로 표기하도록 한 것이다.

그러나 개정 철자법에 대해선 그간 독일 국내뿐 아니라 독어를 주요 언어로 쓰는 오스트리아, 스위스의 반대론자들이 "불필요하고 어리석은 짓"이 라며 반발해 왔다. 또 독일의 한 부부는 "철자법 개정이 자녀교육권을 방해하고, 연방 의회의 동의 절차가 필요하다"며 헌법소원을 제출했었다. 이에 대해 독일의 헌법재판소가 "독어 표기는 헌법이 규정할 사안이 아니며, 누구의 권리도 침해하지 않는다"고 판결함으로써 '합법적' 작업 추진이 가능하게 되었다. 그러나 논쟁은 계속될 것으로 보인다.

—독일의 철자법 개정 기사(인터넷 자료)

중국은 한자 자체가 쓰기에 너무 복잡하고 불편하다고 여겨 자체를 간소화하려는 운동을 전개하였고 터키는 자신들의 말에 맞지 않는 아랍 글자와 페르시아 글자를 폐지하고 로마자를 채택해서 쓰기로 결정하였으며, 독일은 최근에 기존의 철자 중에서 표기 규칙이 너무 까다롭고 제약적인 글자들을 폐지하는 결정을 내렸다. 이뿐만 아니라 일본에서 한때 한자를 폐지하고 로마자를 채용한 신문자 창제, 프랑스에서 16세기 말부터 일어난 몇 개의 철자에 대한 통일 운동, 이탈리아에서 혼란스럽던 철자 체계가 시인 단테의 힘으로 그 기초를 얻은 사건과 미국에서 철자 개정을 위한 위원회가 구성된 사건들은 모두 나라마다 제 나라 말의 소리에 가장 알맞은 철자와 철자법을 만들어 편리한 문자 생활을 영위하려는 열망의 소산이 아니었을까?

우리의 역사에도 이러한 철자법 통일을 위한 갈등의 시기가 있었다. 우리는 현재 1933년 제정된 맞춤법통일안에 기반을 둔 철자법의 규범을 따르고 있는데, 이 맞춤법통일안은 어떠한 과정을 겪어 탄생한 것일까? 나라마다 새로운 규범이 들어서는 데는 기존의 관습과 상당한 마찰이 빚어지는 것이 상례인데, 우리에게도 이러한 진통의 역사가 있지 않았을까? 조선어학회에서 만든 최초의 맞춤법통일안에 따른 새로운 철자법은 이전까지 써 오던 표음주의식 방법(소리나는 대로 쓰는 방법)을 포기하고 형태주의식 방법(오늘날과 같이 형태의 원형을 밝혀 쓰는 방법)을 채택했으니, 이에 대한 반대 의견도 매우 거세게 일어나지 않았을까? 그렇다. 20세기 초 한반도는 새로운 철자법 문제를 가지고 치열한 논쟁으로 뒤덮이게 된다. 그리고 그 한가운데, 박승빈과 최현배라는 두 인물이 자리한다.

그렇다면 과연 그 치열했던 논쟁에서 어떤 이야기들이 오고 갔을까? 그리고 조선어학회에서 만든 새로운 철자법이 채택되기까지 어떤 숨겨진 이야기들이 있었을까? 그 수수께끼를 찾아 그때 그 현장으로 되돌아가 보자.

1920년대 우리 나라는 일본의 강점으로 인한 문화적 황폐화가 사회의 곳곳에서 극심해졌고 국민들의 자각과 인식이 고갈된 시기였다. 교육기관에서는 일본말을 국어로 가르치고 제 이름 석자조차 일본말로 개명하도록 강요당하던 시절이었으므로, 일본말과 우리말을 반반 섞는 슬픈 현실 속에서 우리말에 대한 주체적인 자각과 통찰은 힘겨웠다. 그런데 그러한 현실은 역설적으로 몇몇 지식인들을 움직이게 만들었다. 그들은 제 나라 말이 바로 서지 않고는 그 위에서 어떤 문화적 접목도, 발달도 기대할 수 없다는 인식을 강화하였다. 치열한 표기법 논쟁의 역사는 이러한 의지와 자주성의 열망 안에서 잉태되었다.

국어 표기법의 춘추 전국 시대

先生은 去丙子十一月七日에 黃海道鳳山에 生하야 甲寅七月二十七日에 三十九의 有爲한 壯年으로 한뉘를 버리다.

生後에 乳道가 富치못하고 生年丙子와 翌年丁丑은 무서운 凶年이라, 이 嬰兒의 적은먹이로 쌔를 闕하매 세 번이나 氣盡하얏다가 겨우 다시 쌔어난일이 잇스니 한울이 거룩한 사람을 내매 그生初부터 試鍊이 잇슴을 알레라. (중략)

先生이 여덟살 쌔에 이웃아이로 더불어 門밧게나가놀다가 南으로 덜넝峰이란 메에 한울이 맛다흔것을 보고 한울이 어쩌한가 만지어보자고 이웃아이와行伴하야 메에 올을새 同行한아이는 메중턱에서 플솟짜기에 맛들여 한울만질생각을 아주잇되 바드러움을 무릅쓰고 期於히메쏙대기에홀로 올라보니 거기서도 한울이 썩 멀쓴더러 집잇는대를 바라보매 한울이 돌이어 나즘을 보고 비롯오 한울이 참 넓고크어 私覆함이 업서서 높게도뵈고 낮게도뵈임은 눈의錯覺임을 알고 解惑함이 시원하야 쒸놀며 집에 돌아온일이 잇스니 硏究誠과 智識慾이 어리어서부터 强盛함을 넉넉이 斟酌하겟도다.

— 최남선, 《周時經先生傳》에서

위의 글은 1928년 최남선이 주시경 선생을 추모하기 위해 쓴 글의 일부이다. 내용을 이해할 수 없을 정도는 아니지만 글을 읽어 나가는 데 힘이 든다. 아마도 우리에게 익숙하지 않은 표기법 때문일 것이다. 주시경 선생에 대한 추모의 마음은 지금 우리에게도 전해지지만, 그 표기법은 이렇게 시대에 따라 옷을 갈아입는 것일까?

　표기법이 시대에 따라 다른 것은 비단 우리에게만 있는 일은 아니다. 나라마다 시대 변화에 따른 표기법 변천은 흔히 발견된다. 그런데 문제는 당시 우리말의 표기법이 지금의 모습과 다르다는 사실보다도 당시의 표기법이 한 가지 형태로만 쓰이지 않고 여러 가지 모습으로 섞여 있어 매우 혼란스러웠다는 데 있다고 할 것이다.

> ① 그적게 내가 나려 올 째에는 危險한곱이는 넘어선 모양이지만 只今도 마음이
>   야릇켓니.
>   원악이 두서달을 쓰럿니까 착은착은한 목소리로 이러케무럿다
> ② 저편보다 못하다 감잡힌다고 생각할제에 니러나는 屈辱
> ③ 萬一 내가 富豪로서 이런꼴을 當하얏드면, 어물업시 강도나마젓다고 생각하얏
>   슬것이다.

— 염상섭, 《만세전》에서

　위의 문장들은 횡보(橫步) 염상섭의 소설 《만세전》의 구절들이다. 1912년에 씌어진 이 작품은 맞춤법통일안이 만들어지기 전 조선의 문자 생활의 한 면을 여실히 보여준다. 한 개인의 작품에 소리나는 대로 적은 연철표기가 나타나는가 하면(니러나는, 강도나마젓다고, 쓰럿니까, 이러케무럿다), 지나치게 발음을 고정하여 분철하려는 형태도 나타나고(그적게, 곱이는, 원악이), 이 두 가지 방법이 섞여 나타나기도 한다(생각하얏슬것이다).

　어쩌면 이런 현상은 당연한 것이었는지도 모른다. 훈민정음을 만들었던 그 시기에 이미 이런 문제가 나타났다. 세종 자신이 《용비어천가(龍飛御天歌)》와 《월인천강지곡(月印千江之曲)》에서 형태 위주의 표기를 시도하였지

만 당시에도 그 외의 문헌에서는 소리 위주의 표기법이 쓰였고 그 전통이 20세기 초반까지 이어진 셈이다.

그런데 20세기 초반, 500여 년이라는 세월이 지나고 일본이 조선을 강점한 시기에 이르러서야 반은 민족적인 자존 의지에서, 반은 실제적인 욕구에서 철자법 통일에 대한 의식이 불붙고 철자법 논쟁이 불거지게 된 것이다.

초등학교 다니는 아이에게 인용한 글들을 보여주고 지금 우리말과 뭐가 다른지 짐작하는 대로 말해 보라고 하였다. 아이는 대뜸 한자가 너무 많다는 것을 말하였고 그 다음은 'ㅆ' 받침을 쓰지 않는다는 점을 찾아냈고 띄어쓰기도 잘 하지 않고 있다는 점도 찾아냈다. 아이가 말한 대로 이 때의 표기에는 시상을 나타내는 '-었-'이나 '-어 있-'이 모두 '-엇-'과 '-어 잇-'으로 쓰여 있고 개념어들을 거의 한자로 쓰고 있다. 그 외에도 된소리 표기가 다르다는 것과 형태를 고정해서 표기해야 할 낱말과 소리를 살려서 써야 할 낱말의 용례가 지금과는 차이가 난다는 것도 알 수 있다.

오늘날 우리 조선에서 文學에 뜻하는 사람으로써 누구없이 다 이 새로운 外敵의 捕虜가 되지 아니한이가 없다. 심지어 文學者 文學家로 自處하는 사람들까지도 다 完全한 文學的自覺이 充分하지 몯한듯하다. 그리하여 그네들은 英語의 어떤 낱말의 스펠한아만 잘몯써도 그것을 큰 羞恥로 알면서도 ××言語의 技法에 關하여는 조곰도 그 옳고그름을 분간하랴는 생각이 없이 恒常自己의 씨는 것이 곧 法이 되고 標準이 되는줄로 妄想하야 그 自身의 적는법이 어제와 오늘이 다르며 앗가와이제가 다르며 前行과 次行이 서로 같지 아니하야 一編 乃至 一面의글월 속에도 앞뒤가 서로 틀리는 것이 可히 셀수없을만큼 많아도 조곰도 그것이 참 붓글업음이 되는줄로 생각하지 아니하니 이어찐 本末倒錯의 甚한게 아니라 할수있으랴

― 최현배, 1929년 "朝鮮文學과 朝鮮語", 新生 제4권 제5호,

《역대문법대계》 한글논쟁논설집 하, 368면

인용글에서 볼 수 있는 것처럼 당시 우리말의 표기는 사람마다, 때마다 차이가 나타나는 극심한 혼란 속에 있었다. 최현배의 글도 앞서 들었던 최남선의 글과 또 다른 표기법을 보여준다. 동시대에 살고 있는 사람들인데도 개별적 표기법의 차이가 명백하다. 최현배의 글에서는 시제를 나타내는 '-었-'이 현대 형태대로 쓰인 점이 눈에 띄고 된소리를 표기하는 방법도 같은 철자를 겹쳐 쓰는 병서 표기를 하고 있는 점이 특별하다. 이는 염상섭의 글이나 최남선의 글보다는 현대 국어적 안목이 보이는 표기법으로서 비교적 정확하게 어간과 어미를 구분하고 있다.

이처럼 1920년대와 1930년대에 간행된 신문, 책, 잡지 등에는 당시 표기법의 다양한 모습 내지는 혼란스러운 모습이 여실히 드러난다. 대부분의 사람들에게는 우리말을 우리 글자로 표기해야 한다는 잠재적인 의식은 있었지만 통일된 표기법을 이루어야 한다는 발전된 의식은 없었던 것 같다. 시대적으로 민족적 자각은 강렬했지만 이를 표현하는 출구는 궁핍하고 험난한 시대였기 때문이다. 그런 속에서 몇몇 학자들을 중심으로 우리말과 바른 표기, 나아가서는 통일된 표기에 대한 의식이 싹트기 시작했다.

한국 사람도 한글 철자법이 어렵다?

초등학교에 갓 들어간 아이들에게 제일 어려운 과목은 국어라고 한다. 간단한 덧셈, 뺄셈은 손가락을 접고 펴고, 그것도 모자라면 필통에 가득 든 연필 자루들도 꺼내서 합치고 빼고 해서 해결할 수 있다. 그림 그리기는 얼마나 재미있는 시간인가? 마음먹은 대로 이리저리 움직여 자동차도 그리고 빌딩도 그리고, 아빠, 엄마 모습도 그리고…. 도화지에 그려진 모습이 실제 모습과 닮지 않아서 고개를 갸우뚱해도 그림그리기는 신난다. 어른들 중에도 무엇을 그렸는지 전혀 알 수 없는 추상화만 그리는 사람도 있으니까 그 폭넓은 수용범위 안에서 아이들의 그림 그리기는 얼마든지 수용된다.

그런데 국어 시간은 그렇지 않다. 더 정확하게 말하면 받아쓰기는 정말 어렵다. 반듯반듯한 네모 칸에 알맞게 글자를 적어 넣는 일도 힘겨운데 '여덟살'을 '여덟살'로 기억하고 적어야 하는 것은 여간 힘들지 않다. 아이들에게 받아쓰기 시간은 생애 처음 맛보는 자기와의 싸움이요, 제도권 진입이라는 관문을 통과하는 시련이다. 마음대로 그렸다가는(?) 선생님의 빨간 색연필이 사정없이 그어지고 아이들의 자존심은 몹시 상처를 받는다. 일기를 써갈 때마다 꼬박꼬박 빨갛게 고쳐진 글자는 아이들의 상상력을 떨어뜨린다는 한 동화작가의 지적은 그런 점에서 아이들의 마음을 대변해 주는 것 같기도 하다.

초등학생들이 받아쓰기에서 제일 많이 틀리면서 또 어렵게 생각하는 부분은 무엇일까? 잘못 표기하는 사례를 분석해 보았더니 첫째가 겹받침 문제였다. "눈을 밟을 때 나는 소리", "달님이 밝게 비추었다", "점잖은 아저씨 한 분이 오셨다", "큰 등짐을 짊어지고 가는 할머니를 보았다"… 소리 따로 표기 따로인 낱말들을 제대로 알아맞추기까지 꽤나 시련도 겪었을 것이다.

둘째는 읽는 소리대로 쓰면 안 된다는 원칙 문제였다.

"기분이 하나도 안 좋았다(→조왔다)", "며칠 있으면(→잇스면) 설날이다", "친구들과 밖에서(바께서) 놀았다", "우리 담임(→다님) 선생님은 김영순 선생님이다." "아빠는 내가 밥을 잘 먹으면(→머그면) 놀이공원에 간다고 했다", " 나는 떡볶이(→떡뽁기)를 제일 좋아한다"

셋째는 소리가 구별 안 되는 철자를 구분하는 문제였다.

"기러기 떼가(→때가) 날아갑니다", "어제 엄마가 목욕탕에서 때를(→떼를) 밀어주었습니다", "한참이나 돼도(→되도) 친구가 오지 않았다", "양재천(→양제천) 공원에는 수영장도 있습니다"

흥미롭게도 아이들이 겪는 받아쓰기의 어려움은 표기법 통일을 운운하던 바로 그 시기에 똑같이 국어학자들의 뜨거운 논쟁을 일으킨 불씨이기도 했다. 박승빈을 중심으로 한 정음파와 최현배를 중심으로 한 한글파의 치열한 공방전이 오랫동안 계속되었다.

함께 갈 수 없는 길이었을까 : 박승빈과 최현배

정규교육을 받은 사람이라면 '최현배'라는 이름 한 번쯤 들어보지 않은 사람이 없으리라. 그렇다면 '박승빈'은? 글쎄. 오늘날 박승빈이라는 이름을 기억하는 사람은 아마도 국어학에 관심을 갖고 있는 사람이라면 몰라도 일반인 중에는 드물 것이다. 최현배에게 맞선 표기법 논쟁에서 박승빈은 자신의 주장을 끝까지 굽히지 않았던 의지와 집념의 사람이었지만, 결국 표기법은 최현배의 승리로 끝나고 역사는 승자만을 기억한 채 그를 쓸쓸히 사라지게 했다. 그렇다면 두 사람은 왜 대립하였고, 수십년 동안 무엇에 대해 그렇게도 치열한 논쟁을 벌인 것일까? 그 두 사람이 처음부터 대립을 하려고 의

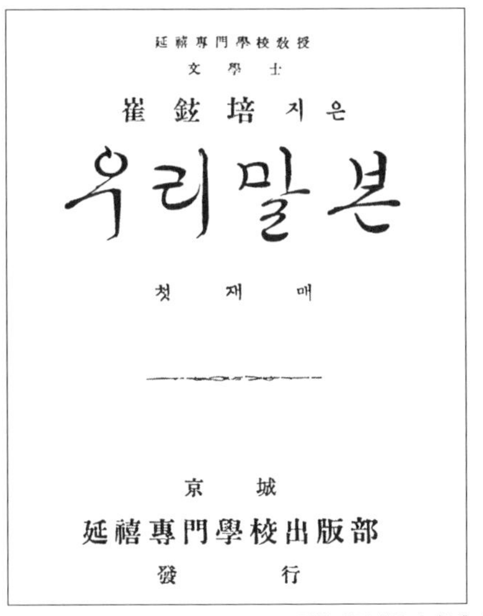
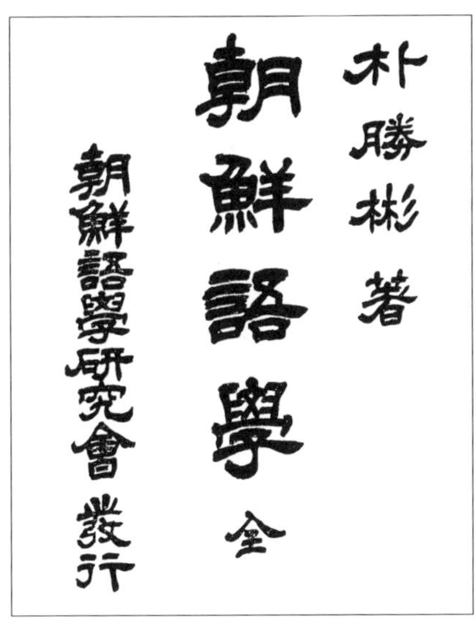

최현배의 《우리말본》과 박승빈의 《조선어학》

도하진 않았을 것이다. 이미 세상을 떠난 두 사람의 진짜 갈등의 요소는 무엇이었을까? 그 내용을 모두 정확하게 살필 수는 없다. 다만, 오늘 우리는 아주 두꺼운 책으로 엮어진 당시의 표기법 논쟁 기록들을 읽으면서 우리말에 대한 두 사람의 애정과 정열을 가슴 깊이 느끼게 된다. 여기서 우리가 먼저 박승빈에게 시선을 돌리는 것은 그의 이루지 못한 인생에 연민을 느끼기 때문이 아니다. 그가 없었다면 조선어학회의 표기법 통일안이 그토록 열성적으로 또 정교하게 다듬어지지는 않았을 것이다. 좋은 경쟁자를 얻는 것은 그래서 승자에게는 다시 자기를 돌아볼 수 있는 계기가 되고 또 더 충만한 지혜를 배우게 하는 기회가 되는 것이다. 비록 한 사람은 쓸쓸히 역사 속으로 사라지지만….

당시 박승빈이 보성전문학교에서 '조선어학'을 강의한 내용을 후에 책으로 엮어낸 것이 《조선어학》이다. 1931년에 자신과 같은 생각을 가진 무리를 모아 결성한 것이 '조선어학연구회'라는 학술단체이다. 이 단체에서는 격월간으로 《정음》이라는 학술지를 발행하면서 지속적으로 이론을 펼쳤다. 이 《정음》 잡지는 1941년까지 지속되다가 폐간되었다. 끝까지 자신의 이론을

표기법 논쟁의 다른 한 축, 박승빈 : "목숨 걸고 '정음'을 관철시키리라"

박승빈은 1880년 강원도 철원에서 태어났다. 관비 유학생으로 일본에 건너가 법학을 전공하였고 돌아와서 법관으로 활약하다가 1910년에 변호사를 개업하였으며 조선변호사 대표로 중국에서 열린 국제회의에 참여하기도 했다. 같은 기간에 조선 사람들의 신생활 운동에 참여하여 계명구락부를 조직하고 잡지 '계명' 발간에도 힘썼다.

당시 운영난에 봉착해 있던 민족 사학인 보성전문학교 교장에 취임하면서 학교를 유지하고 운영하는 데 온 힘을 쏟았다.

박승빈이 국어 연구에 뜻을 두게 된 직접적인 동기는 법률가로서 법전을 기획하면서 표기법 통일이 필요하다는 것을 절감하면서부터라고 한다. 실질적인 문제 의식에서 출발하여 표기법 통일을 위해 잡지를 만들고 학회를 결성하고 보성전문학교에서는 자신의 이론을 강의하고 사회적인 동의를 얻기 위해 혼신의 힘을 기울였다.

철회하지 않았으므로 후에 최현배를 비롯한 '조선어학회'의 여러 사람들로 부터 신랄한 비난과 지탄을 받았다. 그러나 박승빈의 집념은 그런 사회적인 분위기에 휩쓸리지 않고 자신의 말대로 목숨을 걸고 관철시키려는 의지를 갖고 있었다. 하지만 예순 세 살의 나이로 평생의 뜻을 이루지 못한 채 숨을 거두었다.

박승빈을 일러 역사주의라고 하는 것은 그의 표기법 규칙이 치밀한 문헌 고증을 내세우기 때문이다. 조선어학회와 가장 치열한 논쟁의 대상이 되었 던 경음 표기에 있어서 박승빈은 끝까지 된시옷 쓰기(ㅅ계 합용병서)를 주장 하였다. 그는 훈민정음 창제 당시 쓰인 된시옷은 우리 발음을 적는 데 사용 되었고 병서(각자병서)는 중국음을 표기하기 위한 장치였다는 것을 옛 문헌 의 고증을 통해 확신하고 있었다.

훈민정음과 룡비어천가의 용례에서 보면, 경음은 주로 ㅅ으로 적엇고 초성을 쌍서식으로 적은 곳은 하나도 업습니다. 훈민정음에 초성을 쌍서식으로 쓴 것 에 해당하는 발음은 다 조선어음에 경음을 나타내는 음이 아닙니다. 아까 신명 균씨는 쌍서의 례가 만타는 증거로 수십권의 서적을 싸하노코 보엿습니다마는, 만일 나더러 경음을 된시옷으로 적은 례를 보이라 한다면, 나는 이 회장의 네 벽에 가득찰만치 만히 들수가 잇습니다. 통계상으로 본다면 쌍서식으로 적은 것은 된시옷으로 작은 것과는 비교도 되지 안습니다. 그러한데 들림업시, 조선 어의 경음을 적어 노흔 실재의 례는 전부 버리고 조선어음에 경음으로 발음되 지 아니하는 쌍서식의 자형을 들어가지고, 이것이 조선어의 경음을 적는 방법 으로 전해오는 것이라는 견해를 가지는 것은, 조금도 근거 업는 일입니다. 여기 모인 여러분 중에서 고서에 쌍서가 된시옷보다 더 만타는 통계적 실증을 보여 주는 이가 잇다면, 나는 내 목아지라도 내대지요. 그러케 되면 나는 주저 업시 내 학설을 포기하겟습니다.

— 박승빈, 《역대문법대계》 한글논쟁논설집 상, 278, 279면

최현배는 1894년 경남 울산에서 태어나 경성고등보통학교에 수학하였다. 그 당시 주시경 선생의 조선어 강습원에서 우리말과 글을 익히고 일본으로 건너가 히로시마 고등학교와 교토대학 철학과에서 교육학을 공부하면서 신학문을 접했으며, 고국에 돌아와서는 연희전문학교와 이화여전에서 학생들을 가르쳤다.

당시 혼란스럽던 우리말 표기법을 통일하는 데 기초가 되었던 《한글 마춤법 통일안》을 총괄하여 제정하였고 광복이 된 후에도 연세대학교에서 학생들을 가르치며 왕성한 연구활동과 사회활동을 하다가 고희를 넘긴 1970년 타계하였다.

최현배의 일생 중에 가장 곤혹스러웠던 시기는 아마도 함께 우리말과 우리글을 보급하기 위해 애쓰던 중 많은 학회 회원들과 옥고를 치러야 했던 '조선어학회 사건'이었을 것이다. 다행히 광복과 함께 풀려나와 더욱 열성적으로 우리말 보급과 민족정신 고취 사업을 펼쳐 나간다. 박승빈과는 달리 양성한 제자들도 많았고 학문적 업적에 대한 사회의 평가와 존경이 따랐던 행복한 사람이었다. 《한글갈》이나 《우리말본》 같은 최현배의 저서는 국어의 현대적 문법 시각을 이룩한 전형으로서 자리매김하고 있다.

최현배의 언어학적 안목은 어디에서 나온 것일까? 그것은 바로 스승인 주시경의 학문에서 비롯한 부분이 많았다. 주시경은 일찍이 신학문이라고 하는 서양 학문에 눈을 뜨고 또 영문법을 통달하여서 직접 저술한 문법서 《국어문법》에 영어 구조 분석에서 사용하는 문법적 범주와 관점을 적용할 정도였다. 이러한 학문적 배경은 자연스럽게 제자인 김두봉이나 최현배 같은 학자들에게 계승되었을 것이다.

최현배는 스승인 주시경과 같이 한글 전용을 주장하면서 문법 범주들 또한 고유어로 바꾸어 사용할 것을 주창하였다. 그의 전통은 고향인 경남 울산을 비롯하여 부산 지역에서 지금도 계승되고 있다.

최현배는 자신의 뜻대로 만들어진 표기법을 보급하였고 학문적 전통을

확고히 하여 오늘날 수많은 제자들이 그를 추모하고 기념사업회를 만들 정
도로 꿈을 이룬 사람이었다.

마침내 공청회를 열다 : 한글파와 정음파, 누가 옳았을까?

탄탄한 이론과 능란한 언변, 결속력으로 뭉친 팀과, 마음은 앞서지만 언
변이나 논리 전개에서 미숙함이 드러나 보이는 팀이 많은 청중들 앞에서 한
문제를 놓고 드디어 결전을 벌이게 되었다. 당시 정음파와 한글파의 '조선
어' 혹은 '언문'(일제 시대였으므로 國文이라고 할 수 없었다)이라고 부르던
우리말 표기법 통일안을 놓고 벌인 치열한 설전(舌戰)은, 이를 기록한 속기
록이 있어 그날의 뜨거웠던 공방전의 열기를 생생하게 느낄 수 있다.

1932년 11월 동아일보는 당시 표기법의 두 지류를 끌고 있던 '조선어학
회'와 '조선어학연구회'가 대중들 앞에서 공청회를 갖도록 주선하기에 이
른다. 문자의 혼란을 일선에서 가장 예민하게 겪고 있던 신문사의 입장에서
는 누구보다도 표기법의 통일이 절실했을 것이다. 11월 7일 3시 동아일보 3
층 회의실에서 조선어 표기법 통일안에 대한 범국민공청회를 열려고 하니,
각 팀에서 세 사람씩 나와 자신들의 표기법 통일안 요체와 이론을 발표해
주기를 바란다는 내용을 알린다. 조선어학회에서는 즉각적으로 최현배, 이
희승, 신명균 세 사람으로 발탁하였고, 조선어학연구회에서는 박승빈, 정규
창, 백남규 세 사람이 나가기로 결정하였다.

마침내 여섯 명의 발표자와 토론자들은 동아일보가 정한 장소와 시간에
맞추어 공청회를 열게 된다. 그날 그 여섯 명의 가슴속에 감돌았을 긴장감
을 짐작할 수 있지 않을까? 그들 모두 한결같이 조선말의 표기법 통일을 위
해 헌신한 사람들이기에, 누구보다도 오늘의 공청회는 자신들 학파의 뜻을
관철하여 대중의 지지를 얻을 수 있는 매우 중요한 기회였다. 이 공청회를

기점으로 하여 대중의 행보를 결정하게 될 것이다. 방청석은 입추의 여지도 없이 모두 들어찬 것으로 그날의 속기록은 전하고 있다. 일본이 우리 나라를 강점하고 있던 시기였다는 것을 생각해 보면, 이렇게 많은 사람들의 운집은 놀라운 일이었다. 아마 그들도 평소 문자 생활에서 이렇게 써야 하는가 저렇게 써야 하는가를 늘 고민하며 누군가가 표기법 통일안을 만들어 주기를 열망하던 사람들이었을 것이다. 그중에는 조선총독부 학무국에서 나온 관리들도 있지 않았을까? 조선을 효과적으로 통치하기 위해서는 조선총독부에게도 조선의 철자법 통일이 필요했다. 조선총독부는 일찍이 1913년에 소리주의를 위주로 한 철자법 통일안을 확정한 바 있으나, 그때까지도 혼란이 계속되고 있었다. 그래서 조선총독부 학무국 안에 철자법 통일을 위해 학자들을 선임하여 연구하도록 하였다. 그들은 오늘 이 공청회를 지켜보고 앞으로 자신들의 입장을 분명하게 정하려는 속셈이 있었을 것이다.

사실 조선총독부측에서는 조선어학회가 제시한 통일안 시안에 우호적인 마음을 가지고 있었다. 총독부 주체로 마련한 철자법 개정 심의위원에는 조선어학회 출신의 학자들이 대거 관여하고 있었기 때문이다. 이런 모든 현실을 감안하였을 때 특히 몇십 년간 표기법 통일을 위해 애썼던 조선어학연구회측의 박승빈으로서는 공청회에서 여러 가지 감정이 교차하였을 것이다.

이번 토론회의 연사 여섯 분은 어느 단체를 대표하거나 쏘는 배경으로 하고 나온 것이 아니오, 각각 개인의 자격으로 자긔의 학설을 가지고 나온 것임으로 그 주장도 세부에 잇서서는 각각 다릅니다. 그러치마는 대체로 보면 신명균(申明均), 리희승(李熙昇), 최현배(崔鉉培) 三씨는 주장이 갓고, 쏘 박승빈(朴勝彬), 정규창(鄭奎昶), 백남규(白南奎) 三씨가 역시 주장이 갓다 할 수 잇습니다. 그리하야, 제一일의 쌍서 문제, 제二일의 겹바침문제, ㅎ바침 문제에 대하야는 전자 三씨는 가편, 후자 三씨는 부편, 제三일의 어미 활용 문제에 대하야는 후자 三씨가 가편, 전자 삼씨가 부편으로 론전이 전개된 것입니다.

그런데 토론회의 진행절차는 우선 각편에서 한 사람씩 나와, 그날 문제에 대하야 오십분씩 강연한 후에 남은 한 시간 이십분 동안은 여섯 분이 자유로 질문전을 하기로 하엿습니다.

이번 토론회는 각 방면으로부터 상당히 주시를 바든터인 바 직접 방청하지 못한 이는 누구나 궁금하게 생각할 것임으로, 오늘부터 지면의 허하는 한에서 그 속긔록을 발표하기로 합니다.

— 박승빈,《역대문법대계》한글논쟁논설집 상, 263면

〈한글 토론회 속기록〉 중에서

두 학파의 치열한 논쟁의 쟁점은 위의 글에서도 나타나 있지만 된소리 표기와 겹받침과 'ㅎ' 받침을 포함한 전반적인 받침 표기 문제와 어간과 어미 표기에 관한 문제였다. 이 논쟁은 사흘 동안 치열하게 벌어지게 된다.

'있습니까' 인가 '잇습니짜' 인가 : 공청회 첫째 날 이야기

공청회 첫날은 된소리 표기에 관해 박승빈과 신명균이 한판 논쟁을 벌였다. 조선어학회를 대변한 신명균은 된소리는 같은 철자를 두 번 거듭 쓰는 병서 표기를 해야 한다고 하였다. ㄲ, ㄸ, ㅃ, ㅆ, ㅉ 과 같이 표기하는 것이 시각적으로도 같은 글자를 두 번 씀으로써 배우기가 좋을 뿐 아니라 소리가 단단하다는 인상을 줄 수 있어서 된소리라는 느낌을 잘 나타낼 수 있다고 하였고 또한 훈민정음 창제 당시의 ㅅ, ㅆ, ㅄ, ㅉ 은 우리말의 된소리를 표기하였던 것이 아니라 모두 ㅅ 소리가 나는 것이니 이는 ㄲ, ㄸ, ㅃ, ㅉ 과는 다른 소리라고 하였다. 각자병서(같은 철자를 두 번 반복하여 쓰는 것) 방식으로 된소리를 표기하자는 것은 사실 당시 대중들이 쓰고 있던 표기법을 전면적으로 개정하는 것이었다.

박승빈은 그 어떤 항목보다도 된소리 표기 문제에 애착을 가지고 있었던 것으로 보인다. 주어진 발표 시간 50분이 초과하도록 격앙된 목소리로 된소리 표기는 반드시 'ㅅ' 계열을 반영할 수 있어야 한다고 하였다. 역사적인 문헌을 통해 각자병서된 낱말은 우리말의 발음을 위한 것이 아니라 한자음을 나타내기 위한 것이었음을 논증하였다. 따라서 우리말의 된소리는 바로 이 ㅅ 계열의 합용병서로 된 낱말들이므로 된소리 표기는 반드시 이 ㅅ 계열의 합용병서로 표기하여야 한다고 하였다. 박승빈의 주장은 당시 된소리 표기법을 그대로 반영한 것이기도 하였다. 당시에는 '있습니까'는 '잇습니까'로, '이 때에'는 '잇째'에로 '가끔'은 '가씀'으로 표기하는 것이 일반적이었다.

두 사람의 발표가 끝나자 각 학파에서는 서로에 대해 날카로운 질문전이 계속되었다. 질문은 누구나 자유롭게 묻고 또 누구나 그 질문에 대해 자유롭게 답변하도록 하고 있다. 앞서서 발표한 것보다는 훨씬 신랄한 공격이 오고 갔고 답변 내용 중에는 영어나 일본어에도 능통한 그들의 해박한 지식이 망라되었다.

오늘날의 관점에서 보면, 각각의 입장은 모두 그럴 듯한 논리적 근거를 갖추고 있다. 한 글자를 어떤 경우에는 제 소리를 표현하는 것으로 사용하고 어떤 경우는 된소리를 나타내기 위한 기호로 사용한다는 것은 사람들에게 혼란만 준다는 최현배측의 논리는 타당성이 있다.

그러나 박승빈의 주장에 대해 최현배는 '씌' 라는 낱말이 사투리로 '시도기' 라는 것이 있음을 근거로 삼아 ㅅ 계열은 모두 제 소리를 내었으므로 된소리 표기로 부적절하다고 반박하자, 박승빈은 그렇다면 옛 표기에 '딸' 이라는 말을 '시달'이라고 부르는 예가 있느냐고 통렬하게 다시 반박한다.

된소리 표기 논쟁을 통해 우리는 두 학파가 문자를 바라보는 관점에서 차이가 있다는 것을 엿볼 수 있다. 조선어학연구회측이 문헌 고증을 통해 전통을 계승하려는 입장에 서 있다고 한다면, 조선어학회측은 실용주의적인 입장에 서 있다. 결국은 조선어학회의 표기법 통일안이 채택되어 조선의 모든 문자 생활이 이를 따르게 되었다. 그러나 실제로는 여전히 된시옷을 함께 쓰는 합용병서 표기법이 된소리 표기법으로 오래도록 사용되었다.

‘값이’인가 ‘갑시’인가 : 공청회 둘째 날 이야기

공청회의 둘째 날은 받침을 어떻게 쓸 것인가에 대해 논쟁을 벌였다. 간간이 발표자들의 익살스런 표현과 거친 표현이 나올 때마다 방청석에서는 웃음이 터져 나오긴 했지만, 공청회장 분위기는 내내 긴장감이 감돌았고 사뭇 날카롭기까지 했다고 기록하고 있다. 받침 표기에 대해서 조선어학연구회측에서는 정규창이, 조선어학회측에서는 이희승이 각각 주제 발표를 하였다.

이희승은 조선어학회의 간부이자 조선어 표기법 통일안 제정에 실질적인 역할을 한 학자로서 언어학적 안목과 지식이 풍부한 사람이었다. 그는 어법상 편리, 성음학상의 원리, 역사적 근거에 의해 조선어에 겹받침을 써야 하며 더불어 ㅎ도 받침으로 써야 한다고 주장하였다. 동사의 어간과 어미를 엄격하게 구분하여 표기하기를 주장하였고 명사에 있어서도 어간과 토를 구분하는 의식이 뚜렷하였다. 어간과 어미의 엄격한 구분을 하게 되면 자연히 겹받침과 ㅎ받침은 표기에 반영하여야 한다고 하였다.

대개 겹바침을 쓰려는 말은 두 가지 계통이 잇습니다. 하나는 체언(體言)즉 명사(名詞)이오, 하나는 用言 즉 형용사(形容詞)나 동사(動詞)입니다.
첫재 체언을 보면, ㅄ, ㄳ, ㄲ, ㄺ, ㄻ 이런 것이 부튼 것이 잇습니다. 례를 들면 〔값〕, 〔넋〕… 등인데, 이것을 부인하는 이는 여기다 주격토를 부처서 〔갑시〕, 〔넉시〕 하자 합니다. 그런데 조선말에 주격을 표시하는 조사는 우엣말에 바침이 잇슬 경우에는 〔이〕가 되고 업슬 경우〔가〕가 되는 것인데, 례하면 밝이, 닭이, 삶이… 등 다 이로 통일되는 것입니다. 이와가티 바침 잇는 주격에는 언제든지 이, 은, 을, 에 등 토가 붓습니다. 그런데 반대측에서는 〔시〕를 〔이〕의 변화라고 주장하나, 그것은 단순한 변화가 아니어서, 설사 변화할 수 잇다할지라도 그 변화하는 데는 반드시 무슨 법칙이 잇서야 할 것입니다. 만일 주격 미테 들어가는 〔시〕가 〔이〕의 변화라고 하는 것이 올타고 하면. 〔집이〕를 〔집시〕 〔죽(粥)이〕를 〔죽시〕라고도 쓸수가 잇슬까요.

그러기 때문에 〔시〕는 〔이〕의 변형이 아니라 바침 잇는 주격통토에는 언제든지 〔이〕가 되어야 할 것입니다.

반대측에서는 〔박기〕, 〔살미〕 등으로 쓰는데, 그러한 변체에는 아무러한 법측이나 통일이 없는 것이라, 도저히 성립될 수가 없는 것인 줄 압니다. 그러나 겹바침을 쓰면 토는 언제든지 〔이, 은, 을, 에…〕 등으로 통일할 수가 잇을 것입니다. 또 어원으로 볼지라도 〔값〕 할 때의 그 〔ㅅ〕은 고정적으로 부터 잇서야 할 것이오, 그리해서 한 개의 법측적으로 통일된 조사〔이, 은, 을 , 에〕 등을 부처보면 비로소 체언과 조사의 한계를 확연히 라 수가 잇슬것입니다.

다음으로 용언에 관하야 말슴하겟습니다. 활용하는 말에는 변치 안는 부분 즉 어간(語幹)과 변하는 부분 즉 어미(語尾)가 잇는데, 어간은 용언의 중심 관념을 나타내고 어미는 그 직능을 나타내는 것입니다.

— 이희승, 〈한글 토론회 속기록〉 중에서

이희승의 표기법 원칙에는 현대 문법적인 인식이 뚜렷하였다. 그의 안목은 오늘날 국어 문법에 대한 우리의 관점 안에 모두 수용되어 있다.

조선어학연구회측의 대표 발표자로 나선 정규창은 우리말의 음절성과 역사성에 근거하여, 원래 겹받침으로 소리나지 않은 것을 그 소리가 있다고 하여 표기법으로 반영하는 것은 아동 교육이나 더구나 문맹 퇴치 운동에 역행한다고 주장하였다. 그의 설명을 들어보자.

명사에 잇서서 〔넉(魂)〕 업는 사람〕, 〔갑 아홉 돈〕을 둘 바침 주장하는 이들은 〔넋 업는 사람〕, 〔값아홉돈〕이라고 쓰니 그러케 쓰면 련발음 리론에 의지해서 〔넉섭는 사람〕, 〔갑사홉돈〕이라 해야 올흘 것이지마는 어듸 우리말에 그런 말이 잇서요? 우리는 이것을 〔넉업는 사람〕, 〔갑아홉돈〕이라고 쓰니, 그런 발음이 〔너 겁는 사람〕, 〔가바홉돈〕이 되어 아무런 무리도 업습니다. 리희승씨는 말하기를 조선말에서는 바침이 그 음까를 그대로 내지 못하게 때문에, 가령 〔낱〕 할 적에 ㅌ바침이 완전히 나지 못하는 것과 가티 〔넋〕할 째도 〔ㅅ〕음이 나오는 째도 잇고 〔ㅅ〕이 쌔지는 째도 잇다고 하얏지마는, 그것은 대표음(代表音)으로 분명히 발음이 되는 것입니다. 즉 〔낱〕과 〔낟〕은 그 전부작용(前部作用)이 가튼 까닭에 〔낫〕. 〔낱〕, 〔낯〕 등은 다 대표음으로 〔낟〕하는 경우가 만습니다. 그러치마는 〔넉 업는 사람〕을 〔넋 업는 사람〕이라고 써 노코 〔너겁는 사람〕이라고 발음하라 한다면, 여기서는 〔ㅅ〕은 전연히 쌔업서지고 말지 안습니까, 무턱대고 발성음이 잇섯다 업서젓다 하는 법은 업습니다. (중략)

용언에 잇서서 례를 들면 〔없〕, 〔앉〕 싸윈데, 언어란 것은 결코 하늘에서 떨어진 것이 아니오, 인류가 오랫동안 살아오는 사이에 생긴 것입니다. 그래 우리 조상이 〔無〕, 〔坐〕라는 관념을 표현할 째에, 과연 〔없〕, 〔앉〕 와 가튼 자형을 머리 속에 그렷겟단 말이에오? 만일 한싸ㅏ를 숭내내서 모든 관념을 표현하는 글자를 한글자 속에 집어너흐려 한다면 그것은 처음부터 틀린게 확실하다. 〔앉〕, 〔없〕이 〔坐〕와 〔無〕에 상당한 것이라고 하면, 〔기다려〕 가튼 것은 어쩌케 할 도리가 업지 안습니까?

조선어는 상형 문자가 아니라 표음 문자입니다.

— 정규창, 〈한글 토론회 속기록〉 중에서

조선어학연구회측에서는 특히 발음과 음성에 매우 세심한 주의를 기울인 표기법을 내세우고 있으며, 음운 현상에 있어서는 상당히 발전된 안목을 가지고 있음을 알 수 있다. 그러나 어느 특정 단어에 일어난 현상을 다른 단어는 왜 그렇지 않느냐고 반박하여 이론을 전개하는 방식은 자체의 고유 논리에 기대는 것보다 논리성이 떨어질 수 있다. 정음파의 음성학적인 안목은 ㅎ받침 표기에서도 여실히 드러난다. '정음' 측은 ㅎ이 발음상 ㅇ과 같이 후음에 속하는 것으로서 다른 받침과는 달리 그것이 붙은 글자에 어떤 음성 작용을 해야 하는데, 이는 아무런 영향도 주지 못하고 다만 다른 음절에 소리 영향만 입힐 뿐이니 전반적인 받침 원칙에 어긋난다는 점을 근거로 잡았다.

이렇듯이 받침이란 붙은 윗말에 어떤 음성 영향을 주어 변화를 일으키는 것이라고 한다. 그런데 ㅎ은 그것이 붙은 윗말에는 아무런 영향도 주지 못하고 다만 뒷 음절에 섞이어 격음조로 바뀌게 할 뿐이라는 것이다. 따라서, ㅎ은 받침으로는 쓸 수가 없고 격음조가 일어나는 부분에서는 이를 표기하려는 특별한 기호를 붙일 것을 제안하였다. ㅎ을 '서쓰힘소리'라 하고 이러한 현상이 일어나는 부분에는 조 ㄱ 밥=조팝, 안 ㄱ 밭=안팥, 만흐고→만ㄱ고=먼코, 可하다→可ㄱ다=가타로 적을 것을 제안하였다. 이는 정음파가 경음조를 적을 때 된시옷을 넣어 '봄ㅅ바람'이라고 쓰자는 주장과 같은 맥락의 원리를 가지고 있다.

반면 이희승은 현대적인 해박한 언어 지식을 토대로 하여 발성기관의 해부도를 제시하면서 ㅎ이 왜 받침소리로 쓰일 수 있는지를 일목요연하게 설명하였다. ㅎ은 발음상 다른 조음기관들은 움직이지 않고 오직 연골 성문이 마찰되면서 휘파람소리 나듯 발음하게 되므로 조음기관 작용으로 발음되는 다른 음성과 동시에 날 수 있다는 점을 보였다.

그때 그 소리는 조음기관만을 통해 나온 소리를 매우 강하게 떨리게 하는 역할을 보이므로, ㅎ은 받침소리로서 충분히 역할을 할 수 있는 것이라고 하였다.

이희승이 발표중 종이를 입에 대고 〔가〕와 〔까〕, 그리고 〔카〕의 세 발음의 종이떨림이 어떻게 다른지를 실증하였을 때 장내에 있는 사람들은 박수를 보낸 사실이 기록에 남아 있다. 아마도 청중들은 현대 음성학적인 지식을

모두 이해할 수는 없었겠지만 그의 실증적이고도 논리적인 발표에 감동을
받은 듯하다.

'먹으며'인가 '머그며'인가 : 공청회 셋째 날 이야기

공청회 마지막 날은 어미 활용 문제를 놓고 두 학파에서 치열한 공방전을
펼치게 된다.

이미 이틀에 걸쳐 각자의 입장에 대해 발표하고 논쟁을 벌인 끝이라서 자
신들의 표기법 대강을 충분히 알릴 수 있었지만 마지막 날의 공청회는 어느
날보다 중요했다. 어미 활용 문제는 표기법에서 대원칙을 정하는 비중이 높
은 쟁점거리였다. 소위 표음주의냐, 형태주의냐 하는 분명히 다른 두 기준
에서 이 문제를 다루고 있기 때문에 표기법의 운명을 건 문제가 아닐 수 없
었다.

한글 토론회 제 삼일의 론제인 어미활용문제에 대하여서는, 이번에 출석한 여
섯분 학자가 다 가티 활용을 시인하는 바임으로, 가편 부편이 잇슬 것이 아닙니
다. 다만 박승빈씨의 단할용설(단활용설)에 대하햐 정규창, 백남규씨는 량씨는
지지하는 태도를 취해오고, 디른 세 분(신명균, 최현배, 리희승)은 이에 반대하야
[끝바꿈설]을 주장하는 것 쑨이므로, 이번에는 한편을 단활용설편이라 하고, 다
른 한편을 [끝바꿈설]편이라 하겟습니다.―그리고 이 삼일의 토론 순서는, 다
른 날과는 좀 달리하야 우선 량편이 각각 자긔의 학설을 간단히 소개한 후에 토
론으로 들어가고, 토론이 씃난 후에 전과 가티 기타 질문권을 시작하겟습니다.

— 박승빈, 〈한글 토론회 속기록〉 중에서

결론적으로 말하면, 어미 활용에 대하여 박승빈은 일본어에서 보이는 단

활용설을 적용하여 우리말의 어미 활용은 표음주의를 따라야 한다고 주장했다. 그의 이론을 보도록 하자.

예를 들어 '먹다'라는 동사가 있다. 이는 활용할 때 '머그니, 머그며, 먹지만, 머거'와 같이 변하고 이 때 나타나는 모든 활용 형태 '머그', '머거', '먹'을 모두 용언의 어근으로 본다는 것이다. 이 분석 방법은 동사의 어간을 중성 음절까지 녹아 들어가 있는 단위로 보고 있는 것이다. 따라서, 그에 따르면 동사의 표기는 '먹으며', '많으며'로 나타나는 것이 아니라 '머그며', '만흐며'로 표기되어야 한다. 이 방법을 따른다면 굳이 동사의 겹받침을 표기할 필요가 없게 된다.

최현배 주장의 논거는 용언의 어간과 어미에 대한 명확한 구분에 있었다. 그리고 무엇보다도 표기법은 품사에 기준을 두어야 한다고 생각했다. 동사의 활용에서 뜻을 가진 변하지 않는 부분은 어간이며 나머지 문법적 기능을 담당하는 부분은 어미라고 설명했다. 그의 논리는 현재 우리에게 익숙해진 것으로서 '먹으며', '앉으며', '많으며'와 같이 어간의 겹받침을 반드시 표기하도록 한 것이다.

여기서 잠깐 표기법에 대한 최현배의 언어관을 엿보기로 하자.

여기서 먼저 표긔법(表記法)의 력사를 설명할 필요가 잇습니다. 훈민정음에는 〔사라미〕, 〔머거〕 등 성음적긔사(聲音的記寫)로 쓰든 것이 월인천강지곡(月印千江之曲)에 와서는 〔사라미〕, 〔먹어〕등으로 써 왔습니다. 문짜 는 결코 소리만을 적는 것이 아닙니다. 관념의 덩어리라는 것에 크게 주의하지 안흐면 안될 것입니다. 문짜 라는 것은 말을 적은 것이오, 말이란 것은 사사을 표시하는 것입니다. 날라가 버리는 소리를 붓잡어 두는 것이 문짜 이지마는, 그것이 아무 뜻업는 소리 그것만은 아니오, 결국은 사상을 적은 것은 무론입니다. (중략)

원래 문법이란 것은 현재 실지에 사용되어 잇는 말에 긔인하여서, 그 법측과 조리를 세우는 것입니다. 그러므로 박승빈씨의 설은 기괴일 뿐이오 하등 근거가 업는 것임이 분명합니다.

— 최현배, 〈한글 토론회 속기록〉 중에서

그렇다. 최현배는 편의주의보다는 엄격한 문법적 관점을 가진 사람이었다. 문자는 단순히 말을 잡아두려는 장치에만 지나는 것이 아니라 생각의 표현이며, 곧 낱말 하나 하나가 관념의 덩어리라는 사실을 인식하였다. 당시의 표기법이 이 같은 자신의 표기법 원칙에서 벗어나 여전히 표음주의 표기 형태를 보이며 미분화의 초기 상태에 머물러 있는 혼란을 반드시 바로잡고자 하였다.

그래서였을까? 표음주의와 형태주의로 대변되는 조선어학회와 조선어학연구회는 그들이 발간하였던 학술잡지의 이름을 각각 '한글'과 '正音'으로 달았다. 《한글》과 《正音》 그 두 잡지는 그들이 꿈꾸고 표방하는 표기법의 진실을 담고 있는 듯하다.

'한글'은 '큰 글'이라는 뜻이며, '正音'은 '바른 소리'라는 뜻이다. 한쪽은 글에 초점을 맞추었고, 한쪽은 소리에 초점을 맞추고 있다. 이러한 기관 지명의 배경에는 전통의 재창조냐 전통 계승이냐의 문제가 맞물려 있다. '한글'이라는 이름을 주시경이 처음 사용했다는 점, 또 그 제자들이 중심이 되어 조선어학회를 만들었다는 사실이 기관지를 '한글'로 명명한 또 다른 이유였다.

반면 박승빈은 훈민정음의 전통을 계승해야 한다고 믿었다. 개화기까지 500년 동안 이어져 내려오던 소리대로 쓰는 표음주의 전통을 계승하고자, 훈민정음의 이름을 따서 '정음'이라는 기관지명을 만든 것이다. 최현배의 말대로 글이 관념의 덩어리라면 소리는 현실적인 말의 기록이다. 글과 소리로 대표되는 그들의 표기법 논쟁은 그렇게 시작된 것이다.

사람들은 통일된 표기법을 쉽게 따랐을까
: 한글파의 승리 그 이후

한 공동체가 자신들의 언어에 대한 규범을 준수하려는 태도는 발전된 시민의식임에는 틀림이 없다. 문자의 발달 초기에는 언어의 규범성에 대한 인식이 싹트기 힘들다. 이 때는 기본적인 문자 생활을 유지해 나가는 정도에 그친다.

그러한 무의식의 상태가 계속되다가 어느 시기에 통일된 규범적인 표기법의 필요성이 대두하게 되고, 몇몇 선각자적인 사람들의 노력으로 표기법 통일안의 시안을 마련하면 사회적인 합의를 거쳐 비로소 효력을 발생하게 된다.

1933년 우리 나라 최초로 한글맞춤법통일안이 공포된 것은 이러한 사회적인 변화의 도정 속에 있었다. 우리 글자인 훈민정음이 발표된 것은 1443년의 일이지만, 훈민정음이 명실상부한 독자적인 표기체계로서 대우받기 시작한 것은 근대 이후라고 할 수 있다.

그러나 막 움트려고 하던 모국어 자각의 토대는 일본의 침략으로 다시 암흑 속에 묻혀야만 했다. 따라서, 1920~30년대에 우리말에 대한 자각과 부흥 운동은 독립운동적인 의미를 띠는 것이었다. 앞서 살펴본 조선어학회 사건은 그러한 정치적인 색채를 탄압한 대표적인 경우라고 할 수 있다. 공청회에 모였던 그 많은 열기는 단순히 표기법에 대한 관심 이상의 민족적인 그 무엇이 있었다.

조선어학회의 맞춤법통일안이 발표되고 사회적으로 표기법의 규범을 준수하자는 홍보와 강연이 뒤따랐지만 변화는 쉽지 않았다.

여전히 된시옷으로 경음을 표기하고 ㅅ으로 쓰이는 시제 표현이 존속됐으며 소리와 형태가 정리되지 못한 채 혼합되어 쓰였다. 일간신문에서도 여전히 표기법을 고치지 못하여 혼란을 가중했다.

　이런 혼란이 계속된다는 것은 국가 전체로 볼 때 큰 손실이 아닐 수 없었다. 이에 뜻이 있는 선각자들과 일간 신문사들을 중심으로 대대적인 문자 보급 운동이 펼쳐지고 이에 대한 전국민의 호응이 잇따르면서 혼란하던 표기법은 차츰 안정을 찾기 시작했다.

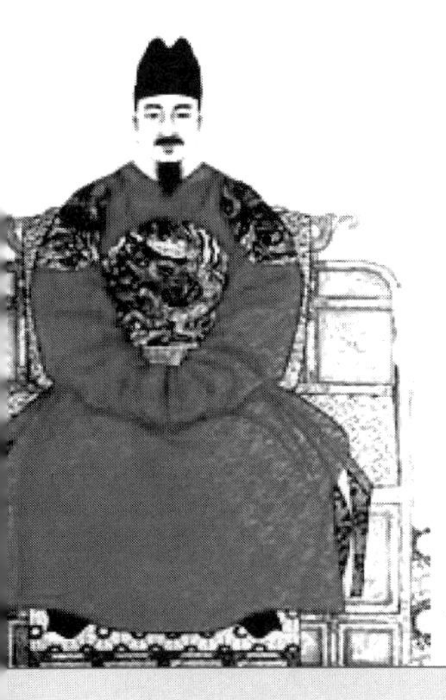

세종대왕상을 아시나요 ‖ 제15장 ‖

— 인류의 지적 유산, 한글

세종대왕상이 뭐지요?

길을 가는 사람들에게 "혹시 '세종대왕상'이라고 들어 보았습니까?"하고 물으면 대부분 고개를 갸우뚱거린다. 강의실에서 학생들에게 물어보아도 이 상에 대해 알고 있는 학생들은 거의 없다. 이 상의 이름을 처음 들으면 십중팔구는 어떤 한글 관련 단체에서 주는 상이거나, 어느 가을날 공원마당에서 벌어지는 백일장에서 장원에게 주는 으뜸상쯤으로 생각하는 것 같다.

세종대왕상 시상식 장면

그렇다면 과연 세종대왕상이란 어떤 상인가? 세종대왕상은 유엔 산하의 유네스코(UNESCO)에서 제정한 상으로, 정식 이름은 '세종대왕 문맹퇴치상(King Sejong Literacy Prize)'이다. 1989년 6월 한글 창제에 담긴 숭고한 세종대왕의 정신을 기리고, 전세계에서 문맹을 퇴치하기 위하여 헌신하는 개인, 단체, 기관들의 노력을 격려하고 그 정신을 드높이기 위해 제정되었다. 이 상의 이름에 세종이라는 이름을 딴 것은 세종이 만든 한글이 그만큼 배우기가 쉬워서 문맹자를 없애는 글이라는 사실을 세계가 인정하였기 때문이다.

유네스코 세종대왕상은 1990년에 인도 과학 대중화 단체에게 처음 수여된 이래 가나, 인도, 요르단, 튀니지, 중국, 사우디아라비아, 필리핀 등 세계 곳곳에서 문맹 퇴치에 커다란 공을 세우거나 성공적인 활동을 펼친 단체에 수여되고 있다. 수상자에게는 소정의 상장과 메달, 그리고 38,000달러의 상금이 지급된다. 우리 나라가 세계에서 문맹률이 가장 낮은 나라에 속한 것도 세계 최고의 문자인 한글 덕분이다. 유럽에서 한국학의 권위자로 알려진 독일 함부르크 대학의 잣세(Sasse) 교수는 다음과 같은 경험담을 들려 준다.

"맨 처음 보기에는 한글이 어렵다고 느꼈지만 실제로 배워 보니까 하루만에 배울 수가 있었습니다. 특히 한글 글자 모양이 입 모양이나 발음 모양을 본따서 만들었다는 사실을 알게 되니까 아주 인상적이고 쉽게 배울 수 있었습니다. 우리 집의 열 살도 안 된 애들도 취미로 한글을 금방 깨우치고 나서는 자기들끼리 비밀 편지를 쓸 때 한글을 씁니다. 독일말을 한글로 적는 것이지요. 그만큼 한글은 쉽게 익혀서 쓸 수 있는 글자입니다."

열 살도 채 안 된 독일 어린이가 취미 삼아 배울 정도로 한글은 쉽고도 과학적인 글자라는 것이다. 한국 학자들이 이런 말을 했다면 관심을 가질 사람이 몇이나 있을까. 고귀한 것 속에 파묻혀 있으면 정작 그 가치를 모르는 법이다. 세종대왕이 만든 '훈민정음'이 (정확히는 《훈민정음해례본》) 국보로 지정되었다는 사실을 알고 있는 사람도 많지 않다. 남대문과 동대문, 고려청자와 석가탑, 다보탑 등이 국보라는 사실은 모두들 알고 있지만, 훈민정음이 국보라는 사실을 알고 있는 사람은 드물다. 하물며 상황이 이럴진대 '훈민정음'이 유네스코의 세계기록 문화유산에 등록되었다는 사실을 알고 있는 사람은 더 찾아보기 힘들 것이다. 훈민정음은 1997년 10월 유네스코의

세계기록 문화유산으로 등록되었으니 그 과학성과 우수성을 세계가 인정한
것이 아닌가.

한글의 우수성, 세계에 알려지다

한글의 과학성과 우수성이 서양에 알려진 것은 그리 오래 되지 않았다.
처음에 한글은 서양 학자들에게 수수께끼 같은 존재였다. 18세기 말과 19세
기 초 문자학을 연구하는 학자들 사이에 한글이 어느 문자의 계통에 속하는
지에 대한 언급이 있었을 뿐이다. 그들은 단지 한글의 계통을 밝히면 그만
이었기 때문에 한글의 독창성과 과학성에는 그다지 관심이 없었다.

그러다가 1960년대가 되어서 한글에 대한 서양학자들의 관심이 서서히
나타나기 시작했다. 미국 하버드대학의 라이샤워(E.O. Reischauer)와 페어
뱅크(J.K. Fairbank) 교수는 그들의 교재에서 '한글은 아마도 오늘날 사용
되고 있는 모든 문자 중에서 가장 과학적인 체계일 것이다(Hangul is
perhaps the most scientific system of writing in general use in any
country)'고 극찬하였다. 라이샤워 교수는 로마자 표기법에 있어서 최초로
한글 로마자 표기법(매큔-라이샤워 표기안)을 제시한 바로 그 사람이다. 그
는 초창기 한국어와 한글에 본격적인 관심을 가진 대표적인 외국 학자였다.

그렇지만 한글이 세계 학계에 본격적으로 알려지게 된 계기는 바로 미국
언어학자 맥콜리 교수(J.D McCawley)의 서평이었다.

시카고 대학의 저명한 언어학자였던 맥콜리 교수가 미국언어학회의 잡지
《언어(Language)》에 실은 짤막한 서평이 미국의 언어학계는 물론 세계의 언
어학계에 한글의 과학성과 독창성을 알리는 중요한 계기가 된 것이다. 서평
의 대상이 된 책은 1963년 미국 미시간대학교에서 나온《극동아시아 언어에
대한 논문모음집(Papers of the CIC Far Eastern Language Institute The

University of Michigan)》이었다. 서평에는 다음과 같은 내용이 들어 있다.

"Vos's use of the superlative has much justification, since the han'g ûl anticipates by over 400 years the idea of Alexander Melville Bell's 'Visible Speech."(p.171)

"포스가 최상급형을 쓴 것은 매우 정확하다. 그것은 한글이 벨의 '보이는 음성' (1867)이란 책에서 제시한 아이디어보다 무려 4백년 이상 앞선 것이기 때문이다."

이 내용은 포스(Vos)의 주장을 옹호하는 것으로, 한글이 벨의 '보이는 음성'보다 훨씬 이른 시기에 벨과 같은 아이디어를 토대로 만들어진 문자라는 뜻이다. 이 서평으로 한글의 우수성과 독창성은 세계에 널리 알려지게 되었다. 그렇다면 여기서 포스는 누구이고 또 벨의 '보이는 음성'이란 무엇일까?

여기서 포스와 벨에 대해 알아보기 전에 잠깐 맥콜리 교수의 서평 한 대목을 더 들어보자.

"Vos also notes the pleasant fact that the anniversary of the promulgation of this alphabet by King Sejong (9 October 1446) is celebrated as a national holiday in Korean."(p.171)

"포스는 또한 한국에서는 세종대왕

LANGUAGE

JOURNAL OF THE LINGUISTIC
SOCIETY OF AMERICA

EDITED BY †BERNARD BLOCH

VOLUME 42, NUMBER 1　　　　JANUARY–MARCH 1966

PUBLISHED BY LINGUISTIC SOCIETY OF AMERICA
AT THE WAVERLY PRESS INC., BALTIMORE, MD. 21201

미국언어학회 회지 《언어(Language)》 42권 1호 표지

이 한글을 반포한 날을 기념하기 위해 10월 9일을 국경일로 삼고 있다는 즐거운
사실을 언급하고 있다."

— 미국 언어학회 회지 《Language》 42권 1호, 1966

흥미로운 일은 서평을 쓰면서 한글날이 국경일이라는 사실을 처음 알게 된
맥콜리 교수는 그 후로 한글날이 되면 세종대왕의 영전 앞에 떡과 푸짐한 한국
음식을 차려 놓고 기념식을 거행하고 있다는 것이다. 그러나 나라 밖에서와는
달리 나라 안에서는 우리말 우리글에 대한 관심이 정반대로 흐르니 알다가도
모를 일이다.

포스가 주장한 것은 무엇인가?

유럽에서 한국어와 한글에 대해 남달리 관심을 가지고 심도 있는 연구를 한
사람은 네덜란드 라이덴대학 교수였던 포스(Frits Vos)였다. 그는 한국어에 관
심을 갖고 연구하던 차에 1963년 미국 미시간대학교 극동아시아 언어연구소에
서 얼마 동안 강의를 하게 되었다. 그리고 그 강의 내용을 다섯 편의 논문으로
나누어 논문모음집에 실었다. 바로 이 논문모음집이 맥콜리 교수가 논평을 한
그 책이다. 포스는 한국어의 역사와 표기법 등에 대해 총 다섯 편의 논문을 기
고했는데, 맥콜리 교수가 서평에서 포스의 논문을 하나씩 언급함으로써 한글의
우수성이 객관적으로 인정받게 된 것이다.

다섯 편의 논문 가운데 〈Korean Writing: Idu and Han'gŭl(한국의 문자: 이
두와 한글)〉이라는 논문에서 포스는 다음과 같이 주장하고 있다.

"They invented the world's best alphabet!" (p.31)
"한국인들은 세계에서 가장 좋은 알파벳을 발명하였다!"

"It is clear that the Korean alphabets is not only simple and logical, but has, moreover, been constructed in a purely scientific way."(p.34)

"한국 알파벳(한글)은 간단하면서도 논리적이며, 더욱이 고도의 과학적인 방법으로 만들어졌다는 사실은 분명하다."

그리고 발음기관의 모양을 본떠 글자를 만든 것은 마치 '보이는 음성(visible speech)'의 아이디어와 같다(If we take this in account, we might characterize these basic letters of the alphabet as 'visible speech'.)고 말하였다. 포스는 한글이 발음기관의 모양을 본떠 만든 문자라는 점에서 '보이는 음성'과 유사하지만 한글이 수백 년 앞섰다는 점을 언급했으며, 맥콜리 교수는 바로 이 부분을 서평에서 옹호한 것이다.

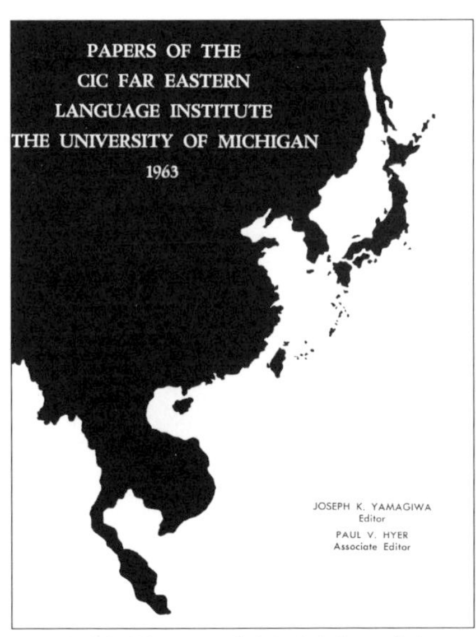

미시간대학교 극동 아시아 언어연구소에서 발간한 논문집

KOREAN WRITING: IDU AND HAN'GŬL

Frits Vos, Leiden University

The appellation idu 吏讀, lit., "government servants' readings," refers to Chinese characters used phonetically to indicate particles, verbal endings, etc. The system may be compared to the Japanese use of okuriji 送り字 in the norito 祝詞 (Shintō prayers) and semmyō 宣命 (imperial rescripts).

The idu are also known as idu 吏頭, it'o 吏吐, it'u 吏套, ido 吏道, and ich'al 吏札.

From these various appellations it is clear that the system of writing under discussion was especially used by government officials and yamen clerks in drawing up official documents, deeds, and the like. If the idu as a special system of writing are to be distinguished from the hyangch'al, it must be said that these phonetic signs have found very little use in literary works.

Sŏl Ch'ong 薛聰, the son of the famous Buddhist priest Wŏnhyo 元曉 (617-686) and one of the ten great scholars of Silla, is generally credited with the invention of this system. This assumption, however, is based on rather flimsy evidence. In Sŏl Ch'ong's biography in the Samguk sagi 三國史記(The Historical Records of the Three Kingdoms), completed in 1145 by the general-statesman-historian Kim Pusik 金富軾 (1057-1151), we read: "Ch'ong was intelligent and astute by nature; intuitively he knew the mysteries of the Way (Tao). Using the 'regional language' (pang'ŭm 方言) he lectured on the Nine Classics, and taught and guided the students. Until now the scholars consider him as their master."

In the Samguk yusa (The Remains of the Three Kingdoms), we read: 'Since his birth Ch'ong was clever and intelligent. He was well versed in the Classics and Histories. He is one of the Ten Wise Men of Silla. By means of the "regional sounds" (pang'ŭm 方言) he established a correspondence (correlation) of the customs and the names of things of Chinese and Koreans. [In this way] he explained the Six Classics. Until now those who occupy themselves with the study of the Classics [in the country] east of the sea (that is, Korea) are transmitting his method without interruption." The fact that Sŏl Ch'ong explained the classics by means of the regional words or sounds, that is, through the Korean language, does not imply that he invented the idu.

It seems preferable to regard the idu as a natural development from the hyangch'al, in the course of which the number of characters used phonetically to indicate particles, verbal endings, and the like became restricted. We find a similar development in Japan where we may consider hiragana as a simplification of a limited number of manyōgana. We might characterize idu as the ultimate systematization of the phonetic renderings of certain parts of speech used in the hyang'ga. From this it will be clear that the writer does not — as some scholars do — regard the idu and hyangch'al as one and the same thing.

포스의 발표 논문 첫 장

벨과 '보이는 음성'이란?

그렇다면 벨은 누구이고 그의 아이디어란 또 무엇인가? 알렉산더 멜빌 벨(Alexander Melville Bell)은 1819년부터 1905년까지 살았던 영국의 유명한 언어치료사였는데, 발음기관을 본떠 새로운 글자를 만든 장본인이다. 문자 이름을 '보이는 음성(Visible Speech)'이라고 명명한 것도 바로 이러한 이유 때문이다. 당시까지 서양에서는 벨의 이 음성 문자가 최초의 발음기관 문자로서 세상에 둘도 없는 것으로 인정받고 있었다.

여기서 과학상식 퀴즈 하나를 먼저 풀어 보고 좀더 이야기를 자세히 해보자. '벨'이라는 이름 하면 떠오르는 것이 있다면 무엇일까? 그것은 바로 '전화'다. 벨이 전화를 발명했다는 것은 초등학교 때 배운 과학상식 중의 상식이다. 그렇다면 전화를 발명한 것도 벨이고 음성 문자를 발명한 사람도 벨인데, 성이 똑같으니 혹시 이 둘이 동일 인물은 아닐까? 그것은 아니다. 전

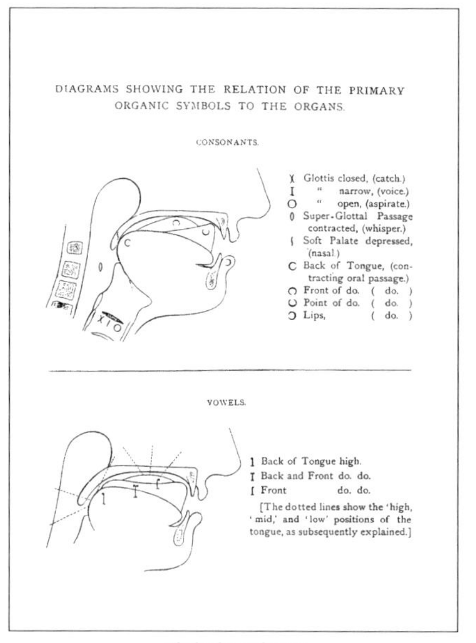

《보이는 음성(Visible Speech)》 표지 ／ 벨이 만든 기호들

화를 발명한 벨의 이름은 알렉산더 그래함 벨(Alexander Graham Bell)이기 때문이다. 그러나 이 두 사람이 산 시대가 비슷한데, 서로 어떤 관계가 있는 것은 아닐까? 정답은 부자지간이다. 전화를 발명한 벨이 음성 문자를 만든 벨의 아들인 것이다. 부전자전이라고? 아니 그 이상이다. 알렉산더 그래함 벨의 할아버지도 유명한 음성치료사였기 때문이다.

그의 할아버지는 스코틀랜드 출신의 구두수선공이었으나 나중에 배우가 되었고, 화술에도 일가견이 있어 음성치료사 역할도 했던 인물이다. 음성에 대한 연구를 가업으로 삼은 집안인 셈이다. 전화는 전기선을 통해 음성을 멀리 떨어진 곳으로 전달하는 도구이니, 음성에 대해 전문가였던 벨 부자가 전화를 발명해 낼 수 있었던 것은 어찌보면 자연스러운 일이기도 하다.

알렉산더 멜빌 벨은 농아 학생들을 치료하면서 그들도 알 수 있는 문자가 있었으면 좋겠다는 생각을 했고, 그러던 끝에 소리를 정확히 문자 형태로 기록하기 위한 표기 체계에 관심을 기울이기 시작했다. 이러한 흐름은 이미 19세기 중엽 몇몇 음성학자들이 시도했고, 벨은 영국에서 이러한 작업에 착수한 선구자 가운데 한 사람이었던 것이다. 벨의 부호들은 로마 알파벳과는 관련이 없었지만, 그 대신 입에서 발화하는 동안 조음기관들의 위치와 움직이는 모습을 그림으로 추상화한 것이었으니, 발음기관을 본떠 만든 상형 문자였다. 벨은 연구 끝에 1867년에 《보이는 음성 : 보편적 알파벳 체계의 과학(Visible Speech : The Science of Universal Alphabetics)》이라는 책을 간행하고 그의 문자를 세상에 소개했다.

즉 발음기관의 위치와 발음기관이 움직이는 모양을 그림으로 만들어 새로운 문자를 만든 것이었으니, 바로 세종대왕이 훈민정음을 만들 때의 생각과 똑같지 않은가? 포스 교수는 바로 이러한 점을 지적하였고, 맥콜리 교수는 포스의 주장이 옳다는 사실을 미국의 언어학회지인 《언어》지에 서평을 실어 밝힌 것이다. 벨의 아이디어는 결코 새로운 것이 아니며, 이미 동양의 한국이라는 나라에서 15세기에 이와 같은 동기로 새로운 문자를 창제했노라고 말이다. 이러한 내용은 서양인들에게는 충격이 아닐 수 없었다.

흥미로운 것은 벨이 그의 아들(전화를 발명한 알렉산더 그래함 벨)과 함께 한 실험이다. 그는 아들과 함께 자신이 만든 새로운 문자가 얼마나 쉽고 얼마나 정확히 소리를 표기할 수 있는지를 세상 사람들에게 증명하곤 했다. 그는 대규모 강연 도중 청중들 가운데 임의의 사람을 택해 무대로 올라오게 한 다음, 그가 택한 단어 몇 개를 읽어 보라고 하고, 그 소리를 듣고 자신이 고안한 글자로 쓰기 시작했다. 그러고 나서 청중이 말한 소리를 들을 수 없을 정도로 멀리 떨어져 있던 아들을 불러 자신이 쓴 내용을 청중에게 큰 소리로 읽게 하여 원래 청중의 발음과 비교했던 것이다.

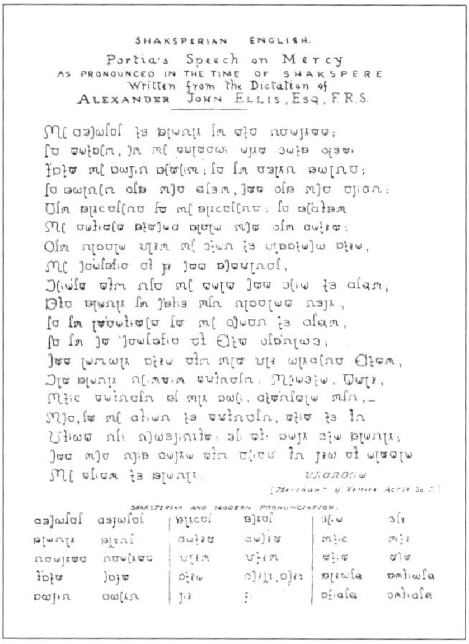

벨의 음성기호로 쓴 세익스피어의 희곡 〈베니스의 상인〉

아마도 세종대왕이 훈민정음을 만들 당시에도 이와 비슷한 실험을 많이 하지 않았을까? 사람들에게 한자를 보여주고 소리를 내 보라 하고, 이를 훈민정음으로 받아 적은 다음 다른 사람에게 읽어 보라고 한 뒤 원래 한자음과 비교하는 실험 말이다. 어쨌든 맥콜리 교수의 논평은 세종대왕을 서양의 벨 위에 당당히 세워 놓았다. 그것도 400여 년이나 앞서서 말이다.

인류 최고의 지적 유산, 한글

맥콜리 교수의 서평 이후 한글에 대한 서양 학자들의 대우는 크게 달라졌고, 한글의 과학성을 본격적으로 연구하기 시작했다. 그 결과 1985년 샘슨(Geoffrey Sampson) 교수가 지은 《문자 체계(Writing Systems)》라는 책에서는 한글을 '자질 체계(feature system)'라는 세계 문자사에서 유례가 없는 독립된 문자로 구분하기에 이른다. 이 책에서 샘슨 교수는 '한국이라는 나라는 매우 작고 먼 나라이지만 언어학자들에게는 매우 중요한 나라'라고 소개하고 있다.

"Korea is a fairly small and very distant country, but it is a country of great significance for the linguist in two respects. It was in Korea, in the 13c, that the Chinese invention of printing from movable type was first seriously exploited; and in the 15c a Korean created for the use of his countrymen a wholly original and quite remarkable phonographic script, nowadays called Han'gŭl" (p.120)

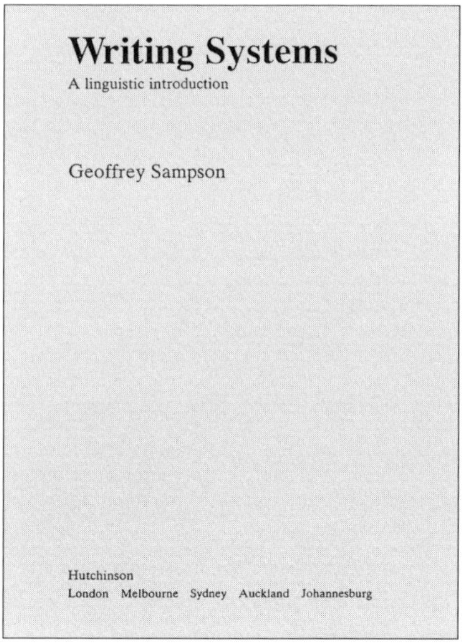

Writing Systems

A linguistic introduction

Geoffrey Sampson

Hutchinson
London Melbourne Sydney Auckland Johannesburg

《문자체계(Writing Systems)》 표지

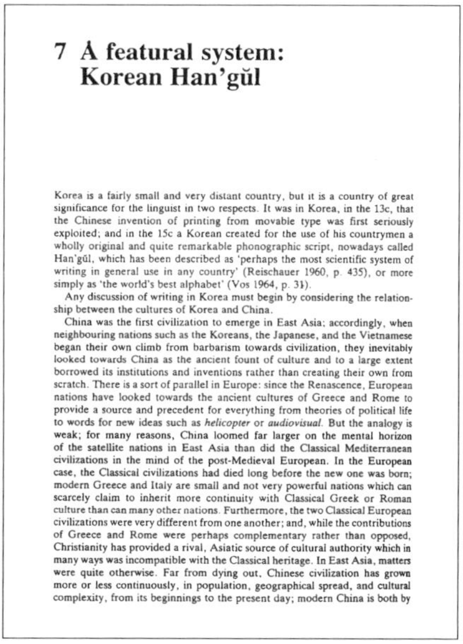

7 A featural system: Korean Han'gŭl

Korea is a fairly small and very distant country, but it is a country of great significance for the linguist in two respects. It was in Korea, in the 13c, that the Chinese invention of printing from movable type was first seriously exploited; and in the 15c a Korean created for the use of his countrymen a wholly original and quite remarkable phonographic script, nowadays called Han'gŭl, which has been described as 'perhaps the most scientific system of writing in general use in any country' (Reischauer 1960, p. 435), or more simply as 'the world's best alphabet' (Vos 1964, p. 31).

Any discussion of writing in Korea must begin by considering the relationship between the cultures of Korea and China.

China was the first civilization to emerge in East Asia; accordingly, when neighbouring nations such as the Koreans, the Japanese, and the Vietnamese began their own climb from barbarism towards civilization, they inevitably looked towards China as the ancient fount of culture and to a large extent borrowed its institutions and inventions rather than creating their own from scratch. There is a sort of parallel in Europe: since the Renascence, European nations have looked towards the ancient cultures of Greece and Rome to provide a source and precedent for everything from theories of political life to words for new ideas such as *helicopter* or *audiovisual*. But the analogy is weak; for many reasons, China loomed far larger on the mental horizon of the satellite nations in East Asia than did the Classical Mediterranean civilizations in the mind of the post-Medieval European. In the European case, the Classical civilizations had died long before the new one was born; modern Greece and Italy are small and not very powerful nations which can scarcely claim to inherit more continuity with Classical Greek or Roman culture than can many other nations. Furthermore, the two Classical European civilizations were very different from one another; and, while the contributions of Greece and Rome were perhaps complementary rather than opposed, Christianity has provided a rival, Asiatic source of cultural authority which in many ways was incompatible with the Classical heritage. In East Asia, matters were quite otherwise. Far from dying out, Chinese civilization has grown more or less continuously, in population, geographical spread, and cultural complexity, from its beginnings to the present day; modern China is both by

한글을 '자질 문자'로 분류한 제7장

"한국은 매우 작고 먼 나라지만, 언어학자에게는 두 가지 측면에서 매우 중요한 나라이다. 하나는 중국에서 발명된 인쇄술이 최초로 실질적으로 이용된 것이 바로 13세기 한국에서이고, 다른 하나는 오늘날 한글이라고 불리는 가장 독창적이고도 훌륭한 음성 문자를 15세기에 백성들을 위해 만들었다는 점이다."

샘슨 교수의 한글 연구로 인해 바야흐로 세계 문자사와 문자론은 새로운 장을 열게 되었다. 이제 샘슨 교수의 마지막 말을 음미해 보면서 이 장을 닫고자 한다.

"Han'gŭl must unquestionably rank as one of the great intellectual achievements of humankind." (p.144)
"한글은 의문의 여지없이 인류가 만든 가장 위대한 지적 산물 중의 하나임에 틀림없다."

새로운 문화의 탄생인가, 과거 회귀인가 ‖ 제16장 ‖

― 현대판 상형 문자, 시각언어

새로운 맞춤법의 탄생인가, 맞춤법의 붕괴인가

젊은이들의 맞춤법이 달라지고 있다. 자유분방한 옷차림과 형형색색의 머리 색깔만큼이나 자유로워진 글쓰기, 아니 맞춤법이 기성 세대와의 결별을 선언하고 있는 듯하다. 그들의 편지는 짧게 줄여 새롭게 만들어진 말과 재미난 아이콘, 다양한 의성어, 의태어로 가득 차 있다.

이름하여 '네티즌 문법'이라 불리는 컴퓨터 글쓰기, 더 정확하게 말한다면 채팅이라는 특정한 의사 소통 공간에서 일어나는 현상은 새로운 맞춤법의 실현일까? 아니면 맞춤법의 붕괴일까?

채팅이란 컴퓨터를 매개로 해서 이루어지는 대화 나누기다. 그러나 말을 주고 받는 행위가 구어가 아니라 문자 메시지로 전달하는 새로운 의사소통 방식이다. 대화의 참여자는 각자의 공간에서 컴퓨터 화면에 눈길을 고정하고 계속하여 화면에 나타나는 문자 메시지를 읽으며, 떠오른 화제에 대해 즉각적으로 응답의 글을 올리고 있다. 이거야말로 속도전이다. 응답이 늦어지거나 어려워지면 보이지 않는 상대자는 그 대화의 방에서 나가 버린다. 그래서 채팅 참여자들은 생각의 속도만큼 빠르게 키보드를 두드려 메시지를 전달하려고 한다. 그러나 아무리 빠른 타자 솜씨를 가진 사람이라 하더라도 앞질러 나가는 생각의 속도를 다 전달할 수는 없다. 그래서 낱말은 필연적으로 줄어들고 몇 개의 낱말을 대신해 사용할 수 있는 이미지 그림은 단골 손님으로 등장하면서 대화의 긴장감을 최대한으로 살리려고 한다. 누군가 채팅은 글쓰기가 아니라 '글치기'라 말한 것도 자판을 일일이 두드려야 하는 속성과 속도의 문제에서 비롯한 것이다. 실제로 채팅중 타자하기 어려운 글자들(예를 들면 Shift를 눌러 사용해야 하는 글자)을 기피하고 또 겹받침은 줄여 쓰며 받침을 모두 소리나는 대로 쓰는 경향도 모두 속도의 문제와 관련이 깊다.

그들은 표준적인 낱말들에서 벗어나 변형과 생략을 행할 뿐만 아니라 그 변화의 폭이 넓고 표현도 다채롭다. 사용자들마다 개성적인 표현을 하고 있을 뿐만 아니라, 같은 사람의 글 안에서도 다른 종류의 표현법이 존재하기도 한다. 그래서 같은 글 안에서도 소리대로 쓰다가 갑자기 혼철 표기를 쓰기도 하고 또 어떤 경우는 표준 맞춤법을 사용하기도 한다. 또 말을 줄여 놓은 형태도 일정하게 나타나는 것은 아니다. 그래서 이제는 네티즌들의 글에서 무엇이 틀린 낱말이고 무엇이 바른 말인가를 구분하는 행위는 의미가 없어 보인다. 이것은 마치 맞춤법이 통일되기 이전, 1920년대의 혼란을 재현해 놓은 듯하기도 하다. 어쨌든 지금 젊은이들은 표현의 자유와 맞춤법의 해체를 누리고 있다.

그런데 이러한 새로운 맞춤법의 문화는 우리에게만 일어나는 특수한 문화일까? 아니면 지구촌의 새로운 문화일까? 그 대답을 하기 전에 다음의 문자들이 무슨 뜻을 나타내는지 상상해보자.

RU OK?	Y NY?	OK CU2DAY?
NO 2MORO	WER?	@J'S.
CUL8TR	F2T?	BY?
IL CU L8TR	WEN?	@7 RUF?
DK THKSO	WER RU?	@HM NU?
@WK	2BAD!	TA4N CU
OK B4N	LUV B	

알파벳 같기도 하고 무슨 암호 같기도 한 이 표현들은 지금 영국의 젊은이들이 저희들끼리 일상적으로 주고받는 문자 메시지의 언어들이라고 한다. 대학에 보냈다가 방학을 맞아 돌아온 자녀가 그의 부모에게 'How r u? Wot u up2? I'm goin2 cinema l8er if u wana cum.'라고 말한다.

영국도 우리 나라처럼 젊은이들의 맞춤법이 변화를 맞고 있다. 위의 보기에 든 낱말들은 모음을 생략하여 음절을 줄이고 기호를 삽입하여 만들어졌다. 이 정도의 암시를 주었으면 이제 이 문자들이 무엇을 의미하는지 이해할 수 있겠는가? 이 기호를 효과적으로 판독하였다면 여러분은 이제 바로 영국 젊은이들과 문자 메시지를 주고받을 수 있는 기본 실력을 갖추었다고 할 수 있다.

그 암호 같은 새로운 언어 표현의 정답을 아래에 제시한다.

RU OK? → Are you OK?　　Y NY? → Yes, and you?

OK CU2DAY? → OK. See you today?

NO 2MORO → No, tomorrow.　　WER? → Where?

@J'S. → At John's.　　CUL8TR → See you later.

LUV B → Love Bob.　　F2T? → Free to talk?

BY? IL CU L8TR → Busy. I'll see you later.　　WEN? → When?

@7 RUF? → At 7 o'clock. Are you free?

DK THKSO WER RU? → Don't know. Think so. Where are you?

@HM NU? → At home. And you?

@WK → At work.　　2BAD! → Too bad!

TA4N CU → That's all for now. See you.

OK B4N → OK. Bye for now.

영국에서 지난해 문자언어 세계의 초보자들을 위해 발간한 이동전화 메시지 약어사전 《wan2tlk?》(want to talk?)는 지난 연말 크리스마스 직전의 베스트셀러 경주에서 《해리 포터》를 누르고 일등을 차지하는 기염을 토했고, 2002년 6월 미국과 영국에서 개정 증보판의 동시 출간을 앞두고 있다 한다.

영국 젊은이들을 휩쓰는 문자 교신의 유행은 영국을 비롯한 유럽의 높은 이동전화 사용률에 기인한다. 공중전화 한 통화보다 이동전화 문자통신 사용료가 더 저렴한 편이고, 가입비와 사용료만 물면 이동전화기를 무료로 얻거나 대여할 수도 있어, 이동전화는 특히 학생층에 쉽게 전파될 수 있었다. 여기에다가 젊은이들의 공통적인 심리, 즉 어른들의 엿보기와 끼어들기를 봉쇄하고 자기들끼리만 통하는 은밀한 교신암호를 쓰고 싶어하는 젊은 세대의 욕구 또한 문자통신의 유행에 불을 지폈다.

젊은이들의 새로운 맞춤법은 이제 새로운 매체에 따른 지구촌의 공통 현상으로 나타나고 있다.

문자를 그리고 새기고, 쓰고, 치고 그 다음은?

일찍이 문자 발달의 역사를 살펴보는 중에 우리는 문자의 모양과 필서 방법이 당시에 쓰인 필기도구와 재료에서 영향을 받았다는 점을 알게 되었다. 양피지에 펜으로 긁어 썼을 때의 글자 모양과 파피루스에 그려 넣었을 때의 모양, 그리고 돌기둥에 새겨 넣었을 때의 모양, 종이 위에 붓으로 썼을 때의 모양이 각각 달랐던 것은 필기 재료와 도구가 변화함으로써 글자의 형태에 영향을 주었기 때문이다.

오늘에 이르러서는 종이와 연필과 같은 전통적인 필기도구에서 완전히 새로운 또 하나의 도구로 바뀌었다. 바로 컴퓨터의 등장이다. 컴퓨터는 종래의 필기도구나 필서 재료들과는 확연히 구분되는 특징을 가지고 있다. 컴퓨터는 필기도구이면서 또한 재료이다. 과거의 종이와 연필, 혹은 양피지와 펜으로 나뉘었던 필기도구와 재료의 개념이 컴퓨터에 이르면 모호해진다. 이제는 무엇을 가지고 어디에 쓴다는 의식 자체가 사라지게 되었다. 단지 글을 쓴다는 행위에 대한 의식만이 또렷하다.

필기도구와 재료의 역사를 볼 때 필서 방법은 크게 두 가지로 구분할 수가 있을 것이다. 필기도구가 무엇이든 손에 움켜쥐고 새기거나 파거나 그려 넣는 행위를 동반하는 경우와, 움켜쥘 필요도 없이 손가락 끝으로 치거나 두드리는 행위를 하는 경우가 있다. 갈대, 첨필, 펜, 붓, 연필 등이 모두 전자의 경우라면 타자기와 컴퓨터는 후자의 경우이다. 이렇게 보면 인류 문명의 발달은 대개가 움켜쥐고 쓰는 역사의 기록이었고, 근세 이후의 짧은 역사는 두드리는 역사라고 할 수 있다. 글자를 치거나 두드리는 역사 뒤에 또 어떤 형태의 기록 문화가 이어질 것인가?

의식이 도구를 변화시킨 것인가 아니면 도구가 의식을 변화시킨 것인가? 필기도구와 재료의 변화는 단지 글자의 모양에만 영향을 준 것은 아니다. 때로는 그 변화가 표기법의 규범이나 글쓰기의 사회적인 규범 자체를 변화시키기도 한다. 지금 우리가 바라보고 있는 채팅 글쓰기와 인터넷 글쓰기에서 나타나는 세계적인 규범 변화가 이를 사용하는 사람들의 의식 변화로 나타난 현상이라기보다는 새로운 매체, 바로 컴퓨터의 등장에 강력한 영향을 받았다는 점을 알았다. 그리고 그러한 표기법 규범의 변화가 사람들의 의식을 형성하고 새로운 문화를 잉태한다는 사실도 발견할 수 있었다.

그런데 이런 정도의 도구와 규범의 영향 관계가 컴퓨터 시대에서만 나타난 것은 결코 아니다. 우리 나라의 문자와 표기법의 역사를 살펴보면, 때마다 거세게 불어닥쳤던 표기법 변화의 물결이 당시의 도구와 매우 밀접하게 관련되어 있다는 사실을 어렵지 않게 찾아 볼 수 있다.

주시경 선생이 평생 한글의 가로 풀어쓰기를 주장하였던 것은 읽고 쓰기에 쉽다는 이유도 있었지만 한글의 기계화를 염두에 두고 있었던 것도 사실이다.

주시경의 가로 풀어쓰기 안이 나중에 이승만 정부에 들어와 주목받았던 것도 타자기 때문이었다. 당시 타자기는 영어 알파벳을 위해 만들어진 것으로서 모아쓰기를 하는 우리 글자에는 알맞지가 않았다. 만약 우리 표기법이 형태주의를 버리고 음소주의 원칙을 따라 발음대로 적으며 또 이를 알파벳처럼 풀어서 쓰는 식이 된다면, 얼마든지 기계화 작업을 할 수 있다고 평가했다. 그러나 이런 개혁적인 시도가 오랫동안 음절 단위로 모아쓰기를 해오던 표기법의 관습을 깨뜨리기에는 어려움이 많은 데다가 무엇보다도 성능 좋은 타자기가 계속 개발됨으로써 굳이 풀어쓰지 않아도 얼마든지 기계화 작업을 할 수 있게 되어, 풀어쓰기에 대한 논쟁도 사라지고 말았다. 만약 타자기의 개발이 더욱 늦어졌거나 한글에 맞는 타자기 개발을 할 수 없었다면 지금 우리는 풀어쓰기 전통을 유지하고 있을지도 모른다.

마찬가지로 오늘날 채팅 글쓰기에서 겹받침을 생략하거나 발음대로 쓰려는 표기 방식은 특별한 의식의 반영이기보다는 컴퓨터라는 매체를 사용하는 새로운 표기법의 형태일 뿐이다. 쉽게 말하면, 소리 나는 대로 적어도 의미를 전달할 수 있다면 굳이 Shift 키를 누르는 번거로운 수고를 하지 않겠다는 의도의 반영이다. 어쨌든 빨리 쳐야 하니까 될 수 있는 대로 소리나는 대로 적으면서 축약 형태를 즐겨 쓸 수밖에 없다. 더욱이 자신이 쓴 내용은 바로바로 상대방에게 전달되고 또 바로 회신이 오는 즉각적인 상황이므로 컴퓨터 글쓰기에서는 머뭇거릴 여유를 가질 수 없지 않은가?

채팅 언어의 또 다른 특징은 소리나는 대로 적으면서 표준적인 맞춤법 규범을 벗어나는 데 있다. 사실 우리말을 적는 가장 자연스럽고 편안한 표기법 형태는 소리나는 대로 적거나 연철 표기 형태를 취하는 것이다. 어간과 어미, 체언과 토를 엄격하게 구별하여 적는 원칙은 음소주의나 연철 표기보다는 매우 의식적인 표기법이다. 그러나 근대가 시작되면서 우리는 줄곧 분철 표기를 주된 표기 원칙으로 고수하여 왔다. 모든 교과서와 공식적인 출판물은 엄격한 형태주의를 반영하였다. 그런 전통적인 규범이 이 시대에 새로운 필기도구(도구이면서 매체)를 만나면서 옷을 갈아입고 있는 셈이다. 표기법도 그 문화의 특성과 유리될 수 없는 사회적 현상이라는 것을 확인하게 된다.

그림으로 말할 수는 없을까?

  2002년 월드컵이 한국과 일본에서 치러지게 되어 두 나라의 국민적 열기가 매우 높은 가운데 개최지 설정 문제나 명칭 문제, 준비 상황 정도, 국민의 친절도 등 여러 가지가 비교와 관심의 대상이 되고 있다. 열기가 고조되고 있는 가운데 최근 두 나라가 월드컵 기간 동안 사용할 픽토그램(Pictogram)의 문제와 관련하여 경쟁이 치열하다는 보도가 나왔다.

  픽토그램은 운동 종목의 특성을 알아보기 쉽게 상징 그림으로 나타낸 장치이다. 실제로 우리는 올림픽과 아시안 경기 같은 세계적인 행사를 치르면서 이러한 픽토그램의 사용을 경험하였다. 그러나 잠시 주위를 돌아보면 우리의 일상 가운데는 픽토그램 뿐만 아니라 무수한 상징 기호와 도형, 그리고 그림들이 넘쳐나고 있다. 갖가지 교통 표지판, 광고 게시판, 운동경기 안내 표지판, 각종 제품의 사용 설명서, 수많은 상표들….

  게다가 요즘 젊은이들의 글쓰기에서는 표준적인 낱말이 줄어들고 문장의 어미들이 변화를 입는 것은 물론 소리와 모양을 나타내는 표현들이 많이 등장하며, 이미지를 나타내는 상징 기호들도 자주 등장한다.

  이 그림들은 서로의 얼굴을 마주하지 않은 상황에서 감정을 전달하는 역할을 톡톡히 한다. 컴퓨터 사용자들은 문자보다는 오히려 이 같은 기호들이

-_-;;	>.<	—.—
*^^*	^^;;;	^_^
0^^0	ㅜ.ㅜ	^*^
?^.^?	*^.^*	&^^&
@.@	o..o	*_+.

여러 가지 이모티콘(emoticon)

더 많은 것들을 보여줄 수 있다고 느낀다. 그래서 그런지 이런 상징적인 그림들은 시간이 지날수록 사용이 늘어나고 있다. 컴퓨터의 기능 안내창 대부분도 모두 이 상징적인 그림이나 기호('아이콘'이라고 부른다)로 이루어져 있을 뿐만 아니라 자신의 이미지를 나타내 주는 캐릭터 상품('아바타'라고 불린다)도 즐겨 사용된다.

이런 상징적인 그림과 기호들은 문자 메시지보다 내용의 느낌과 이미지가 빠르고 강력하게 전달되는 게 사실이다. '아바타'를 만들어 판매하는 전문 회사까지 생겨날 정도이니 그 높은 이용률을 짐작할 수 있다.

사람들은 이제 가능하면 문자를 덜 사용하려고 한다. 자주 언급되는 물건이나 장소, 사건 등은 컴퓨터 속에 저장된 이미지나 그림을 보여줌으로써 좀더 쉽게 의미를 전달할 수 있으니까 말이다.

우리는 다시 원시 시대로 돌아가는 것일까?

공항 안내에 쓰인 여러 가지 그림들, 도로 표지, 전자 제품의 소개 책자에 실린 다양한 그림, 음악에 쓰이는 갖가지 부호들, 수학 기호들 그리고 픽토그램들은 모두 문자 대신에 그림이나 상징 기호를 사용한다는 의미에서 현대판 상형 문자라고 부를 수 있지 않을까? 이론적으로 볼 때는 이집트의 상형 문자 체계처럼 우리도 이런 상징적인 그림들을 이용해 완전한 쓰기 체계를 이룰 수 있을 것이다. 상징 기호를 연구하고 선호하는 사람들은, 그림 문자야 말로 알파벳과 같은 소리 문자를 하나도 사용하지 않고도 서로의 생각과 느낌을 전할 수 있는 새로운 쓰기 체계라고 말하기도 한다.

실제로 공항에 가 보면 그림만 보고 도움을 얻을 수 있는 것이 참 많다. 화장실, 환전하는 곳, 쇼핑하는 곳, 커피 한 잔 마실 수 있는 곳, 버스나 택시 승강장, 계단, 담배를 피울 수 있는 곳, 주차할 수 있는 곳과 없는 곳, 공중

현대의 상징 기호들

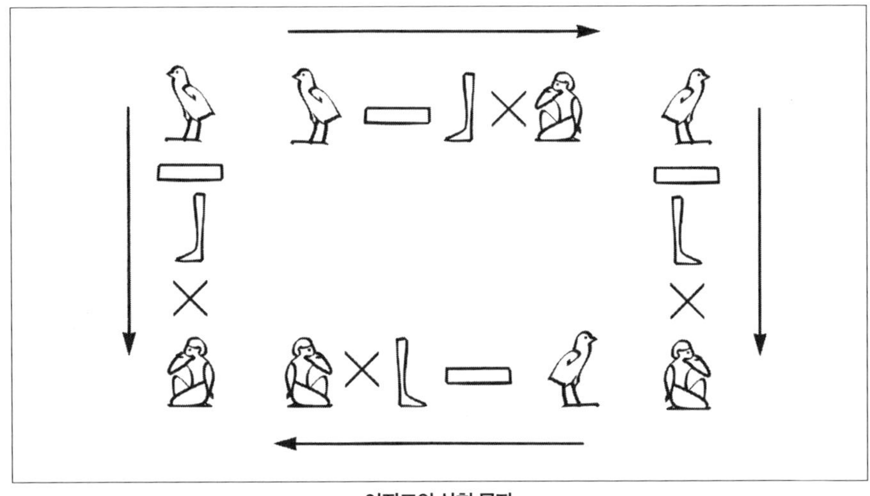

이집트의 상형 문자

전화, 안내원이 있는 곳, 개인 보관함 등등은 그림만 보고도 판단할 수 있다. 그림 문자의 우수성을 믿는 사람들의 말처럼 어쩌면 우리의 일상도 그림으로 모두 표현할 수 있을 것 같기도 하다.

수많은 상업 광고의 이미지 속에 파묻혀 우리들 스스로도 책보다는 영상을 들여다보는 데 더 시간을 쓰고, 정작 글을 쓰는 데도 그림과 상징 부호를 사용하는 횟수와 방법이 늘어났으니, 이제 우리 문화가 그림 문자를 쓰던 원시로 회귀하는 것은 아닐까?

오늘날 우리가 쓰고 있는 이미지의 부호 체계와 매우 유사한 이집트의 상형 문자, 엄격하게 상징 문자(하나의 그림이 하나의 대상을 나타내는 것)를 생각해 보자. 고대 이집트에서는 걷는 행위를 나타내는 데는 사람의 다리를 그렸고, 여자와 남자, 각종 동물들, 식물들 또한 모두 그림으로 상징하였다. 이처럼 하나의 그림이 하나의 대상을 나타내다 보니 그림의 기호는 처음보다 점차 늘어나기 시작하였고 복잡해지기 시작했다. 그러다 이야기를 기록하려면 상징 문자만으로는 부족하다는 것을 깨닫게 되었다. 문장에는 대상을 꾸며 주는 말, 한정하는 말도 있고 각 문장이 어디서 끝이 나고 시작되는지도 표시할 수 있어야 했다. 그래서 이집트인들은 이러한 문법적인 관계를 표현하기 위해 새로운 방법을 고안하였다. 상징 문자들 중에서 특별히 이러한 뜻을 나타내는 그림 문자들을 따로 정했고 문장내에서 이들 용법과 위치를 엄격하게 규제하기로 한 것이다. 그러나 그림 문자의 기호가 많아지면서 오히려 그림 문자들 중에는 그 대상을 지시하는 것이 아니라 그 대상의 명칭과 관련된 소리를 나타내는 데만 쓰이는 부호들도 생겨나기 시작했다. 사자를 나타내던 그림 문자가 사자의 이름과 관련된 소리 'L'을 나타내는 데 쓰였다는 것을 기억해 보자.('클레오파트라'라는 이름의 기록은 사자그림이 반드시 들어가는데, 이 때 사자그림은 사자와는 관련이 없는 그녀의 이름에 들어가 있는 'L' 발음을 나타내도록 쓰였다.)

그림 문자와 소리글자의 공존 속에서 점차 소리글자의 편리함이 인식되자 문자의 변화는 빠르게 한쪽으로 기울어졌다. 그림 문자가 소리를 나타내는 발음기호로 바뀌면서 점차 문자의 상징적 형태는 사라졌다. 소리글자는 그 형태를 보고 대상의 이미지를 떠올려야 할 필요가 전혀 없었기 때문이다. 소쉬르의 정의처럼 바야흐로 문자는 사물과는 일대일의 어떠한 필연적 관계도 없는 자의적 신호체계가 된 것이다.

그런데 문자 문명이 극도로 발전한 오늘날, 다시 그림 문자로 회귀하고 있는 듯한 모습을 본다. 어쩌면 그림은 인간이 본능적으로 표현할 수 있는 가장 손쉬운 의사 표현 수단임에 틀림이 없다. 말도 배우기 전의 어린아이가 이리 저리 어지럽게 그려 놓은 알 수 없는 그림들에서 우리는 인간의 본능적인 표현 욕구 같은 것을 경험한다. 아이들이 무엇인가를 표현하려 했다는 짐작은 할 수 있지만 대개는 그게 무엇인지 어설픈 도형과 선 속에서 추측만 한다. 엄마를 그리고 싶었거나 혹은 자기가 본 사물들 중에 생각나는 것을 그렸을 것이다. 다만 그 그림들은 어린아이의 아직 정교하지 않은 표현력으로 인해 알아볼 수 없을 뿐이다. 만약 사람들이 자신의 의사를 그림으로 나타내고, 그 그림이 다른 사람에게 충분히 수용되어 이해될 수만 있다면 까다로운 규약의 문자 관습을 벗어나서 그림 문자로 대체하려는 욕구가 더욱 커질 것이다.

우리가 문자 생활에 그림을 적극적으로 도입하는 까닭에는 아주 분명한 이유가 있다. 그림은 문자보다 이미지 전달력이 강하다. 똑같은 상업 광고를 위해 문자로 설명하는 것보다 강력한 이미지가 혹은 영상이 판매 효과를 높일 수 있다는 보고가 많다. 또 하나의 이유로는 삶의 변화이다. 후기 산업 사회에 접어든 현대인의 삶은 빠른 속도와 기계화에 젖어 있다. 빠르게 전달하기 위해 문자의 사용은 때로 시간을 소비하게 한다. "이 지역에는 함부로 들어오지 마세요"이를 더 줄여서 표현하면 "출입금지", 더 줄이면…? 이를 하나의 기호로 산뜻하게 즉각적으로 표현할 수 있다.

앞으로 우리 생활에서 이미지와 상징 문자의 사용은 얼마나 더 늘어나고 다양화될까? 기호 신봉자의 말처럼 더 인간적이고 더 아름답고 더 정서적인 상징그림이 만들어진다면 오늘 우리의 모든 문자들은 완전히 그림으로 대체될 것인가? 그래서 모든 국가와 민족이 다른 문자 때문에 겪는 갈등도 없어져 새로운 유토피아가 건설될 수 있을 것인가? 세월이 몇백 년이나 흐른 뒤에 지금의 이 기호와 문자들이 발견된다면 후대인들은 이 그림들을 어떻게 해독할까? 문자가 아직 발달되기 이전의 상형 문자라고 여기거나, 혹은 그림 문자인 채로 발견된 고대 신전이나 기왓장 조각을 마주했을 때 우리가 느끼던, 수수께끼 같은 신비로움을 맛보지 않을까?

그 대답을 찾기 전에 이 책의 첫부분에서 언급했던 '칼 세이건이 파이어니어 10호에 실려 보낸 지구의 메시지'를 다시 생각해 보자.

먼 우주에서 이 메시지를 접할 외계인들이 이 그림을 보고 지구라는 행성에 대해 무엇을 알 수 있을까? 우리보다 훨씬 앞선 문명을 가진 외계인들이 이 조그마한 그림판을 보고서 우리의 지구를 이해하기를 바라는 것이다. 그림의 밑부분에 그려진 우주선이 태양계의 세 번째 행성에서 출발하여 먼 여행을 하였다는 것, 그리고 거기에 사는 생명체의 모습이 두 가지 형태라는 것, 그리고 이 행성의 에너지가 수소원자로 가득차 있다는 것을 해독할 수 있기를 바라면서 지구의 메시지를 그들에게 전한 것이다. 우주인들이 우리보다 아주 앞선 과학을 가지고 있다면 과학적 사실을 통해 계산하고 추측할 수 있을 것으로 기대한다. 실제로 세이건은 그의 그림 각 부분에 과학적 설명을 덧붙이고 있다.

그러나 아무리 발달된 과학을 가지고도, 혹은 아무리 정교한 그림을 그린다고 해도, 우리가 우주인들에게 가장 전달하기 어려운 대상은 바로 인간이라는 대상이라고 세이건은 말한다. 인간이란 전인지적 존재는 그가 나타내고자 했던 메시지에서 가장 신비한 영역으로 남는다. 외계인들이 인간의 두 형체를 보고 무엇을 읽을 수 있을까? 우리가 원시 시대 벽화에 나타난 동물 그림 하나를 보고 상상하는 정도의 메시지와 같지 않겠는가?

표음 문자든 그림 문자든 문자가 인간의 마음을 읽도록 표기해 왔음은 변함없는 사실이다. 문자는 그 출발부터 두 가지 용법, 상징과 소리가 늘 섞여 있었다는 것도 변함없는 사실이다. 인류 문명이 그림에서 문자로, 다시 그림으로 순환하며 단순한 흐름을 겪는 것 같지만, 그 사이에는 늘 더 완전한 표기를 위해 갈등하는 역동적인 인간의 역사가 있는 것이다.

아득한 옛날 알타미라에 새겨진 동굴벽화와 반구대의 그림이 문자가 없던 시절 사람들의 뜻을 전달하는 유일한 수단이었다면, 오늘 우리가 다시 그림 문자를 이용하는 것은 그 편의성을 이해한 선택인 것이다.

강만길(1977), 〈한글 창제의 역사적 의미〉, 《창작과 비평》 통권 44호.

강신항(1987), 《훈민정음 연구》, 성균관대학교 출판부.

강신항(1990), 《계림유사 고려방언 연구》, 성균관대학교 출판부.

강창석(1989), 〈훈민정음의 제작과정에 관한 몇 가지 문제〉, 《울산어문논집》 5.

구결학회(1997), 《아시아 제민족의 문자》, 태학사.

국립국어연구원(1992), 《북한의 언어정책》.

국립국어연구원(2001), 《한국 어문 규정집》.

국문연구소(1907), 《국문연구안》, 《역대한국문법대계》 3-9에 재록.

국어정보학회(1996), 《세계로 한글로(한글반포 550돌 기념 기록영화)》.

김광해(1990), 〈훈민정음 창제의 또다른 목적〉, 《강신항교수회갑기념 국어학논문집》, 태학사

김민수(1973), 《국어정책론》, 고려대학교 출판부.

김민수(1985), 《신국어학사(전정판)》, 일조각.

김상대(1993), 《구결문의 연구》, 한신문화사.

김영환(1991), 〈누가 '독립신문' 창간호 논설을 썼을까?〉, 《한글새소식》 223.

김완진(1980), 《향가해독법연구》, 서울대학교 출판부.

김육훈(1999), 《그때 세종이 소리친 까닭은?》, 푸른나무.

김정수(1994), 《한글의 역사와 미래》, 열화당.

김진우 (1985), 《언어》, 탑출판사.

김진우 (1992), 《인간과 언어》, 집문당.

남영신(1998), 《국어 천년의 실패와 성공》, 한마당.

남풍현(1995), 《차자표기법연구》, 단국대학교 출판부.

누리미디어(1999), 《삼국사기 삼국유사(CD-ROM)》, 김부식 · 일연 저, 이병도 역주.

대장경파니니연구회 편(2000), 《고려대장경의 고전범어문법 연구》, 고려대장경연구소.

참 고 문 헌

동아일보사(2001).《주간 동아》제283호.

두산출판사업부(1999),《두산백과사전》.

리봉운(1897),《국문정리》,《역대한국문법대계》3-2에 재록.

박남일 엮음(1995),《역사의 라이벌 1》, 계백.

박병채(1967),〈한국 문자 발달사〉,《한국문화사대계》5, 고대 민족문화연구소.

박병채(1989),《국어발달사》, 세영사.

사이먼윈체스터(1998),《교수와 광인(*The Professor and the Madman*)》(공경희 역, 2000), 세종서적.

세계문자연구회(1997),《세계의 문자》, 범우사.

세종대왕기념사업회 국역(1995),《CD-ROM 국역 조선왕조실록》, 서울시스템.

손보기(2000),《금속활자와 인쇄술》, 세종대왕기념사업회.

앨버틴 가우어(1984),《문자의 역사(*A History of Writing*)》(강동일 역, 1995), 새날.

이기문(1984),〈개화기의 국문 사용에 관한 연구〉《한국문학》5, 서울대학교 한국문화연구소.

이병근(1986),〈개화기의 어문 정책과 표기법 문제〉《국어생활》4, 국어연구소.

이병근(2000),《한국어 사전의 역사와 방향》, 태학사.

이상억(1994),《국어 표기법 논의》, 서울대학교 출판부.

이응호(1994),〈갑오경장과 어문 정책〉,《새국어생활》4-4, 국립국어연구원.

이익섭(1997),《국어표기법연구》, 서울대학교 출판부.

이정복(2000),《바람직한 통신 언어 확립을 위한 연구 보고서》, 문화관광부.

이중섭(2000),《이중섭, 그대에게 가는 길》(박재상 옮김), 다빈치.

이희승(1959),《한글 맞춤법 통일안 강의》, 신구문화사.

일연,《삼국유사》(이동환 역, 1994), 장락.

임병주(1998),《삼국왕조실록 (한권으로 읽는)》, 들녘.

정규영(2000),《이집트》, 다빈치.

정연규(1997), 《언어로 풀어보는 한민족의 뿌리와 역사》, 한국문화사.

조선어학회(1933), 《한글 마춤법 통일안》, 《역대한국문법대계》 3-20에 재록.

조선총독부(1912), 〈보통학교용언문철자법〉, 《역대한국문법대계》 3-15에 재록.

조선총독부(1930), 〈언문철자법〉, 《역대한국문법대계》 3-17에 재록.

최경봉(1991), 〈북한의 문자개혁사〉 《북한의 조선어 연구사2》, 녹진.

최현배(1961), 《고친 한글갈》, 정음사.

최혜실 외(2001), 《디지털 시대의 문화 읽기》, 소명.

하동호 편(1986), 《한글논쟁논설집 상, 하》, 《역대한국문법대계》 3-22, 23에 재록.

한국역사연구회(1996), 《조선 시대 사람들은 어떻게 살았을까?》, 청년사.

한국역사연구회(1998), 《삼국 시대 사람들은 어떻게 살았을까?》, 청년사.

한국정신문화연구원 편(1991), 《한국민족문화대백과사전》.

한국정신문화연구원(1997), 《역주 삼국사기(번역편)》.

Bell, A. M.(1867), 《*Visible Speech - The science of Univeral Alphabetics*》, London: Simpkin, Marshall & Co.

Harris, M.(1989), 《*Our Kind*》. 김찬호 역 (1995), 《작은인간》, 민음사.

Harris, R.(1996), 《*The Origin of Language*》, England: Thoemmes Press.

Lenneberg, E. H.(1967), 《*Biological Foundations of Language*》, N.Y.: John Wiley.

Sampson, G.(1985), 《*Writing System*》, London: Hutchinson.

Wardhaugh, R.(1992), 《*Investigating Language*》, Oxford: Blackwell.

Yamagiwa, J.(1963), 《*Papers of the CIC Far Eastern Language Institute The University of Michigan*》, Committee on far eastern language instruction of the committee on institutional cooperation.